AF325397

DICTIONNAIRE

ICONOLOGIQUE,

OU

INTRODUCTION

A LA CONNOISSANCE

DES

PEINTURES, SCULPTURES, ESTAMPES, MÉDAILLES, PIERRES GRAVÉES, EMBLEMES, DEVISES, &c.

Avec des Descriptions tirées des Poëtes anciens & modernes.

PAR M. DE PREZEL.

Nouvelle édition, revue & considérablement augmentée.

TOME SECOND.

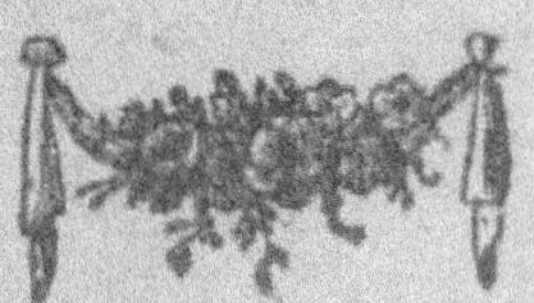

A PARIS,

Chez HARDOUIN, Libraire, rue des Prêtres
St. Germain-l'Auxerrois, vis-à-vis l'Église.

M. DCC. LXXIX.

Avec Approbation & Privilége du Roi.

DICTIONNAIRE
ICONOLOGIQUE,
OU
INTRODUCTION
A LA CONNOISSANCE
DES
PEINTURES, SCULPTURES, ESTAMPES,
MÉDAILLES, DEVISES, &c.

J A.

JACTANCE. Louange de soi-même, faîte par vanité & sans fondement. Son but est de s'élever & non de rabaisser les autres ; c'est pourquoi on se contente de caractériser ce langage de la vanité, par une femme ornée de plumes de paon, tenant d'une main une trompette, & de l'autre un papier où sont écrits des vers à sa louange, qu'elle s'efforce de publier.

Cet hiéroglyphe peut convenir à certains Poëtes illustres de l'antiquité & de notre siecle, qui n'ont pas toujours été exempts de la vanité de parler avantageusement d'eux-mêmes. Ce défaut est aussi commun aux Orateurs, aux Ecrivains, aux Artistes, & aux Guerriers qui aiment volontiers à exagérer leurs prouesses.

La Jactance militaire peut être caractérisée plus particulierement, par l'habit guerrier orné de plumes de paon qu'elle porte. Sa trompette semble répandre quelques rayons de lumiere, mais obscurcis par un peu de fumée. Cette derniere pensée est de M. Cochin, Dessinateur & Graveur de l'Académie Royale de Peinture.

JALOUSIE. Vif sentiment de crainte, qui accompagne la poursuite d'un bien qu'on nous dispute, ou la jouissance de celui qu'on veut nous enlever. Ce sentiment est un aveu forcé que le Jaloux fait intérieurement du mérite qui lui manque ; c'est ce que la figure allégorique de la Jalousie doit exprimer par son front ridé, ses sourcils abattus & froncés.

La sombre Jalousie, au teint pâle & livide,
Suit d'un pas chancelant le soupçon qui la guide.

Henriade, Chant neuvieme.

Comme cette passion est fort semblable par sa nature & ses effets, à l'envie dont elle est sœur ; on lui donne les mêmes symboles. *Voyez* ENVIE.

JALOUSIE EN AMOUR ; c'est ordinairement la folie des vieillards, qui avouent leur insuffi-

sance. On la caractérise par une vieille femme,
dont la robe est parsemée d'yeux & d'oreilles.
Son attitude annonce les soucis qui la tour-
mentent ; elle prête l'oreille pour entendre
ce qui se dit d'un côté, tandis qu'elle regarde
attentivement ce qui se passe de l'autre. On lui
donne pour attribut un coq, oiseau vigilant &
jaloux.

JANVIER. Les Romains regardoient Junon
comme la Divinité tutélaire de Janvier ; ce
mois cependant étoit consacré à Janus. Ils le
personnifioient par un Consul qui jette sur le
foyer d'un Autel des grains d'encens en l'honneur de Janus & des Lares. Lorsque l'on a mis
un coq près de l'Autel, c'est pour marquer que
le sacrifice s'est fait le matin du premier jour
de Janvier. « Ce mois, dit Ausone, est consa-
» cré à Janus : voyez comme l'encens brûle
» sur les Autels pour honorer les Dieux Lares ;
» c'est le commencement de l'année & des sié-
» cles. En ce mois, les hommes que la pourpre
» distingue, sont écrits dans les fastes ». Les
Consuls, comme l'on sait, entroient en Magistrature au commencement de Janvier.

Ce mois a encore été représenté sous la figure
de Janus, avec deux visages, dont l'un, qui
est âgé, désigne l'année écoulée, & l'autre,
qui est jeune, l'année commençante.

Les Iconologistes ont revêtu le mois de Janvier d'une robe blanche, pour désigner la neige
dont, pendant sa durée, la terre est presque toujours couverte. Le brasier allumé qui est à côté
de lui, & la fourrure dont il cherche à s'en-

velopper, annoncent que pendant ce mois le froid se fait sentir avec le plus de rigueur.

Le signe du Verseau sur lequel il s'appuie, ou qui est à côté de lui, est entouré de glaçons. *Voyez* MOIS.

JANUS. Nom propre d'un Roi d'Italie, dont les Anciens firent un Dieu. Suivant la Fable, il étoit fils d'Apollon & d'une Nymphe appellée Creüse. Lorsque Saturne fuyoit la colere de Jupiter son fils, Janus le reçut dans ses Etats; il partagea même avec lui le gouvernement de son Royaume; le tems de ce regne fut si heureux, qu'on le nomma l'âge dor, si célébré par les Poëtes.

Janus étoit un Prince sage & prudent, qui avoit une connoissance exacte du passé, & savoit prévoir l'avenir. C'est pour marquer ces talens qu'on l'a représenté avec une tête à deux visages. Il tient une clef d'une main, & un bâton de l'autre, parce qu'il présidoit aux portes & aux chemins.

Numa lui bâtit un Temple à Rome, dont les portes étoient fermées pendant la paix, & ouvertes pendant la guerre : d'où est venue cette inscription qui se voit au revers de plusieurs Médailles de Néron, avec le Temple de Janus : *Pace terra marique parta Janum clusit.*

Quelques-uns ont cru que Janus étoit le Soleil, & au lieu de deux visages, ils lui en ont donné quatre, pour désigner les quatre saisons de l'année, ou les quatre parties du monde.

JEUNESSE. Les Grecs adoroient la Jeunesse sous le nom d'*Hébé*, & les Romains,
sous celui de *Juventas. Voyez* HÉBÉ.

Cette Divinité reçut long-tems un culte dans
le Capitole. Elle étoit honorée particulierement
par les jeunes gens qui avoient pris la robe appellée Prétexte Ils lui offroient des sacrifices
d'encens, la premiere fois qu'ils se faisoient
raser.

Sur une Médaille de Marc-Aurele, la Jeunesse est représentée debout , tenant de la main
gauche une patere, & de la droite des grains
d'encens qu'elle répand sur un Autel en forme
de trépied.

Sur une autre Médaille de Caracalla , qui
porte pour inscription *Juventas*, la Déesse ou
plutôt l'Empereur lui-même en habit militaire ,
s'appuie de la main gauche sur une haste &
sur un bouclier posé à terre, & de la droite
porte un globe surmonté d'une petite Victoire.
On voit à ses pieds un captif tout nu. A-t-on
voulu désigner par cet emblême, la Jeunesse
de l'Empire , comme si cet Empire venoit
d'acquérir de nouvelles forces, & une nouvelle
splendeur par les vertus militaires du jeune
Auguste ? *Voyez* AGES.

JEUX. Les Jeux des Anciens, qui étoient
des spectacles , des représentations publiques ,
sont désignés sur les Médailles, par des boëtes mises sur une table , & par des urnes d'où
il s'éleve des palmes ; quelquefois on a joint
aux palmes des couronnes avec le sympule.
Voyez SYMPULE.

Sur plusieurs pierres gravées antiques, les principaux Jeux de l'antiquité sont représentés par des Amours. Cinq couples luttent ensemble, pour marquer les cinq exercices gymnastiques des Jeux publics de la Grece. Un autre Amour fait rouler le *Trochus* ; c'étoit un cercle de bronze, orné d'anneaux autour, & même de grelots, que les enfans s'amusoient à faire rouler ; un autre Amour court avec la palme & la couronne ; un autre se frotte le corps d'huile auprès d'un grand vase ; deux autres enfin font la fonction d'Agonothetes, ou de Maîtres & de Directeurs des Jeux.

En Peinture & en Sculpture, les Jeux sont désignés, ainsi que les ris & les plaisirs, par des enfans qui ont des ailes de papillon. On leur donne différens attributs, selon les différens Jeux que l'on veut représenter.

La Muse qui préside aux Jeux de la Foire, a été caractérisée dans un Ballet Pantomime, par une Nymphe coëffée d'une maniere burlesque ; elle étoit habillée depuis la ceinture jusqu'en bas en Danseuse de corde, du reste à la Romaine, avec une queue traînante & un mouchoir à la main, ce qui faisoit allusion aux Parodies, genre de pieces qui ne conviennent qu'à des spectacles de Foire.

JOIE. Sur les Médailles, la Joie (*Hylaritas*) est couronnée de guirlandes de fleurs, & tient dans ses mains une branche d'olivier, heureux symbole qui fait naître la Joie dans nos cœurs. Souvent elle paroît présenter plusieurs couronnes de fleurs. C'étoit la coutume chez les

Anciens de se couronner de fleurs pendant les jours de Fêtes.

Sur une Médaille de Faustine, la Joie est représentée tenant de la main droite une corne d'abondance remplie de fleurs & de fruits, & de la gauche une haste ornée de guirlandes de fleurs.

Sur une autre Médaille Romaine, la Joie, *lætitia*, porte d'une main une couronne, ou plutôt un diadème, & de la gauche un ancre, pour faire entendre que cette Joie est ferme & durable. L'ancre, comme on l'a dit, est un symbole de fermeté & de stabilité. *Voyez* ANCRE.

On a exprimé la même pensée sur une Médaille de Crispine, en donnant à la figure symbolique, qui représente la Joie, un gouvernail pour attribut : l'inscription porte *lætitia fundata*.

La Joie publique, *lætitia temporum*, est exprimée par les Jeux publics, les courses des chevaux, les combats des animaux, & tous les spectacles que l'on donnoit au peuple en signe de Joie. *Voyez* ALLÉGRESSE.

JOURDAIN. Fleuve célebre de la Judée. M. d'André Bardon, l'a symbolisé par un vieillard à barbe limoneuse, appuyé sur un lion à moitié tapi dans des roseaux. L'antiquité n'a point assigné des attributs au Jourdain, comme elle en a donnés au Nil, au Tibre, & à plusieurs autres fleuves. M. d'André a cru en conséquence pouvoir le désigner par un lion, d'après le témoignage des voyageurs, qui rapportent que les lions se retirent pendant l'été dans les arbres & les joncs qui croissent le long du Jourdain. On pourroit, suivant le même Écrivain, ajoûter à cet attribut la figure du veau d'or. Cette statue, bien connue dans l'histoire du peuple Hébreux, seroit ici d'autant mieux placée, que la réunion du petit Jourdain avec le grand, se fait au-dessous du Temple du veau d'or, ou du bœuf d'or.

JOUR. Apollon sur son char, qui parcourt le Zodiaque, représente le Jour.

Il est plus difficile de bien caractériser les quatre parties du Jour ; on voit cependant plusieurs tableaux qui les représentent ; mais ces tableaux sont plutôt des images poétiques du matin & des autres parties de la journée, que des symboles.

On peut cependant caractériser le Matin, par une Nymphe qui a une étoile sur la tête, & tient une corbeille de fleurs qu'elle répand sur la terre ; ou par un Cupidon, qui porte un flambeau allumé, image de l'étoile du matin fort brillante au point du jour. *Voyez* AURORE.

Le Midi a été symbolisé, par une Vénus qui embrasse l'Amour ; mais ce symbole est équivoque ; il sera mieux exprimé par un Apollon dans son char, tiré par des chevaux fougueux, qui chassent les nuages devant eux, pour y substituer une lumiere éblouissante. Des ombres courtes annonceront encore le tems du midi, tems auquel le Soleil darde ses rayons presque perpendiculairement.

On représentera le Soir, par une Diane sur

son char , & qui va chaffer dans les forêts ,
parce que le Soir eſt le tems le plus favorable
aux chaſſeurs.

La figure ſymbolique de la Nuit aura un
grand manteau noir étoilé , & des pavots. *Voyez*
NUIT.

Les Jours de la ſemaine ſont déſignés par les
planetes dont ils portent le nom.

JUDÉE. Sur les anciennes Médailles, la Judée eſt repréſentée en robe, & appuyée contre
un palmier. On a donné cet attribut à la Judée, comme faiſant partie de la Phénicie, à
qui proprement appartient le palmier, & dont
elle a pris ſon nom.

Sur une Médaille de Veſpaſien , la Judée
ſubjuguée , *Judæa devicta* , eſt caractériſée
par une femme voilée , & qui eſt auprès d'un
palmier. Elle a les bras pendans , image de ſa
foibleſſe.

JUGEMENT. Faculté active de l'eſprit ,
qui compare les idées & en tire des conſé-
quences. Le Jugement ſe forme par la réflexion ; c'eſt pourquoi il eſt caractériſé par un
homme d'un âge mûr, qui a auprès de lui une
regle, un compas , un niveau & des livres. La
bonté du Jugement, en effet , dépend des connoiſſances, de l'expérience & du ſoin que l'on
prend de meſurer , de comparer.

JUILLET. Jupiter étoit la Divinité tutélaire
de ce mois. Auſone l'a caractériſé par un
homme tout nu , qui montre ſes membres ha-
lés par le Soleil : il a les cheveux roux , liés de
tiges & d'épis , & porte dans un panier des

mûres, fruit qui vient fous le figne du Cancer. La draperie dont il eft couvert eft jaune, & cette couleur défigne celle des bleds qui mûriffent alors. Le Lion eft le figne qu'on lui donne. *Voyez* MOIS.

JUIN. Les Romains l'avoient mis fous la protection de Mercure. Juin va tout nu, il nous montre du doigt une horloge folaire, pour nous faire entendre que le Soleil commence en ce mois à defcendre. Il porte une torche ardente, fymbole des chaleurs de la faifon. Derriere lui eft une faucille, parce que l'on commence en ce mois à fe difpofer aux moiffons. C'eft l'image fymbolique qu'Aufone nous a donnée de ce mois. Les Iconologiftes l'ont habillé d'une draperie d'un verd jauniffant, & ils lui ont donné une couronne formée d'épis encore verds. Le figne de l'Ecreviffe, qu'il tient dans fes mains, ou fur lequel il s'appuie, eft fon attribut le plus caractériftique. *Voyez* MOIS.

JUNON. Nom propre d'une Divinité des anciens Payens, Reine des Dieux, femme de Jupiter, & fille de Saturne & de Rhée.

Elle étoit Déeffe des Royaumes & des Empires, fous le nom de Junon; des richeffes & des mariages, fous celui de Lucine. *Voyez* LUCINE.

On repréfente Junon telle qu'une Reine, le diadême fur la tête, le fceptre en main, & affife fur un trône fupporté par des nuages; mais c'eft principalement à un air de grandeur & de majefté, à une noble fierté, l'ap-

panage du haut rang, que l'on doit reconnoître
l'épouse du maître du tonnerre. Ses grands
yeux, bien fendus & voûtés, donnent à ses
regards toute la majesté de ceux d'une Reine
qui veut inspirer également l'amour & le respect. La ville Ludovisi nous offre de cette
Déesse une très-belle tête de grandeur colos-
sale.

Le Paon lui étoit particuliérement consacré.
Cet oiseau est toujours placé à ses côtés : souvent même elle est dépeinte traversant les airs,
portée sur un char traîné par des paons qui
s'élancent dans le vague de l'air. Iris, sa Messagere fidele, l'accompagne ordinairement.

Les Poëtes ont aussi donné à Junon un char
attelé de deux chevaux, pour combattre sur
terre. *Voyez* JUNON MARTIALE.

Les Anciens adoroient Junon comme la Divinité qui présidoit à la propreté & aux ornemens. Plusieurs de ses statues la représentent
ayant les cheveux frisés & arrangés avec soin.
La peinture que fait Homere de la toilette de Junon, lorsque cette Déesse, fiere & impérieuse,
s'arme de tous ses attraits pour séduire Jupiter,
est le tableau le plus agréable en ce genre.

Sur son front rafraîchi par un bain d'ambrosie,
Elle verse des flots d'une essence choisie ;
Et la douce vapeur du parfum précieux
Embaume au loin la terre & le Palais des Dieux.
Des cheveux ondoyans qu'avec art elle tresse,
Qu'elle teint d'ambrosie, & que l'Amour caresse,
Répandent autour d'elle une divine odeur ,

Qui des tendres defirs renouvelle l'ardeur.
Le feu des diamans fur fa tête étincelle ;
Sa ceinture lui donne une grace nouvelle ;
Une agraffe fuperbe attache fur fon fein
Le voile que Minerve a tiffu de fa main.
Elle met fur fon front un puiffant Diadème,
Attribut de fon rang & du pouvoir fuprême ;
L'éclat qu'elle en reçoit ajoute à fa beauté,
Le Soleil qui fe feve a moins de majefté ;
Et les liens galans qui forment fa chauffure,
De l'augufte Déeffe achevent la parure.

M. L. F.

JUNON CONSERVATRICE. Cette Junon a pour fymbole la biche aux cornes d'or, qu'elle fauva de la pourfuite de Diane dans les plaines de Theffalie.

JUNON MARTIALE. Les Poëtes anciens regardoient Junon, ainfi que Pallas, comme une Divinité guerriere. C'eft pour cette raifon, fans doute, que fur les anciens monumens elle eft quelquefois repréfentée ayant une pique en main.

Suivant Plutarque, on a donné une pique à Junon, parce que les Dames Romaines révéroient cette Déeffe comme leur patrone, fous le nom de *Curis* ou *Curites*, qui, en langue Sabine, fignifie pique.

On voit une Junon Martiale fur l'autel étrufque de la ville Borghefe, qui tient des deux mains une grande tenaille. Les Grecs lui donnoient quelquefois le même attribut, qui pouvoit déſigner un certain ordre de bataille nommé *tenaille* (*forceps*). Souvent une armée s'ouvroit en combattant, pour faire entrer l'ennemi & le ſerrer enſuite des deux côtés ; c'eſt ce qu'on appelloit combatre en tenaille (*forcipe & ſerrâ prœliari*). L'armée pouvoit faire une pareille ouverture, ſoit de front, ſoit en arriere, ſelon que l'ennemi ſe préſentoit à elle.

JUPITER. Nom propre d'un Dieu de l'Antiquité Payenne, que les Anciens regardoient comme le Roi des autres Dieux ; il étoit fils de Saturne & de Rhée. Les Payens n'ont point eu honte de lui donner une infinité de concubines, dont il abuſa en employant différentes formes. Il ſe changea en Satyre, pour ſurprendre Antiope ; en nuée, pour jouir d'Io ; en pluie d'or, pour vaincre Danaé, enfermée dans une tour ; en taureau, pour enlever Europe. Il prit la figure d'un Cigne, pour tromper Leda ; celle d'Amphitrion, pour avoir les faveurs d'Alcmene : il ſe métamorphoſa en Aigle, pour enlever Ganiméde, qui lui verſa le Nectar à la place d'Hébé, &c.

C'eſt ſous ces différentes métamorphoſes qu'on le voit repréſenté.

Les Payens, qui le regardoient comme le maître abſolu de toutes choſes, le peignoient le plus ſouvent un foudre à la main.

Sur les anciens Monumens, c'eſt un vieillard dont la figure eſt majeſtueuſe, & qui eſt aſſis ſur un trône ; de la main droite il tient la foudre, & de l'autre une Victoire ; il a la partie supérieure du corps nue, & la partie inférieure couverte. A ses pieds on voit un Aigle avec les ailes éployées. On a donné l'aigle au Maître des Dieux pour attribut, parce que cet oiseau a toujours été regardé comme supérieur à tous les autres oiseaux ; & l'on sait que chaque Divinité devoit avoir son oiseau favori.

Lorsque l'on a représenté la Justice à côté de Jupiter, & que l'on y a joint les Graces & les Heures, on a voulu nous faire entendre que la Divinité rend justice à tout le monde, & qu'elle la rend en tout tems, & gracieusement.

La statue de *Jupiter Olympien*, ouvrage du célebre Phidias, Sculpteur d'Athenes, étoit d'or & d'ivoire. Ce Dieu paroissoit assis sur un trône, le tête couronnée de feuilles d'olivier, tenant de la main droite une Victoire, & de la gauche un sceptre, sur le bout duquel reposoit un Aigle. Aux quatre coins du trône, l'Artiste avoit placé quatre Victoires, qui sembloient se donner la main pour danser, & deux autres aux pieds de Jupiter. On voyoit aussi à l'endroit le plus élevé du trône, d'un côté les Graces, & de l'autre les Heures, les unes & les autres comme filles du Dieu. Tout étoit achevé dans ce grouppe ; mais ce fut principalement par le sublime répandu dans l'air de tête de Jupiter, que le Sculpteur s'attira l'admiration de l'antiquité. Cette image d'Homere : « Jupiter fit un » signe de ses noirs sourcils ; ses sacrés che- » veux furent agités sur sa tête immortelle, » & il ébranla l'Olympe », fournit à Phidias,

au rapport des Anciens, le beau caractere de
son Jupiter. L'enthousiasme du Poëte se com-
muniqua à l'Artiste ; il transporta sur la figure
qu'il travailloit, tous les grands traits de son
modele. Ceci est encore un avertissement pour
les Artistes, de ne point négliger la lecture des
Poëtes. C'est un moyen de faire naître en eux
ce sentiment vif & soudain qui produit le grand
& le sublime.

Le chêne étoit consacré à Jupiter, parce
qu'à l'exemple de Saturne, il apprit aux hommes à se nourrir de glands.

JUPITER FULMINATEUR. Surnom donné
par les Anciens à Jupiter armé de la foudre.
On voit un Jupiter Fulminateur sur une pierre
gravée antique du Cabinet de Florence. L'Artiste a représenté ce Dieu dans l'attitude du
mouvement. Il est nu, debout & a la main droite
levée & armée de la foudre. A ses pieds est la
statue de Cybele ou de la terre, parce qu'il
étoit regardé comme le souverain dominateur
de la terre.

JUPITER PLUVIEUX. Les Romains invoquoient Jupiter sous ce nom dans les grandes
sécheresses. L'armée de Trajan, consumée par
la soif, ayant obtenu par ses prieres une pluie
abondante, les Romains, pour conserver cet
événement, firent représenter dans la suite,
sur la Colonne Trajane, la figure de Jupiter
Pluvieux, où pour caractériser le fait, les soldats paroissent recevoir de l'eau dans le creux
de leurs boucliers. Ce Dieu s'y voit sous la figure
d'un vieillard à longue barbe, qui a des ailes ;

il tient les deux bras étendus, & la main droite un peu élevée ; l'eau fort à grands flots de ses bras & de sa barbe.

Dans les bas-reliefs de la Colonne Antonine, le Sculpteur ayant à exprimer une pluie que la Légion Chrétienne avoit obtenue par ses prieres, se sert du même langage pour rendre sa pensée : il introduit parmi les soldats un Jupiter Pluvieux, la barbe & les cheveux inondés de l'eau qui en coule avec abondance.

JUPITER STATOR. Le surnom de *Stator*, qui vient de *stare*, demeurer, ou de *sistere*, arrêter, fut donné à Jupiter, parce qu'il avoit arrêté la fuite des Romains, poursuivis par les Sabins, qui s'étoient déja emparés du Capitole. Romulus lui fit bâtir au bas du Mont Palatin un Temple sous ce titre de *Jupiter Stator*. La statue de ce Dieu le représentoit debout, tenant une pique de la main droite, & la foudre de la gauche.

JURISDICTION. Autorité nécessaire pour juger. On donne aussi ce nom au Tribunal revêtu de cette autorité, que les Iconologistes ont symbolisé par une femme d'un maintien grave, vêtue d'une robe de couleur pourpre, & assise dans un tribunal. Elle s'appuie sur le faisceau consulaire, & tient un sceptre. On lui voit au col une chaîne d'or, à laquelle est attaché un cachet ou un sceau de Justice.

JUSTICE. Cette vertu, qui consiste à rendre à chacun ce qui lui est dû, étoit adorée par les Anciens sous le nom de Thémis. *Voyez* THÉMIS.

Les

Les attributs ordinaires de la Justice sont la balance & l'épée, ou un faisceau de haches, entouré de verges, symbole de l'autorité chez les Romains. *Voyez* FAISCEAUX.

Une main au bout d'un sceptre est encore un attribut de la Justice, parce que c'est avec la main qu'on prête serment. Quelquefois on met un bandeau sur les yeux de la Justice, pour faire entendre que les Juges ne doivent connoître ni favoriser personne.

Sur les Médailles d'Adrien & d'Antonin, cette Déesse est représentée assise, ayant des mesures à ses côtés, tenant un sceptre d'une main, & de l'autre une paterre, pour désigner que la Justice est d'institution divine.

C'est aussi pour marquer son origine céleste, que le Brun l'a représentée ayant une étoile sur la tête.

La Justice a été peinte par Raphaël dans la Chambre de la Signature au Vatican, sous le symbole d'une femme vénérable, assise sur des nues. Sa tête est ornée d'une riche couronne de perles : elle regarde en bas, & semble avertir les mortels d'obéir aux Loix. D'une main elle tient la balance pour peser les actions des hommes, & de l'autre l'épée pour le châtiment des coupables. Elle est vêtue d'un manteau verd & d'une robe violette. A ses côtés sont quatre petits enfans ; deux tiennent des cartons : on lit dessus, *Jus suum cuique tribuens* ; elle rend à chacun ce qui lui est dû.

M. Amédée Vanloo nous a, dans un Tableau allégorique, donné cet autre emblême de la

Juſtice. D'une main elle tient une balance ; de l'autre, une épée nue. Elle eſt appuyée ſur un lion, pour nous faire entendre qu'il faut qu'elle ſoit ſecondée de la force. Un maſque qui eſt ſur la tête du lion, annonce que la Juſtice ſait démaſquer le vice & le punir. Des faiſceaux ſont placés ſous le lion, pour exprimer l'accroiſſement de puiſſance qui réſulte de l'accord de la force & de la Juſtice. On voit réuni à ce ſymbole une corne d'abondance, pour indiquer que tout proſpere dans un Etat où regne la Juſtice.

Dans le Périſtyle de l'Egliſe S. Sulpice à Paris, la figure ſymbolique de la Juſtice, repréſentée en bas-relief, tient la balance, & s'appuie ſur le Livre des Loix. Son glaive eſt ſoutenu par un Ange.

I.

ICONOLOGIE. Science qui nous donne la connoiſſance des attributs, ſymboles, ou hieroglyphes néceſſaires pour caractériſer les vertus, les vices, les paſſions, & perſonnifier différens êtres intellectuels. *Voyez le Diſcours préliminaire.*

Un Artiſte qui a une connoiſſance éclairée de l'Iconologie, & ſait employer l'allégorie comme un voile tranſparent qui couvre ſes idées ſans les cacher, pourra s'écarter avec ſuccès des ſentiers battus de l'Hiſtoire ou de la Fable. Ses payſages même, traités dans le style allégorique ou poétique, offriront à l'esprit du Spectateur quelque chose de plus que ce qui frappe d'abord leurs yeux. *Voyez* AL-LEGORIE.

Comme les Egyptiens sont les premiers qui aient fait usage de l'écriture figurée, ou, si l'on veut, de l'écriture pantomime & hiéroglyphique, on peut donner à la figure symbolique de l'Iconologie un vêtement Egyptien. Elle tient une plume ou un crayon, avec lequel elle trace différentes figures allégoriques, d'après des monumens antiques. On voit autour d'elle les attributs des Sciences, des Arts, des Vertus, &c. & elle paroît examiner des médailles, pierres gravées, sculptures antiques & les compositions allégoriques des grands Maîtres, qui sont des autorités nécessaires pour les descriptions que l'Iconologie nous donne.

IDOLATRIE. Culte rendu aux Idoles. L'Idolatrie est représentée aveugle, un encensoir à la main, & prosternée devant une statue d'or ou d'argent.

Les Peintres ont quelquefois désigné l'Idolatrie par les Israélites dansant autour du veau d'or. Cette derniere allégorie peut être rangée au nombre des emblêmes historiques. *Voyez* EMBLÊME.

M. d'André Bardon, dans son Histoire universelle relative aux Arts, propose à la Sculpture cette composition allégorique, dont le sujet est l'origine de l'Idolatrie. « Ce personnage » allégorique, nous dit-il, désigné par une » femme qui tient plusieurs simulacres en

» main, eft repréfenté à demi-nu, s'appuyant
» fur le bras de la Superftition, & fortant d'un
» antre environné de brouillards. La Superfti-
» tion eft figurée par une jeune fille, ayant un
» bandeau fur les yeux. Elle tient le flambeau
» de la raifon renverfé & éteint fous fes
» pieds : la fumée qui s'en éleve, forme une
» fource de nouveaux brouillards. Ce grouppe,
» traité en demi-boffe, eft fur le fecond plan
» du bas-relief. Sur le premier paroît le genre
» humain, caractérifé par une figure fymbo-
» lique ; elle réunit trois têtes, de femme, de
» jeune homme, de vieillard, coëffées de di-
» verfes chevelures, mais ceintes d'un même
» bandeau. Son habit eft compofé d'une tuni-
» que courte, & d'un manteau traînant. Le
» genre humain s'incline devant l'Idolatrie, &
» agite deux encenfoirs fumans. La partie la
» plus faillante de la figure eft tout-à-fait de
» ronde-boffe, & fe détache nettement fur les
» brouillards, légerement tracés dans le fond ;
» les autres figures, de demi-boffe, y font
» amenées par la médiation des divers reliefs
» des autels, trépieds, ftatues de toute efpece,
» que l'Idolatrie défigne au genre humain, &
» que l'art a diftribués fur différens fites, avec
» l'intelligence qui convient à l'harmonie de
» l'ouvrage ».

IGNORANCE. Privation d'idées ou de connoiffances. La figure fymbolique de l'Ignorance
doit donc être repréfentée aveugle ou ayant
les yeux couverts d'un bandeau. Elle a des
oreilles d'âne, & marche à tâton dans un feu-

ier femé de ronces & d'épines. On pourroit
ui donner pour attribut le quadrupede de l'A-
mérique & du Ceylan, que les Naturaliftes appellent *le pareffeux* ; car la pareffe eft une des
principales caufes de l'Ignorance.

Si on ne donne point à l'Ignorance des
oreilles d'âne, on repréfente du moins cet animal couché à fes côtés. Il étoit chez les Egyptiens le fymbole de l'Ignorance.

Un ancien bas-relief en marbre nous fait
voir la Fortune qui enrichit l'Ignorance. Ces
figures allégoriques font repréfentées par deux
enfans ; l'un monté fur un âne, qui foule aux
pieds les attributs des Sciences & des Arts,
défigne l'Ignorance. La Fortune eft caractérifée
par un enfant ailé, dont les yeux font couverts d'un bandeau. Il tient deux bourfes ; il
renverfe l'une, & préfente l'autre à l'Ignorance.

IMAGINATION. Quoique l'Imagination
prenne toutes fortes de formes, elle eft plus
ordinairement caractérifée par une jeune Nymphe ornée de guirlandes de fleurs ; fon fceptre
eft de cryftal ; fa couronne de plumes de différentes couleurs.

On a auffi défigné l'Imagination par une
Nymphe qui a des ailerons à la tête, & une
flamme qui s'éleve au-deffus d'elle.

« L'Imagination prend le panache ; fes che-
» veux dorés, & garnis de fleurs, flottent dans
» les airs ; fa robe, parfemée de mille cou-
» leurs, étincelle de brillans. Errante à pas
» perdus, & toujours égarée dans fon vol in-

» certain, tantôt elle s'éleve dans les champs
» de l'éther ; tantôt elle se précipite de la
» cime des rochers, ou s'élance à travers des
» flots mugissans ; tantôt l'extase la transporte
» dans des prairies lumineuses, où elle entend
» la voix des Sirenes, & s'assied à la table des
» Fées, & tantôt elle arrive, par des déserts
» horribles, à d'antiques masures, ou cou-
» verte de crêpes & de lambeaux funébres,
» elle vole parmi les tombeaux ». Cette image
est tirée d'un petit Poëme Allemand, intitulée
les *Quatre heures du jour*, par M. Zacharie.

IMMORTALITÉ. Son image est une jeune
fille couronnée de laurier : elle tient une palme,
quelquefois un bouquet d'amaranthe ou d'im-
mortelles avec un cercle d'or, pour exprimer
la révolution perpétuelle des mois, des années,
&c. Le cercle est d'or, comme étant le métal
le moins sujet à se corrompre. On ajoute à ces
attributs un obélisque.

Dans la magnifique Collection du Capitole,
on voit une statue de l'Immortalité qui tient
un sceptre de la main droite, & de la gauche
une éponge.

Plusieurs Artistes ont donné des ailes à l'Immortalité, & cet attribut lui convient très-
bien. On la voit ainsi représentée dans le Mausolée de feu M. Languet, Curé de S. Sulpice à
Paris, érigé par M. Slodtz. L'Artiste, dont
l'objet a été d'exprimer que l'Immortalité vient
dérober le vertueux Curé aux ténebres de l'oubli, a caractérisé l'arrivée de l'Immortalité par
le mouvement qu'il a imprimé à ses ailes. Elle

pose le pied sur une branche de cyprès, &
leve avec vivacité, de la main droite, le voile
funébre qui couvre M. Languet. On la reconnoît au cercle d'or & à la branche de laurier
qu'elle tient dans sa main gauche. Elle porte
une couronne antique sur la tête.

IMPÉTUOSITÉ. Ce sujet n'a point d'emblême particulier : quelques Iconologistes cependant l'ont désigné par un jeune homme armé, dont la contenance annonce la fureur. Il
a des ailes aux pieds qui précipitent ses pas,
& un bandeau sur les yeux, qui l'empêche de
voir le péril où il court se jetter. A côté de lui
est un sanglier furieux qui s'élance contre les
épieux des chasseurs.

IMPIÉTÉ. L'Impiété a été peinte par le Brun
sous la figure d'une femme altiere, armée d'un
flambeau, dont elle brûle impitoyablement un
pélican dans son nid, symbole de l'amour des
peres pour leurs enfans, & des Princes pour
leurs Sujets. *Voyez* PÉLICAN, CICOGNE.

L'Impiété envers Dieu doit être caractérisée autrement. On lui met un bandeau sur les
yeux, pour désigner son aveuglement. B. Picart l'a représentée par une femme, dont le
regard est menaçant ; elle a un bras élevé vers
le ciel, & de l'autre elle renverse un autel à
l'antique, sur lequel il y a du feu allumé.

Quand on a voulu exprimer que l'Impiété
méprise les loix humaines, on lui a fait fouler
aux pieds les différens attributs de la Justice.

Voici la peinture qu'en a faite Rousseau dans
son Epitre à Racine.

> En ce siécle à la révolte ouvert,
> L'Impiété marche à front decouvert.
> Rien ne l'étonne ; & le crime rebelle
> N'a point d'appui plus intrépide qu'elle.
> Sous ses drapeaux, sous ses fiers étendarts,
> L'œil assuré, courent de toutes parts
> Ces légions, ces bruyantes armées
> D'esprits subtils, d'ingénieux Pygmées,
> Qui sur des monts d'argumens entassés,
> Contre le Ciel burlesquement haussés,
> De jour en jour superbes Encelades,
> Vont redoublant leurs folles escalades ;
> Jusques au sein de la Divinité,
> Portent la guerre avec impunité ;
> Viendront bientôt sans scrupule & sans honte,
> De ses arrêts lui faire rendre compte ;
> Et déja même, arbitres de sa loi,
> Tiennent en main, pour écraser la foi,
> De leur raison les foudres toutes prêtes.

IMPUDENCE (L') a le front ouvert, le regard fixe, la tête haute. Elle se porte avec assurance vers l'objet de sa passion.

On lui a donné un chien pour attribut. *Voyez* CHIEN.

INCONSTANCE. Le Papillon est l'attribut le plus ordinaire de l'Inconstance. On a désigné l'Inconstance des amans, en donnant des ailes de Papillon à l'Amour.

La boule & la girouette ont aussi été employées comme des images de l'Inconstance.

INDISCRETION. Défaut de retenue dans

nos difcours & dans nos actions , qui nous fait révéler des chofes que nous devrions laiffer igno-ret. Ce défaut eft particuliérement celui de la jeuneffe. C'eft pourquoi on repréfente la figure allégorique de l'Indifcrétion jeune , & en action de rompre furtivement le cachet d'une lettre. Différens Iconologiftes lui ont donné pour attri-bué une corneille , oifeau qui , fuivant la Fable , fut chaffé d'Athenes par Minerve , à caufe de fon excès de babil.

INDOCILITÉ. Difpofition de l'efprit à re-jetter les meilleurs confeils. Si on veut donner un bon avis à un homme indocile ; au lieu , (pour nous fervir ici d'une expreffion figurée & propre à l'Iconologie), de tendre la main , il montre les griffes. l'Indocilité vient ordinaire-ment d'orgueil ou de préfomption ; c'eft pour-quoi on lui donne un paon pour attribut.

INDULGENCE. Elle eft repréfentée fur une Médaille de l'Empereur Severe , fous l'emblême de Cybèle couronnée de tours , & affife fur un lion. De la main gauche elle tient une pique , & de la droite un foudre , qu'elle retient avec cette infcription , *Indulgentia Auguftorum*. Le lion a toujours été regardé par les Anciens comme un fymbole de l'Indulgence & de la Clémence. *Voyez* CLÉMENCE.

Sur une Médaille de Gallien , l'Indulgence d'Augufte eft défignée par une femme affife , qui tend la main droite , & tient un fceptre de la gauche.

Sur une Médaille d'Antonin , c'eft une fem-me affife , qui tient de la main gauche une baguette qu'elle paroît éloigner d'elle, & de l'autre préfente une patere ou une efpece de plat.

Elle eft affife entre un bœuf & un taureau fur une Médaille de Gordien, peut-être pour marquer que cette vertu adoucit les caracteres les plus brutaux.

L'Indulgence eft défignée plus particuliérement par une femme élevée fur une efpece de trône. Son regard eft affable ; elle a fous les pieds la hache & les faifceaux que portoient les Licteurs chez les Romains, & tend la main à un efclave profterné à fes pieds.

Cette figure allégorique caractérife principalement l'Indulgence du Prince : mais fi on veut exprimer cette vertu d'une ame éclairée, qui nous fait fupporter les défauts des autres, & pardonner leurs fautes, il eft néceffaire de lui donner d'autres fymboles ; elle fe préfentera à nous fous la figure d'une femme un peu âgée, parce que c'eft la longue connoiffance que nous avons des hommes, qui nous porte principalement à l'indulgence. Son regard n'a rien de rude ni de malin ; une douce férénité, au contraire, s'y fait remarquer. Cette figure emblématique tient un voile, & l'étend fur les figures allégoriques de l'orgueil, de la vanité, de la pareffe, &c. dont elle s'efforce de cacher les différens attributs propres à les faire reconnoître.

INDUSTRIE. Un Mercure, qui d'une main tient un Caducée, & de l'autre une flûte, eft l'image de l'Induftrie chez les Anciens. Ils vouloient exprimer, par ces différens attributs donnés à Mercure, qu'un homme industrieux se rendoit utile à soi-même, & agréable aux autres.

On a donné à l'Industrie un sceptre ailé, surmonté d'une main, au milieu de laquelle est un œil. La main est le symbole ordinaire de l'Industrie ; l'œil est le signe de la prudence, qui dirige la main. Les ailes désignent la promptitude de l'exécution, qui n'est pas le moindre mérite d'un homme industrieux.

INGRATITUDE. L'emblême de l'Ingratitude est une couleuvre qui mord le sein qui l'a rechauffée. *Voyez la Fable de Phédre, intitulée*, Homo & Colubra.

Le lierre, qui fait périr l'arbre qui lui sert de soutien pour s'élever, est encore une image de l'Ingratitude.

INJURE. C'est une Furie qui a les yeux enflammés, des serpens dans les mains, & qui darde sa langue de vipere. Cette allégorie peut également convenir à la Médisance ; mais on caractérise particulierement l'Injure par les balances de Thémis, qu'elle brise sous ses pieds.

INJUSTICE. Figure allégorique, qui a l'épée de Thémis dans les mains, & qui foule aux pieds ses balances.

INIMITIÉ (L') marche toujours armée ; son attitude est pensive, son front pâle & livide, ses regards sombres. C'est le propre des hommes bilieux & mélancoliques, de nourrir long-temps l'Inimitié dans leur cœur. Elle tient dans ses mains deux fléches, l'une droite &

l'autre renverfée, fymbole de la contrariété d'humeurs chez les Égyptiens.

INIQUITÉ. Vice contraire à l'équité ; mais on entend plus communément par ce mot l'affemblage de plufieurs vices ou méchancetés. L'Iniquité, pour cette raifon, ne peut être perfonnifiée que par une figure qui réuniffe les attributs ou les fymboles de différens vices. Les Anciens employoient de pareilles figures allégoriques, qu'ils appelloient *Panthées*, pour repréfenter tous les Dieux, ou du moins les plus confidérables. *Voyez* PANTHÉE.

INNOCENCE. L'Innocence, qui eft le plus bel ornement de la Vertu, s'annonce par fon air ingénu & plein de douceur, par cette pudeur aimable, le vrai caractere de l'Innocence, & par fon vêtement blanc. Elle eft ornée de guirlandes de fleurs, & a un agneau à fes côtés.

Quelquefois elle fe préfente à nous couronnée de palmes, pour marquer qu'elle triomphe de la calomnie, qui veut l'opprimer.

Si on la repréfente fe lavant les mains, c'eft par allufion à la coutume des Anciens d'en ufer ainfi, pour fe difculper publiquement de ce dont ils prétendoient être fauffement accufés.

Une jeune bergere, qui, afife à l'ombre d'un chêne, fe compofe une couronne de fleurs qu'elle vient de cueillir dans la prairie voifine, ou qui, mollement étendue fur les bords d'une fontaine, fixe fes regards innocens fur la courfe paifible de l'onde, & femble n'être occupée que de fon murmure, font d'autres images agréables de l'Innocence, familieres aux Poëtes.

INQUIETUDE. L'Inquiétude eſt facile à reconnoître à ſa démarche incertaine & à ſon regard errant & ſoupçonneux. Elle tient relevée ſa robe de couleur changeante, & paroît prête à courir. On lui donne pour attribut une horloge de ſable, emblême de la régularité, & une girouette celui de l'Inconſtance ; deux attributs oppoſés qui caractériſent les réſolutions vacillantes d'une perſonne inquiete.

INSCRIPTION. On a donné ce nom aux caracteres gravés ſur le bois, la pierre, le marbre, le bronze, pour perpétuer la mémoire de quelque événement. On peut placer au nombre des Inſcriptions, les caracteres qu'on lit quelquefois au bas des tableaux, des portraits, des figures allégoriques, ou ſur les attributs qu'on leur donne ; & ces ſortes d'Inſcriptions, lorſqu'elles ſont relatives à l'allégorie exprimée, répandent ſur le ſujet une clarté utile & ſouvent même néceſſaire. Auſſi les Iconologiſtes, comme on peut s'en convaincre par pluſieurs articles de ce Dictionnaire, ont fait uſage de ces Inſcriptions, lorſqu'elles pouvoient être employées à propos. *Voyez* ABSTINENCE, AMITIÉ, CÉLIBAT, DOUTE, &c.

Ce Diſtique, fait pour être mis au bas d'une ſtatue de l'Amour, eſt une Inſcription très-heureuſe :

> Tel que tu ſois , voici ton maître ;
> Il l'eſt , le fut ou le doit être.

Des compoſitions qui ne ſont point allégoriques ont souvent encore besoin d'être éclairées par une Inscription. Le Spectateur pourra bien connoître la pantomime des personnages mis en scene ; mais il aura quelquefois de la peine à comprendre pourquoi , & dans quel dessein ils se trouvent réunis sur une même toile. Nous citerons pour exemple le tableau du Poussin , dont l'Estampe est connue sous le titre de l'*Arcadie*. L'Artiste y a placé cette courte Inscription sur un tombeau que des bergers examinent : *Et in Arcadia ego* ; & moi aussi je vivois en Arcadie. Ce peu de mots explique tout le tableau , & fait connoître l'intention du Peintre, laquelle , sans cela , nous eût peut-être échappée.

INSCRIPTIONS (Académie des) établie sous le regne de Louis XIV en 1663. Parmi les principaux Ouvrages que les Antiquaires , les Médaillistes , & même les Peintres qui veulent apprendre le Costume , doivent étudier , il n'en est point de plus intéressant pour eux que les Mémoires de l'Académie des Inscriptions & Belles-Lettres ; on les a consultés pour cet Ouvrage , & on n'oubliera pas de faire mention de la Médaille allégorique qui fixe l'époque de cet établissement utile. Mercure y est représenté assis , & écrivant avec un style à l'antique sur une table d'airain. Il s'appuie du bras gauche sur une urne pleine de Médailles ; il y en a d'autres qui sont rangées dans un carton à ses pieds. La Légende , *Rerum gestarum fides* , & l'Exergue , *Academia Regia Inscriptionum & numismatum instituta* , M. DC. LXIII. signifient que l'Académie Royale des Inscriptions & Médailles, établie en 1663, doit rendre aux siecles à venir un témoignage fidele des grandes actions.

INSTABILITÉ (L') aura pour attributs une robe de couleur changeante, une canne de roseau, sur laquelle elle s'appuie, & une boule sous les pieds.

INSTINCT. Secrete impulsion de la nature, qui, dans les hommes, précede toujours la réflexion. L'Instinct est commun à tous les animaux. La figure allégorique qui le représente est jeune, parce que l'Instinct ne vieillit point. Cette figure est dans l'attitude du mouvement; l'Instinct suit sans réflexion l'impulsion qu'il a reçue de la Nature : elle est nue, & a la tête couverte d'un voile ; l'Instinct ne doit rien à l'art, & agit par des ressorts inconnus.

INSTRUMENS Pontificaux (Les) qu'on rencontre sur les Médailles Romaines, sont le vase, le bassin, l'aspersoir, la hache avec la tête d'un animal, un couteau & un sym?pule. La tête désigne la victime, la hache sert pour l'assommer, le bassin pour recevoir les entrailles & les chairs qui devoient être offertes, le couteau pour la couper, le vase pour mettre l'eau lustrale, & l'aspersoir pour répandre cette eau sur les assistans, afin de les purifier. Le sympule étoit destiné pour faire les libations. Ces instrumens marquent la dignité sacerdotale & pontificale ; quelquefois on y a joint le bonnet pontifical. *Voyez* BONNET.

INTELLIGENCE. L'Intelligence, fille de

la réflexion, & mere des connoiffances humaines, fe préfente à nous vêtue d'étoffe d'or, ce qui la diftingue du vulgaire ; elle porte dans fes mains un fceptre ; & cet attribut du pouvoir lui convient d'autant mieux, que c'eft à elle qu'il appartient de diriger les travaux utiles à la fociété. Ses yeux font tournés vers le ciel, d'où elle a reçu la lueur qui brille fur fa tête, & que l'on peut regarder comme une étincelle de l'Intelligence univerfelle, que nous devons adorer. On voit autour d'elle des Livres & différens attributs des Sciences & des Arts, dont l'utilité reconnue lui eft dûe. A fes pieds font un aigle qui fixe l'aftre du jour, & un ferpent qui paroît ramper pour nous faire entendre qu'il faut commencer par ramper, en quelque forte, dans la route des Sciences, avant de parvenir à leur hauteur.

INTRÉPIDITÉ. Jeune homme prefque nu, d'une contenance fiere. Il tient une épée ou une autre arme, & regarde, d'un œil fixe, le péril évident qui le menace. La bravoure fait qu'on s'expofe ; l'Intrépidité fait que l'on fe facrifie.

Sur une pierre gravée antique, l'Intrépidité eft caractérifée par un jeune & vigoureux athlete, qui arrête, par les cornes, un taureau furieux.

L'Intrépidité a été auffi défignée par un foldat qui s'appuie fur fes armes.

INVENTION. L'Invention, une des principales parties de la peinture, peut être défignée par un bufte de Minerve, qui eft auffi

l'emblême

l'emblême ordinaire du choix & de la distri-
bution.

Lorsque l'on veut exprimer l'Invention d'un
Artiste, ou la découverte qu'il a faite dans son
Art, on peut très-bien la caractériser, par une
jeune fille, qui tient d'une main les attributs
ou les instrumens de cet Art, & de l'autre un
Caducée, symbole de la Science, avec une espece de sceptre, au bout duquel sont une main
& un œil ouvert.

IRIS. Divinité fabuleuse des Anciens, & la
Messagere de Junon, qui la métamorphosa en
arc, & la plaça au Ciel en récompense de ses
services. Les Peintres représentent Iris portée
sur l'arc-en-ciel, avec des aîles au dos, pour
marquer son zele & sa promptitude à faire ses
commissions.

ISIS. Ancienne Divinité Egyptienne. Ses statues la représentent avec un Croissant de Lune,
ou une face pleine posée sur la tête, & tenant
un sistre. *Voyez* SISTRE.

On lui voit ordinairement un ornement de
tête, qui lui tient lieu de diadême, & qui est
composé du fruit & des feuilles de la plante
appellée *Persea*. Cette plante, dont le fruit,
pour la forme, a quelque ressemblance avec
le cœur, & les feuilles, avec la langue, a pu
avoir été adoptée par les Egyptiens, mystérieux
en tout, comme un symbole du silence & du
respect aveugle que demandoit le culte de
leurs Dieux, dont les formes bizarres, & souvent monstrueuses, étoient bien capables de
révolter la raison.

C

Une multitude d'autres symboles qu'on a donnés à Isis, peuvent faire croire qu'Isis n'étoit qu'une figure hiéroglyphique des premiers Egyptiens, que l'ignorance & la crédulité de leurs descendans ont divinisée.

ITALIE. Sur la plûpart des Médailles Romaines, l'Italie est représentée sous le symbole d'une femme couronnée de tours, qui tient de la main droite une haste, & de la gauche une corne d'abondance. A ses pieds l'on voit un aigle posé sur un globe.

L'Italie est encore désignée par une femme assise sur un globe, la couronne tourrelée sur la tête, tenant d'une main une corne d'abondance, & de l'autre un sceptre, pour marquer son empire sur l'Univers, comme on peut le voir sur les Médailles de Titus, d'Antonin-Pie, de Commode, &c.

On a aussi donné à l'Italie pour attribut, le Caducée de Mercure, symbole des beaux Arts qui fleurissent dans son sein.

L.

LACÉDÉMONE. Ville fort ancienne du Péloponese, nommée autrement Sparte. Cette ville a sur ses Médailles un vase très-allongé, & les bonnets des Dioscures ou de Castor & de Pollux. *Voyez* CASTOR.

LACHETE. Vice de celui qui trahit son devoir pour éviter le danger. La Lâcheté a, ainsi que la crainte, un lievre pour attribut. Mais on défigne plus particulierement ce vice, par un homme qui tient une quenouille, a fon épée attachée à un long cordon, qu'il femble traîner, & foule aux pieds les attributs de fon rang ou de fon devoir, qu'il trahit.

LAOCOON, frere d'Anchife, Prêtre d'Apollon & de Neptune.

Le Grouppe du Belvedere, qui repréfente le malheur de Laocoon & de fes deux enfans dévorés par des ferpens, eft un des plus beaux morceaux de Sculpture qui nous refte de l'Antiquité : c'eft pourquoi on le donne pour attribut à la Sculpture. *Voyez* SCULPTURE.

Il y a lieu de conjecturer que la defcription que Virgile a faite du malheur de Laocoon, eft une copie de cet ancien Grouppe ; car le Laocoon de Virgile, & celui qui exifte à Rome, font fi reffemblans, « qu'on croiroit, dit M. » Maffei, que le Poëte, en décrivant le fien, » avoit le dernier devant les yeux. »

Nous rapporterons ici la defcription de Virgile, afin qu'on puiffe la comparer à ce célebre morceau de Sculpture, dont nous avons en France plufieurs copies eftimées, fur-tout celle qui eft en bronze à Trianon. On fe convaincra, peut-être, par cette comparaifon, de l'utilité dont la Peinture, la Sculpture & la Poéfie peuvent être l'une à l'autre.

Laocoon ductus Neptuno forte Sacerdos
Solennes taurum ingentem mactabat ad aras.
Ecce autem gemini à Tenedo tranquilla per alta
(Horrefco referens) immenfis orbibus angues

Incumbunt pelago, pariterque ad littora tendunt :
Pectora quorum inter fluctus arrecta, jubæque
Sanguineæ exsuperant undas : pars cætera pontum
Ponè legit, sinuatque immensâ volumine terga.
Fit sonitus spumante salo, jamque arva tenebant ;
Ardentesque oculos suffecti sanguine & igni,
Sibila lambebant linguis vibrantibus ora.
Diffugimus visu exsangues : illi agmine certo
Laocoonta petunt : & primùm parva duorum
Corpora natorum serpens amplexus uterque
Implicat, & miseros morsu depascitur artus.
Post ipsum auxilio subeuntem, ac tela ferentem
Corripiunt, spirisque ligant ingentibus : & jam
Bis medium amplexi, bis colla squamea circùm
Terga dati, superant capite, & cervicibus altis.
Ille simul manibus tendit divellere nodos
Perfusus sanie vittas, atroque veneno :
Clamores simul horrendos ad sidera tollit.
Quales mugitus, fugit cùm saucius aram
Taurus & incertam excussit cervice securim.

« Laocoon, que le sort avoit fait Grand-
» Prêtre de Neptune, sacrifioit un taureau sur
» l'Autel de ce Dieu. Pendant la cérémonie,
» deux épouvantables serpens (j'en frémis en-
» core) sortirent par un tems calme, de l'Isle
» de Ténédos, & s'avancerent vers le Port.
» Leur tête dressée, & rouge de sang, s'élevoit
» au-dessus des flots ; le reste de leur corps,
» formant des cercles immenses, sembloit
» glisser sur la surface des eaux, & fendoit à
» grand bruit l'onde écumante. Ils s'élancent

» fur le rivage , & s'approchent avec des yeux
» étincelans & des fifflemens terribles. Le peu-
» ple effrayé prend la fuite. Les deux ferpens
» vont droit à Laocoon , & commencent par
» fe jetter fur fes deux petits enfans , pour les
» dévorer. Leur pere , armé de dards , vient à
» leur fecours : ils fe jettent de même fur lui ,
» l'embraffent , fe replient autour de fon corps ,
» & élévent leur tête au-deffus de la fienne.
» Couvert de leur venin , il fait de vains efforts
» pour fe dégager , & pouffe vers le Ciel des
» cris affreux. Ainfi mugit un taureau , qui
» prend la fuite , bleffé devant l'Autel par un
» bras mal affuré. » *L'Abbé Desfontaines.*

L'aventure de Laocoon a auffi été décrite
très-poétiquement par Petrone en vers iambes.

Dans le Grouppe du Belvedere , Laocoon eft
repréfenté nu , ce qui eft contre toute vraifem-
blance ; mais c'étoit la pratique des Sculpteurs
anciens , & principalement des Grecs , de repréfenter leurs figures nues , pour faire briller
davantage l'excellence de leur art. *Voyez* l'art.
HÉROISME , où il eft parlé de ce Grouppe.

LAPIN. Sur la plûpart des Médailles , le
Lapin eft un attribut de l'Efpagne. *Voyez* ÉS-
PAGNE.

Sur les Médailles de Sicile , il défigne l'abondance , à caufe de fa fécondité. Comme le
Lapin paffe pour l'animal le plus timide , on
l'a donné pour attribut à la Timidité. *Voyez* TI-
MIDITÉ.

LARES , appellés auffi Pénates. Les Lares

étoient des Génies domestiques, que les Payens regardoient comme les Dieux tutélaires des familles. Ils les honoroient sous la figure de petites statues de cire, d'or, d'argent, &c. qu'ils plaçoient dans le coin du foyer.

Dans les sacrifices publics, on leur égorgeoit un porc; mais dans la maison on leur offroit de l'encens, du vin, de la farine, & ce que l'on servoit sur la table.

Ces Marmousets sont ordinairement accompagnés d'un chien, symbole ordinaire des Dieux Lares, à cause de sa fidélité & du service qu'il rend aux hommes pour la garde des maisons.

Outre ces Lares domestiques, il y en avoit encore de publics qui présidoient aux chemins, aux rues, aux carrefours. Chaque Ville avoit les siens. Le pieux Enée s'est rendu célébre, pour avoir sauvé ceux de Troye. *Voyez* PÉNATES.

LASCIVETÉ. Vice qui blesse la pureté des mœurs. La Lasciveté est fille de l'oisiveté, de l'aisance & du luxe. Son habillement est riche, mais peu modeste. « Couchée mollement, dit
» le *Brame inspiré*, sous un berceau de fleurs,
» elle mendie les regards des enfans des hom-
» mes; elle leur tend des piéges & des amorces
» dangereuses. Son air est délicat, sa complexion
» foible; sa parure est un négligé touchant; la
» volupté est dans ses yeux, & la séduction
» dans son ame. Fuis ses charmes; ferme l'o-
» reille à l'enchantement de ses discours; si
» tes yeux rencontrent la langueur des siens,

» si sa voix douce passe jusqu'à ton cœur, si
» dans ce moment elle jette ses bras autour
» de ton cou, te voilà son esclave ; elle t'en-
» chaîne à jamais. La honte, la maladie, la
» misere & le repentir, marchent à sa suite.
» Affoibli par la débauche, endormi par la
» mollesse, énervé par l'inaction, tu tombe-
» ras dans la langueur ; le cercle de tes jours
» sera étroit, celui de tes peines étendu ; le
» premier sera sans gloire, l'autre n'excitera
» ni larmes ni pitié.

Le bouc & des moineaux qui se caressent,
sont les symboles ordinaires de la Lasciveté.
Voyez LUXURE.

LAURIER. Cet arbrisseau est le symbole de
la Victoire, de même que le Palmier.

Les figures allégoriques de la Victoire, de
la valeur héroïque, &c. sont peintes avec des
couronnes de Laurier sur la tête, parce qu'elles
étoient autrefois la récompense de la Valeur &
de la Vertu.

La Fable dit que Daphné fut changée en
Laurier, pour marquer le triomphe de sa virginité.

Sur les Médailles, une branche de Laurier
à la main d'un Empereur, désigne ses Victoires, ses Conquêtes, son Triomphe, &c.

Les Césars sont ordinairement représentés
couronnés de Laurier.

Apollon & les Divinités qui président aux
beaux Arts, ont des couronnes de Laurier. On
a aussi donné de ces couronnes aux Poëtes &

aux Orateurs célébres, pour faire connoître que les Ouvrages de ces grands génies sont consacrés à l'Immortalité, dont le Laurier est le symbole, puisqu'il conserve sa verdure malgré les rigueurs de l'hyver.

LEUCOTHÉE. La même qu'Ino, fille de Cadmus & d'Hermione. Leucothée, pour éviter la jalousie & les fureurs d'Athamas son mari, qui la croyoit infidelle, se précipita avec son fils Mélicerte dans la mer, & Neptune la métamorphosa en Nymphe marine. Ce fut Leucothée, suivant Homere, qui sauva Ulisse du naufrage, en lui prêtant le diadême qu'elle portoit autrefois, & qu'elle avoit conservé Ses statues la representent les cheveux liés avec une bande, comme le pratiquoient les femmes Grecques; mais ayant le front orné d'un diadême.

LIBER. Surnom donné à Bacchus, parce qu'il procura la liberté aux villes de Béotie, ou parce que le vin, dont ce Dieu fut l'inventeur, inspire la licence, & dissipe les chagrins. *Voyez* BACCHUS.

LIBERA. Ovide, en ses Fastes, dit que le nom de *Libéra* fut donné par Bacchus à sa chere Ariane. Il y a des monumens consacrés à Liber & à Libéra ensemble, ces deux Divinités ayant les mèmes symboles. La tête de Libéra, sur les pierres gravées, est couronnée de pampres de vigne.

LIBERALITÉ. Figure allégorique qu'on représente sous l'emblème d'une femme, qui d'une main porte une Corne d'abondance rem-

plie de pierreries, de perles, de Médailes, &c.
& de l'autre, présente des pieces d'or & d'argent, comme pour les distribuer.

On donne aussi à la Libéralité plusieurs bourses, qu'elle tient ouvertes.

Sur les Médailles Romaines, la Libéralité porte une tablette quarrée, piquée d'un certain nombre de points, qui indiquent la quantité ou de grains, ou de vin, ou d'argent, que l'Empereur donnoit. Sur une Médaille de Pertinax, elle tient d'une main une Corne d'abondance, & de l'autre cette tablette, où sont marqués différens nombres. Sur une Médaille d'Adrien, elle répand une Corne d'abondance.

LIBERTÉ. Divinité bien célébrée chez les premiers Grecs & chez les anciens Romains. Elle avoit un Temple à Rome, soutenu de colonnes de bronze, & orné de statues très-belles. La Liberté y étoit représentée sous le symbole d'une Dame Romaine, vêtue de blanc, tenant un sceptre d'une main, un bonnet de l'autre, & ayant un chat à ses pieds.

On la voit sur plusieurs Médailles nue tête & les cheveux frisés comme ceux de Vénus, l'air calme, le front découvert, agréable & riant ; elle est cependant représentée voilée sur quelques Médailles. Elle est debout sur celles de la plupart des Empereurs. Mais il y en a beaucoup d'autres aussi qui représentent la Déesse assise dans un riche fauteuil, couverte d'un manteau à la Grecque, le bonnet dans sa main droite, & le sceptre dans la gauche.

Le chat, un des attributs de cette Déesse,

a toujours été regardé comme l'animal le plus impatient, quand il est enfermé, & le plus ami de la Liberté. C'est pourquoi quelques Nations, & particulierement les Alains, les Vandales, les Suéves, les anciens Bourguignons, avoient un chat dans leurs Armoiries.

On donnoit un bonnet à la Liberté, parce que, suivant une ancienne coutume, les Romains le faisoient porter à celui de leurs esclaves qu'ils vouloient affranchir. *Voyez* BONNET.

Quelquefois, au lieu d'un sceptre, la Liberté tient une baguette nommée *Vindicta*, dont le Magistrat touchoit les esclaves, pour marquer qu'il les tiroit de la servitude & du pouvoir de leur maître.

Il se trouve aussi quelques Médailles où la Liberté est représentée tenant d'une main une massue comme celle d'Hercule, & de l'autre un bonnet avec cette inscription, *Libertas Aug. ex S. C.*

Quand on vouloit signifier une Liberté acquise par la valeur, on ajoutoit un joug rompu. C'est avec cet attribut qu'elle est représentée sur une Médaille d'Héliogabale.

Sur une Médaille de Brutus, la Liberté paroît sous la figure d'une femme qui a pour attribut un bonnet entre deux poignards, avec l'inscription, *Idibus Martiis*, aux Ides de Mars; ce fut le quinzieme de ce mois que Brutus, Cassius & les autres Conjurés tuerent Jules-César, pour rendre la Liberté au Peuple Romain.

La Liberté rendue à l'Empire Romain, *Libertas restituta*, est exprimée sur une Médaille de Galba, par une femme à genoux, que l'Empereur, vêtu de la toge, releve de la main droite, pour la remettre entre les mains de la Ville de Rome, personnifiée par une Pallas armée de pied en cap.

Sur les Médailles de Constantin, on lit d'un côté ces mots, *Libertas publica*, & sur le revers on voit une Victoire élevée, ayant une couronne de laurier sur la tête, les bras étendus, & couvrant de ses ailes un vaisseau de guerre à trois rangs de rames.

Deux Déesses, Adéone & Abéone, accompagnent ordinairement la Liberté : ce qui signifie que la Liberté est le pouvoir d'aller & de venir où l'on veut.

Un oiseau qui s'envole avec le fil qui le retenoit, ou qui s'échappe de sa cage, est encore un symbole employé par nos Artistes, pour désigner la Liberté.

LIBERTINAGE. On le voit sous la figure d'un jeune homme dont le vêtement n'a point de ceinture. Il a un bandeau sur les yeux, court sur les bords d'un précipice, & se jette dans les bras de la *Vénus vulgaire*, que d'après une ancienne pierre gravée, nous représenterons toute nue ; cette Vénus a des ailes au dos, tient une harpe entre ses mains, & reçoit une marotte que lui présente un petit Amour. Elle est assise, ou plutôt couchée sur des fleurs, qui cachent des serpens. Sa nudité annonce son caractere lascif ; ses ailes, son inconstance ; la harpe qu'elle tient , les charmes dont elle captive les sens , & la marotte qui lui est offerte , son penchant pour les jeux , la dissipation & les amusemens les plus extravagans.

LIBRE-ARBITRE. Action de la volonté , par laquelle elle se détermine librement à une chose plutôt qu'à une autre. D'après cette définition , on représentera le Libre-Arbitre sous la figure d'un homme sorti de l'enfance , revêtu d'habits royaux , avec une couronne sur la tête & un sceptre dans ses mains ; ce qui désigne qu'il est en son pouvoir de vouloir ce qui lui plaît. Son manteau peut être de diverses couleurs , pour marquer l'incertitude qui se trouve souvent dans le choix. Plusieurs Iconologistes ajoutent au bout du sceptre , qu'il tient élevé , la lettre Y , regardée , d'après une Sentence de Pithagore , comme l'emblême des deux voies que l'homme peut suivre , & qui le conduisent l'une au bien & l'autre au mal.

LICENCE. Abus de la Liberté. La Licence a été caractérisée par une femme nue , échevelée , coëffée de raisins & de pampres , & foulant aux pieds des épis de bled. Elle tient dans ses mains un mors brisé , & paroît en action de parler en regardant un frein rompu.

LIÉVRE. Chez les Egyptiens , le Liévre signifioit l'ouie. On l'a encore regardé , ainsi que le Lapin , comme un symbole de l'Abondance , de la Timidité , &c. *Voyez* LAPIN.

LION. Le Lion est le symbole du Courage , de la Force , de la Clémence , de la Magnanimité , &c. Sa face ronde , ses yeux étincelans , sa criniere , qui tombe des deux côrés de son col , en forme de rayons , ont porté plusieurs peuples à le dédier au Soleil.

On a employé le Lion pour désigner la terre, sans doute , parce qu'il est le premier des animaux terrestres. *Voyez* AGRICULTURE.

Ce fier animal est aussi pour cette raison l'image de la Dignité Royale.

Les Lacédémoniens firent ériger à leur Roi Léonidas , qui avoit défendu le passage des Thermopyles à la tête de trois cents Spartiates, une statue de Lion , symbole de sa Royauté , de sa force & de son courage.

On l'a donné pour attribut à la Colere , à la Fureur , à la Magnanimité.

Les Poëtes attelent le char de Cybele ou de la Déesse Tellus , de plusieurs Lions. Sur les Médailles , il est représenté tiré par deux Lions seulement.

On donne un Lion à l'Espagne , à la Hollande. *Voyez* ESPAGNE , HOLLANDE.

LOI. Divinité allégorique , fille de Jupiter & de Thémis.

On l'a représentée sous le symbole d'une femme majestueuse , assise sur un Tribunal avec un diadême sur la tête , un sceptre en main & un livre ouvert à ses pieds , sur lequel on voit écrit cette Sentence , *In Legibus salus.*

Dans un dessin , dont le sujet est l'établissement de la Loi Salique , Loi fondamentale de la Monarchie Françoise, qui regle la succession à la Couronne , & en exclud les femmes , M. Lepicié , de l'Académie de Peinture , a désigné cette Loi par la couronne qu'un repréſentant de la Nation poſe d'une main ſur une lance ou une pique , (attribut guerrier qui indique le Sexe capable de le porter) tandis qu'il écarte de l'autre main la quenouille , qui caraćtériſe les femmes , & qui lui eſt préſentée , ainſi que la lance , par la même figure allégorique.

LOI NATURELLE. Loi que *Dieu* impoſe à tous les hommes , & qu'ils peuvent découvrir par les ſeules lumieres de la raiſon. Comme cette Loi eſt fondée ſur ce précepte , gravé dans le cœur de tous les hommes : « Ne faites point à » autrui ce que vous ne voudriez pas vous être » fait ». On peut donner pour attribut à la figure ſymbolique de la Loi naturelle , un compas , avec lequel elle forme deux paralleles. Ce compas eſt orné d'un rouleau ſur lequel eſt écrit *Æqua lance* également. Cette figure ſymbolique eſt habillée ſans art & ſans ornemens ; on la voit aſſiſe ſur un cube , & tenant un ſcep- tre qu'elle poſe ſur le globe de la terre , pour marquer que le caraćtere de la Loi naturelle , caraćtere qui la diſtingue des Loix poſitives , eſt d'être immuable & univerſelle , c'eſt-à-dire , d'obliger tous les hommes ſans exception.

LOGIQUE. Science qui enſeigne à par- fećtionner le raiſonnement. Ciceron obſervoit cette différence entre l'éloquence & la logique ; il diſoit que l'une s'étend & que l'autre ſe reſ- ſerre. *Hæc latior, hæc contraćtior.* Zénon ren- doit cette idée plus ſenſible par une image ; il comparoit l'éloquence à la main qui s'ouvre pour étaler ſa beauté , & la Logique au poing qui se ferme pour ramasser sa vigueur. On peut, d'après cette idée, désigner la Logique par une femme, qui présente une main fermée. Elle est dans l'attitude du mouvement, & sa tête est couverte du casque de Minerve.

Comme le but de la Logique est de discerner le vrai d'avec le faux, on lui a donné une pierre de touche pour attribut.

LOTUS. Plante aquatique, en grande vénération chez les Egyptiens ; elle servoit à orner les chapitaux des colonnes, & divers instrumens, mais sur-tout les vases consacrés au culte des Dieux, parce que cette plante, tendant à la figure ronde, étoit prise pour l'image de la perfection, selon Jamblique ; le Lotus étoit aussi regardé par les Egyptiens comme un symbole du Soleil. On voit souvent dans les monumens Egyptiens, Isis assise sur cette fleur.

LOUANGE. Hommage dû à la vertu & au mérite, & qu'il faut bien distinguer de celui qu'accorde la flaterie. La Louange est désignée par une jeune femme gracieuse, vêtue de blanc, couleur symbolique de la sincérité, & couronnée de fleurs, pour exprimer que la Louange est agréable. Elle tient un livre & a une statue équestre ou pédestre à ses côtés, pour marquer que la Louange passe à la postérité par le moyen des écrits & des monumens ; mais ce qui la caractérise principalement, est la trompette qu'elle embouche, & dont il sort des rayons de gloire. On peut placer à ses pieds une cassolette d'encens.

LOUP, LOUVE. Les Egyptiens, dans leurs Hiéroglyphes, repréſentoient un voleur ſous la figure d'un Loup.

Sur les Médailles Romaines, une Louve qui donne à tetter à deux petits enfans, eſt le ſymbole ordinaire de l'origine de la ville de Rome, fondée par deux freres, Remus & Romulus, que l'Hiſtoire dit avoir été alaités par une Louve. Ce ſymbole eſt encore employé pour déſigner la domination Romaine. Les anciens ont repréſenté le Tibre avec une Louve à côté de lui. *Voyez* TIBRE.

On a quelquefois donné pour attribut à l'avarice, une Louve affamée, ſymbole de l'inſatiabilité de cette cruelle paſſion.

La Louve a été auſſi regardée comme l'image d'une femme impudique.

LOYAUTÉ. Cette vertu, qui nous fait ſuivre avec exactitude les loix de la probité, ſe manifeſte à nous par l'aimable candeur qui régne ſur ſa phyſionomie. Elle eſt vétue d'une légere draperie blanche, & montre à découvert ſon ſein, ſur lequel eſt tracé un cœur. Elle foule à ſes pieds un maſque, ſymbole de la feinte & du menſonge.

LUCINE. Les Payens regardoient Lucine comme la Déeſſe qui préſidoit aux accouchemens. Junon & Diane étoient adorées ſous ce nom, mais plus ſouvent Junon. Dans la Galerie de Rubens, elle eſt repréſentée ayant un flambeau à la main.

Les Anciens lui donnoient une couronne de dictame, parce qu'ils étoient perſuadés que

cette

cette herbe facilitoit l'enfantement aux femmes, & qu'elle avoit la vertu de les faire déli-
vrer heureusement de leur fruit. On voit Lucine, sur les anciens Monumens, avec cette couronne ; elle tient une coupe de la main droite,
& une lance de la gauche, ou bien elle paroît
assise sur une chaise, portant de la main gauche
un enfant emmailloté, & de la droite une espece
de fleur de lis.

LUNUS. C'est sous ce nom que les hommes,
dans l'Antiquité Payenne, adoroient la Lune.
Les femmes l'honoroient sous celui de *Luna*.

Le Dieu Lunus, sur les Médailles, est facile à
reconnoître par le croissant dont il a les épaules chargées, par le bonnet qui lui couvre la
tête, & par le coq qu'on met à côté de lui.

Souvent il porte le bonnet Phrygien relevé
sur le devant, à la maniere des anciens bonnets des Orientaux. Il est debout en habit militaire, une pique à la main, tenant de la main
gauche une Victoire, & ayant un coq à ses
pieds.

LUPERCALES. Fêtes qui se célébroient à
Rome en l'honneur de Pan. Ceux qui étoient
associés aux mysteres de ce Dieu, lui immo-
loient des chévres, & erroient presque nus
dans la ville, tenant d'une main les couteaux
dont ils s'étoient servis pour immoler les victimes, & de l'autre des courroies dont ils frappoient légerement les femmes enceintes. L'o-
pinion où étoient les femmes, que par ces coups
de fouet elles éviteroient d'être stériles, ou que
leurs couches seroient heureuses, faisoit qu'elles

s'empreſſoient de recevoir ces coups ſi favo-rables.

LUPERCES ou LUPERQUES. Prêtres du Dieu Pan, qui célébroient les Lupercales. Les bas-reliefs les repréſentent preſque nus, n'ayant qu'une peau de chévre, dont ils ſe ceignoient le corps, & tenant de longues courroies, dont ils frappoient ceux qu'ils trouvoient, hommes & femmes. *Voyez* LUPERCALES.

LUXURE. La Luxure ou l'Impudicité eſt déſignée par le bouc qui eſt à ſes côtés, & principalement par le caractere laſcif que le Peintre a ſçu donner à ſa figure allégorique, Elle a le front ouvert, la tête haute, les joues rouges & enflammées, la bouche entr'ouver-te, les lévres vermeilles. Elle reſpire à peine. Ses yeux ou la paſſion ſemble ſe manifeſter avec le plus d'avantage, ſont ſaillans & pleins d'une humidité qui les rend unis & très-brillans.

Un Satyre étoit chez les Anciens le ſymbole le plus ordinaire de l'impudicité. *V.* SATYRE.

LYRE. Mercure, ſuivant la Fable, inventa la Lyre, & en fit préſent à Apollon, Dieu de l'Harmonie & des beaux Arts. *Voyez* APOL-LON.

Sur les anciennes Médailles, lorſque la Lyre eſt jointe au laurier & au couteau, elle marque les Jeux Apollinaires. Quand elle eſt entre les mains d'un Centaure, c'eſt Chiron, le Maître d'Achille. *Voyez* CHIRON.

Une ou deux Lyres unies enſemble, dé-ſignent les Villes où Apollon étoit adoré comme chef des Muſes.

Dans l'Histoire Métallique de Louis XIV, ce
Prince est représenté sous la figure d'Apollon,
assis sur un globe chargé de trois fleurs de lis,
tenant d'une main un gouvernail, pour marquer
qu'il conduit tout par lui-même, & de l'autre
une Lyre, symbole de la parfaite Harmonie.

Un Trophée composé d'une Lyre & de flûtes
antiques, parmi les attributs d'un Héros, peut
désigner son amour & son goût pour les beaux
Arts, parce que ces instrumens de musique sont
les symboles ordinaires du Poëme Héroïque &
du Poëme Pastoral.

M.

MACÉDOINE, (La) ancien Royaume de
l'Europe Méridionale, qui dépend actuellement
de l'Empire Ottoman, paroît sur les Médailles
vêtue en cocher, le fouet à la main, ou parce
qu'elle fournissoit d'excellens chevaux, ou parce
qu'elle honoroit particulierement le Soleil, que
l'on a souvent représenté ainsi. *Voyez* SOLEIL.

Les Médailles de ce Pays portent aussi la
massue d'Hercule, dont les Rois de Macédoine
se vantoient de descendre.

MAGES. Ordre de Citoyens chez les Perses,
& les autres peuples Orientaux, qui jouissoient
de la plus haute considération. Ces différentes
Nations désignoient aussi, sous le nom de
Mages, leurs Sages, leurs Philosophes, leurs
Rois. Les Mages, qui vinrent adorer Jésus-
Christ dans la Créche, étoient des Philoso-

phes qui s'appliquoient à l'Aſtronomie. Les interpretes de l'Ecriture Sainte, qui leur donne la qualité de Rois, s'appuient ſur différens paſſages du Pſeaume 31. Le nombre de ces Mages eſt fixé à trois, & on leur a donné les noms de *Melchior*, *Gaſpard* & *Balthaſar*; mais ces noms ſont inconnus à l'antiquité. A l'égard de leur pays, l'Ecriture dit expreſſé-ment qu'ils étoient d'Orient, c'eſt-à-dire, de l'Arabie déſerte, ou de la Méſopotamie, que les Auteurs ſacrés comprenoient ſous le nom d'Orient.

Nous avons conſulté les ſentimens des diffé-rens Auteurs, les Artiſtes les plus intruits du coſtume, & les Iconologiſtes les plus éclairés, pour caractériſer ces trois Mages : le premier, nommé *Melchior*, & celui qui offrit l'or à l'enfant Jeſus, eſt un vénérable vieillard, re-marquable par ſa longue barbe & ſes cheveux blancs. Sa tête eſt ceinte d'un large bandeau, ſur lequel eſt attaché ſa couronne ; il eſt vêtu d'une robe de couleur bleu-céleſte, recouverte d'un manteau jaune ; ſa chauſſure eſt mêlée de bleu & de blanc. Le ſecond Mage, appellé *Gaſpard*, préſente l'encens. Son teint vermeil annonce qu'il eſt encore dans la force de l'âge. On lui voit une longue tunique de couleur oran-gée, un manteau verdâtre, & une chauſſure de couleur hyacinthe. *Baltaſar*, le troiſieme Mage, offre la Myrrhe au Roi nouveau né. Il a le teint brun d'un Ethiopien, & des cheveux noirs, courts & crépus, renfermés ſous un tur-ban. Sa tunique, rayée de diverſes couleurs, ne

descend que jusqu'aux genoux ; elle est surmontée d'un manteau verdâtre, taillé en forme
de clamide ; un brodequin jaune lui sert de
chaussure.

L'adoration des Mages est particulierement
désignée par l'étoile qui leur servit de guide.
Pietre-Teste, dans une de ses compositions,
pour mieux caractériser cette étoile miracu-
leuse, l'a retracée environnée d'esprits célestes
qui la contemplent avec respect.

MAGISTRATURE. On comprend sous ce
nom, tous les Offices qui donnent jurisdiction &
autorité sur le peuple. Comme l'expérience est
nécessaire à un Magistrat, les Iconologistes
donnent à la figure symbolique de la Magistrature, la maturité de l'âge. Ce personnage
allégorique est vêtu d'une longue robe pourpre,
& coëffé d'une toque. Il tient un bâton de
commandement entouré d'un serpent, emblême
de la prudence. Le livre des Loix est ouvert
sous ses yeux, & l'on voit à ses côtés un aigle &
une horloge de sable, symboles de pénétration
& d'exactitude. Souvent on y ajoute une pierre
de touche, où sont tracées une ligne d'or &
une ligne de cuivre, pour désigner la distinction que le Magistrat doit faire du vrai & du
faux.

La Magistrature, comme un des quatre états
en France, a été caractérisée à *l'art.* ETATS.

MAGNANIMITÉ. La Magnanimité est le
véritable apanage d'un Souverain. On la voit
appuyée d'une main sur l'écu des armes du
Prince, auquel on donne cette vertu pour

attribut ; de l'autre elle tient un sceptre & un dard qui est brisé, pour marquer la clémence. Le diadème qu'elle porte, annonce son inclination pour faire le bien, & son sceptre, la puissance de l'exécuter. A ses pieds est un lion couché.

MAGNIFICENCE (La) a été représentée par le Brun, dans un des plafonds de Versailles, sous le symbole d'une belle femme couronnée de rayons ; de la main droite elle tient un sceptre d'or, s'appuyant du même bras sur une Corne d'abondance, d'où se répandent quantité de Médailles, de perles & de joyaux ; & de la main gauche elle fait connoître les ordres qui doivent être exécutés.

MAI. Ce mois avoit Apollon pour Divinité tutélaire. Il étoit symbolisé chez les Romains par un homme entre deux âges, vêtu d'une robe fort large, & à grandes manches, tenant d'une main une corbeille pleine de fleurs, & de l'autre une fleur qu'il portoit à son nez ; quelquefois on plaçoit un Paon à ses côtés. Cet oiseau, par l'éclat de ses plumes, enrichies des fleurs que la nature y a peintes, peut être regardé comme une image du mois de Mai. « C'est le mois, continue Ausone, dans la pein- » ture qu'il fait de tous les mois de l'année, » qui produit le lin dans nos campagnes ; c'est » lui qui nous fournit tous les délices du » Printems, qui orne les vergers de fleurs, & » qui remplit nos corbeilles : il est appellé Mai, » de Maia, fils d'Atlas. C'est ce mois qu'Ura- » nie aime sur tout autre. »

On a donné au mois d'Avril une draperie verte ; celle du mois de Mai est également verte, mais semée de fleurs. Ce mois est couronné de roses, & il tient dans ses mains un rameau verdoyant ; le signe des Gemeaux, son attribut particulier, est entouré de fleurs. *Voyez* MOIS.

MAJESTÉ ROYALE (La) est représentée sous l'emblème d'une femme assise, dont le maintien est grave. Elle est richement vêtue, & a la tête ceinte d'un bandeau royal. Dans ses mains elle porte un sceptre & une épée. Sur une Médaille d'Antonin, elle est exprimée par une femme assise, qui de la main droite tient un sceptre, & de la gauche un Aigle. Cet oiseau étoit regardé par les Egyptiens, comme un symbole de la Puissance Royale, à cause de la supériorité que Jupiter, suivant la Fable, lui avoit donnée sur les autres oiseaux.

MAIN. La Main est un symbole de l'autorité & de la puissance.

Deux Mains l'une dans l'autre désignent la bonne Foi & la Concorde. *Voyez* FOI, CONCORDE.

Deux Mains jointes, tenant un Caducée entre deux Cornes d'abondance, expriment que l'abondance accompagne toujours la Concorde.

Zénon, chef du Stoïcisme, représentoit la Dialectique sous l'emblème d'une Main fermée, & l'Eloquence sous celle d'une Main ouverte. *Voyez* ELOQUENCE.

MAIN DE JUSTICE. C'est une Main au bout d'un sceptre. On l'a donnée pour attribut à la

Juftice. La Main de Juftice de nos Rois eft un bâton d'or, d'une coudée, ayant à l'extrêmité une Main d'yvoire qui éleve trois doigts, le pouce, l'index, celui du milieu, & plie les deux autres. On a choifi l'yvoire, pour que la dureté & la blancheur de cette matiere défignent la candeur & l'inflexibilité de la Juftice. Cette vertu doit être tempérée ; c'eft ce qu'indique la différente pofition des doigts. Ceux qui font élevés & droits marquent la févérité ; les doigts pliés indiquent la clémence. Lorfque, chez les Romains, le peuple faifoit grace, il inclinoit le pouce ; & lorfqu'il vouloit la mort du coupable, il le préfentoit élevé.

Nos Rois, à leur Sacre, portent le fceptre de la main droite, & la Main de Juftice de la gauche. Cette Main de Juftice, qui fert au Sacre de nos Rois, eft confervée dans l'Abbaye de S. Denis.

MARIAGE. Les Poëtes l'ont perfonnifiée fous la figure du blond Hymen. On peut ajouter aux fymboles ordinaires de cette Divinité, que les Anciens invoquoient dans leurs Mariages, un joug ; mais ce joug doit être orné d'une guirlande de fleurs, pour marquer que le Mariage a fes peines & fes agrémens. *Voyez* HYMEN.

Le Mariage eft défigné, fur une pierre gravée antique du Cabinet de Florence, par un jeune homme & une jeune femme qui fe donnent la main. L'époufe eft placée à la droite du mari, & lui préfente fa main droite, qu'il reçoit auffi dans fa main droite ; ufage que les Romains avoient eu des Etrufques, comme l'atteftent plufieurs Monumens. On voît fur cette même pierre ces lettres VT. FX., qui veulent dire *utere felix*, fouhait qu'il étoit d'ufage de faire dans les Mariages, ainfi qu'il eft facile de s'en convaincre par la Satyre II. liv. I. de Juvenal, vers 119.

MARNE. Grande riviere de France. Son attribut ordinaire eft une écrevifle, parce qu'on y en trouve beaucoup. C'eft auffi l'attribut que lui a donné Couftou l'aîné, dans le Grouppe de marbre qui eft au Jardin des Tuileries, repréfentant la Seine & la Marne. *Voy.* SEINE.

MAROTTE. C'eft un bâton au bout duquel il y a une petite figure ridicule, en forme de marionnette, coëffée d'un bonnet de différentes couleurs. On en met une entre les mains de la Folie & de Momus.

MARS. Le Dieu des batailles, des combats & des querelles.

Les Poëtes le dépeignent toujours armé de pied-en-cap, tenant un bouclier d'une main, & une lance de l'autre, quelquefois porté fur un char conduit par Bellone, & que la crainte & la terreur accompagnent. C'étoit la coutume chez les Anciens de combattre fur des chars. Homere fait tirer le char de Mars par des chevaux, comme étant les animaux les plus guerriers. *Voyez* CHEVAL.

Sur les Médailles, Mars Vainqueur eft couvert d'une cuiraffe, avec un cafque en tête, tenant une pique ou une hafte d'une main, & un trophée d'armes de l'autre, ou portant de la main droite une petite Victoire.

Mars Défenseur, *Mars propugnator*, tient son bouclier d'une main, & sa lance de l'autre. On lui a aussi donné l'Egide avec la tête de Méduse.

Mars Conservateur, *Mars conservator*, a son habit de guerre ; il s'appuie de la main gauche sur son bouclier, posé à terre, & tient de la droite sa pique, dont la pointe est renversée.

Mars *gradivus* est dans l'attitude d'un homme qui marche à grands pas. Tantôt il est barbu, tantôt il est sans barbe ; a l'habit militaire, & même un manteau qui lui couvre les épaules ; mais le plus souvent il est nu, & porte un bâton de Commandant à la main.

Mars Pacificateur, *Mars pacator*, a un casque en tête, & est vêtu d'un habit long ; il tient son bouclier & sa pique de la main gauche, & porte de la droite une branche d'olivier.

Les Lacédémoniens tenoient la statue de Mars liée & garrottée, afin que ce Dieu ne les abandonnât pas dans les guerres qu'ils auroient à soutenir. Le coq lui étoit particulierement consacré, parce que cet animal est colere & vindicatif, ou parce que, suivant la Fable, Mars métamorphosa en coq Alectrion, son favori, qui, au lieu de faire sentinelle, le laissa surprendre dans les bras de Vénus.

Mars. (Mois de) Les Romains lui avoient donné Minerve pour Divinité tutélaire, quoiqu'il prît son nom du Dieu Mars. Il étoit symbolisé par un homme vêtu d'une peau de louve, parce que la louve étoit consacrée au Dieu

Mars. « Il est aisé, dit Ausone, de reconnoître
» ce mois par la peau de louve dont il est ceint.
» Il s'apelle Mars, & c'est Mars qui lui a don-
» né sa dépouille. Le bouc pétulant, l'hiron-
» delle qui gazouille, le vase plein de lait,
» l'herbe verdoyante, tout cela désigne le Prin-
» tems qui commence au mois de Mars. »

Lorsqu'on a donné à ce Mois une draperie
de couleur tannée, mêlangée de brun & de
rouge, on a voulu exprimer qu'alors la terre
étoit privée de sa parure. Le signe du Bélier,
qu'il tient dans ses mains, ou qui est placé à
côté de lui, sert principalement à le désigner.
Voyez. MOIS.

MARTYRS. Les Martyrs doivent être désignés par l'instrument de leurs souffrances. Ainsi
on donnera à Saint Laurent un Gril, à Sainte
Catherine une Roue, à Sainte Marguerite un
Dragon. Saint Etienne sera représenté vêtu en
Diacre, avec des caillous dans ses mains ; &
on fait tenir à ces Martyrs une palme, symbole
de la Victoire qu'ils ont remportée ; quelquefois c'est un Ange qui la leur présente.

MASQUE. Attribut de Thalie, de Momus,
de la Fable, de l'Hypocrisie.

Sur les Médailles Romaines, le Masque est
un symbole des Jeux Scéniques, parce que les
Acteurs s'y présentoient ordinairement mas-
qués.

MASSUE. Comme tous les Héros de l'antiquité se sont servi de la Massue, cet instrument
désigne en général la force, la valeur, le courage. La Massue étoit l'arme ordinaire d'Hercule. *Voyez* HERCULE.

MATHÉMATIQUES. Cette Science est communément exprimée par une femme âgée, ayant un globe à ses pieds, & tenant de la main droite un compas, dont elle forme un cercle sur un papier, où il y a déja plusieurs figures tracées.

MAURITANIE. Cette vaste étendue de pays en Afrique, qui comprenoit les Royaumes d'Alger, de Fez, de Maroc, &c. est désignée sur les Médailles anciennes par un cheval & par une houssine, à cause de la vîtesse de ses coureurs, à qui l'on ne donnoit jamais de l'éperon. Il n'étoit pas non plus d'usage de leur mettre un mors à la bouche.

MAUSOLÉE. Tombeau décoré d'Architecture & de Sculpture avec épitaphe. Ces Monumens ont retenu le nom de Mausolées, depuis la magnifique sépulture que la Reine Arthemise fit ériger à Mausole, Roi de Carie, son époux.

Le Mausolée du Cardinal de Richelieu, à Paris, celui d'Urbain VIII à Rome, sont des morceaux estimés ; mais nous ne ferons mention ici que de ceux dont les pensées allégoriques peuvent avoir quelque rapport à l'Iconologie, & nous rappellerons aux Sculpteurs le conseil qui leur a été donné plusieurs fois de substituer à l'image hideuse de la Mort, qui fait toujours un mauvais effet, celle du Tems, qui est beaucoup plus noble, plus poétique. Le Mausolée de M. Languet, Curé de S. Sulpice, composé & exécuté par Michel-Ange Slodtz, à S. Sulpice, feroit un tout plus parfait, si l'Artiste avoit donné à la figure allégorique du Tems le personnage que joue ici la Mort. La pensée poétique de ce Monument est que l'immortalité ne peut souffrir qu'un aussi grand homme soit enseveli dans la nuit du trépas. Elle vient, d'un vol rapide, dissiper les ténebres qui le couvrent, tenant sous son bras gauche le plan géométral de l'Eglise de S. Sulpice, tracé sur l'airain. A sa voix le Pasteur sort du tombeau. La Mort frémit à l'aspect de son ennemi ; elle s'échappe confuse & désespérée. Ce spectre est à moitié couvert du tapis mortuaire , & dans l'attitude de se relever sur ses genoux pour prendre la fuite. Il emporte sa faux & déploie ses ailes , qui laissent voir des os décharnés & des plumes arrachées & déchirées.

Coustou , Sculpteur de l'Académie Royale de Peinture & de Sculpture , mort à Paris en 1777 , a , dans le Mausolée en marbre de feu Monseigneur le Dauphin & de feue Madame Dauphine , qui doit décorer le chœur de la Cathédrale de Sens , substitué , avec raison , à la figure hideuse de la Mort , celle du Tems , sous le symbole d'un vieillard qui a toute la vigueur de l'âge viril. Ce Tombeau , destiné à réunir deux époux , qu'une égale tendresse avoit unis pendant leur vie , présente un piédestal , sur lequel sont deux urnes , liées ensemble d'une guirlande de la fleur qu'on nomme immortelle. Du côté de l'autel , l'Immortalité debout est occupée à former un faisceau ou trophée des attributs symboliques des vertus de feu Monseigneur le Dauphin, telles que la Pureté, désignée par une branche de lys; la Justice, par une balance; la Prudence, par un miroir entouré d'un serpent, &c. Aux pieds de l'Immortalité est le génie des Sciences & des Arts dont ce Prince faisoit ses amusemens. A côté, la Religion, aussi debout, & caractérisée par la croix qu'elle tient, pose sur les urnes une couronne d'étoiles, symbole des récompenses célestes, destinées aux vertus chrétiennes, dont ces époux ont été les plus parfaits modeles. Du côté qui fait face à la nef de l'Eglise, le Tems, caractérisé par ses attributs, & dont l'attitude exprime le mouvement, étend le voile funéraire qui couvre déja l'urne de Monseigneur le Dauphin, mort le premier, sur celle qui est supposée renfermer les cendres de Madame la Dauphine. A côté, l'Amour conjugal, son flambeau éteint, regarde avec douleur un enfant qui brise les chaînons d'une chaîne entourée de fleurs, symbole de l'Hymen.

Le Mausolée de Stanislas le Bienfaisant, exécuté par Vassé, Sculpteur de l'Académie Royale, est remarquable par une noble simplicité. Le Monarque, revêtu de l'habillement Polonois, est placé sur un piédestal engagé dans une pyramide, symbole de l'Immortalité. On lit au haut cette inscription : *Salvavit me Dominus à contradictionibus populi mei.* Ce piédestal est porté sur trois socles. Sur celui du milieu est posé le globe de la terre, couvert d'un grand drap mortuaire. A la droite du Monument on voit la Lorraine, & à la gauche une Charité. Le Monarque jette ſes regards ſur un Médaillon placé hors du Monument, & qui offre le portrait de la Reine de France, dont le cœur eſt dépoſé, ſuivant les intentions de cette auguſte Princeſſe, à côté du Tombeau du Roi ſon pere. Ce médaillon eſt ſoutenu par deux Anges. Un d'eux ſemble faire hommage du cœur de la Princeſſe au Roi ſon pere, ce qui jette un intérêt touchant dans ces deux Monumens, & en lie la compoſition. La Lorraine, ſous la figure d'une femme qui a ſur la tête une couronne ducale, témoigne la ſatisfaction qu'elle éprouve à la vue de ſon bienfaiteur. Elle tient des tables d'airain, ſur leſquelles ſont gravés les principaux faits de la vie de ce Monarque. La figure qui repréſente la Charité paroît accablée ſous le poids de la douleur. Le trouble qu'elle éprouve ſe communique à l'enfant même attaché à ſon ſein.

Le Mauſolée du Cardinal de Fleury, placé dans l'Egliſe Royale & Paroiſſiale de S. Louis du Louvre, à Paris, & exécuté par Lemoyne, Sculpteur du Roi, mort en 1778, nous fait voir le Prélat étendu ſur un tombeau, prêt à rendre les derniers ſoupirs entre les bras de la Religion; il reçoit avec humilité les motifs conſolans qu'elle lui propoſe, en dépoſant dans ſes mains le ſigne de ſalut, & en le confirmant dans l'eſpoir de l'immortalité que ſes vertus lui ont méritée. Non loin eſt l'Eſpérance; elle dirige ſon geſte & ſes regards vers le ſéjour de l'immortalité promiſe aux Juſtes. On

voit, sur un plan avancé, la France saisie de douleur en considérant la perte d'un Ministre qui
lui fut cher. Les symboles des distinctions dont
le Cardinal étoit décoré, sont au pied du Tombeau avec le cartel de ses armes. Parmi ces
symboles, ceux qui appartiennent à l'Etat Ec-
clésiastique, au Prélat, sont grouppés du côté
de la Religion ; ceux qui sont analogues au
Citoyen, au Ministre, du côté de la France. Ces derniers sont négligemment jettés
sur les marches du Tombeau, comme des distinctions superflues, qui ne servent à l'article
de la mort, qu'autant que pendant la vie on
en a fait un usage relatif au salut. Dans le fond
de ce Mausolée s'éleve une pyramide surmontée
d'une urne sépulchrale, qu'accompagnent des
festons de cyprès : on y lit un passage tiré de
Job, relatif aux dispositions du Prélat : *Repo-
sita est hæc spes mea in sinu meo.* Je porte ce
desir & cette espérance dans mon cœur.

MAUX. Les Poëtes ont personnifié la Faim,
les Maladies, la Vieillesse, la Discorde, la
Guerre, &c.

Virgile a placé ces Maux aux portes des Enfers, & le tableau qu'il en fait, reçoit encore
une nouvelle expression de cette sombre lueur
qui l'éclaire.

Ibant obscuri sola sub nocte per umbras,
Perque domos ditis vacuas, & inania regna.
Quale per incertam lunam sub luce malignâ
Est iter in sylvis, ubi cœlum condidit umbra
Jupiter, & rebus nox abstulit atra colorem.

Vestibulum

Vestibulum ante ipsum, primisque in faucibus orci

Luctus & ultrices posuère cubilia curæ.

Pallentesque habitant morbi, tristisque senectus,

Et metus, & male suada fames, & turpis egestas ;

Terribiles visu formæ, lethumque, laborque ;

Tum consanguineus lethi sopor, & mala mentis :

Gaudia, mortiferumque adverso in limine bellum :

Ferreique Eumenidum thalami, & discordia demens,

Vipereum crinem vittis innexa cruentis,

In medio ramos annosaque brachia pandit

Ulmus, opaca, ingens ; quam sedem somnia vulgo

Vana tenere ferunt, foliisque sub omnibus hærent.

« Enée & la Sybille marchoient seuls dans
» le vaste Empire de Pluton, dans ces lieux
» déserts & obscurs, habités par de vaines om-
» bres, tels que des voyageurs qui traversent
» pendant la nuit une sombre forêt : la Lune
» couverte de nuages, ne répand qu'une lumie-
» re foible & trompeuse ; le Ciel est voilé,
» & toutes les couleurs ont disparu.

» A l'entrée du gouffre infernal sont couchés
» le Chagrin & les Remords vengeurs. Là rési-
» dent les pâles Maladies, la triste Vieillesse,
» la Peur, la Faim, auteur de mauvais conseils,
» & la honteuse Indigence (figures affreuses),
» le Travail, la Mort, le Sommeil son frere, &
» les Joies funestes. A la porte de ce lieu ter-
» rible on voit la Guerre meurtriere, les Eu-
» ménides couchées sur des lits de fer, & la
» Discorde insensée, dont la chevelure formée
» de viperes, est attachée par des bandelettes
» teintes de sang. Au milieu est un grand Or-

» me, qui, chargé d'un feuillage épais, étend
» de tous côtés ses bras antiques : c'est, dit-
» on, la retraite des vains songes, qui y rési-
» dent sur toutes les feuilles. »

MÉCHANCETÉ. Vice de caractere, qui nous porte à nuire à nos semblables. La figure allégorique de la Méchanceté est dans cet âge où les vices ayant vaincu la timidité, se montrent plus à découvert. L'air sombre de cette figure, son regard fournois, son attitude contrainte annoncent les agitations internes de son ame : elle tient un couteau à deux tranchans. L'on voit à ses pieds différens attributs des vices & une araignée qui tend ses toiles, par allusion aux piéges & aux embûches que la Méchanceté dresse à la vie, à l'honneur, aux biens du prochain.

MÉCHANIQUE. Science qui fait partie des Mathématiques, & enseigne la nature des forces mouvantes ; l'art de construire toutes sortes de machines, d'enlever toutes sortes de poids par le moyen des leviers, coins, poulies, moufles, vis, &c. Si donc l'on veut symboliser la Méchanique, on représentera une femme d'un maintien grave, qui réfléchit sur l'emploi de ces différentes machines placées autour d'elle.

MÉDAILLES. Piece de métal à deux faces, sur chacune desquelles sont ordinairement un type & une légende.

On trouve sur les Médailles anciennes, tout ce qui regarde la religion des Payens, leurs Divinités avec leurs habillemens, attributs,

fymboles ; leurs Temples , Autels , Sacrifices ;
les Fêtes confacrées pour embellir le culte
qu'on leur rendoit ; les Prêtres & les Prêtreffes
chargés des cérémonies de ce culte ; les apo-
théofes , les confécrations , les ovations , &c.
Il eft donc facile de fe perfuader que la connoiffance des Médailles eft abfolument néceffaire à l'Iconologie ; & nous avons eu fouvent
recours , en compofant notre Dictionnaire Iconologique , à ces monumens , dont pour cette
raifon nous croyons devoir donner ici une
notice.

Il y a des Médailles de plufieurs formes :
les unes repréfentent un quarré parfait , ou un
quarré long ; les autres font en lofange , ou en
ovale. Mais pour l'ordinaire elles font arron-
dies.

A l'égard du module ou de la grandeur de
la Médaille , on appelle Médaillons toutes les
grandes pieces qui , dans quelque métal que
ce foit , excédent par leur poids , leur étendue
& la fabrique , le volume & la forme du plus
grand module des monnoies antiques ordinaires.

Les Médailles de bronze , fe divifent en grand,
moyen & petit bronze. Les Médailles d'or &
d'argent , dans le haut Empire , font affez fem-
blables , pour le module , au petit bronze. Celles
qui excedent fenfiblement ce module s'appellent Médaillons.

Les Médailles font antiques ou modernes.
Les antiques finiffent à la ruine de l'Empire de
Conftantinople par les Turcs en 1453. Toutes

celles qui datent depuis cette époque malheu-
reuse sont modernes. Parmi les antiques il y en
a de Grecques & de Latines. Les Médailles
Grecques sont supérieures aux Romaines pour la
correction du deffin & le mérite de l'exécution.

Les matieres dont les Médailles sont com-
posées leur font donner les noms de Médailles
d'or , d'argent, de bronze, &c. On appelle
Médailles *saucées*, celles de bronze qui sont
trempées & saucées dans l'étain ; & *fourrées*,
celles qui sont faites d'une piece de bronze ou
de fer couverte d'une lame d'or ou d'argent :
elles étoient l'ouvrage des faux monnoyeurs.

La maniere dont les Médailles sont fabri-
quées les fait nommer simplement *Médailles*,
quand elles sont gravées en relief ; & *Médailles
en creux* , quand leur marque est creufée dans
la piece. On appelle *contorniates*, celles qui
ont un cercle en creux substitué au grenetis ;
& *encastillées* , celles qui sont ornées d'un cercle antique ajouté après leur fabrique.

Les différens degrés de perfection des Médailles leur ont aussi fait donner divers noms ,
tels que ceux de *vraies* , d'*authentiques* , de
Médailles à fleur de coin , de *contrefaites* , de
fauffes , de *frustes* , de *moulées* ou de *retou-
chées* par les Monétaires.

Les Médailles empruntent les noms des différens peuples qui les ont fait frapper : on distingue des Médailles Grecques, Latines , Pu-
niques, Gothiques, Françoises , &c. Elles reçoivent encore différentes dénominations par
rapport aux noms & aux titres de ceux qui les

ont fait frapper, ou qu'ils repréſentent. La diviſion la plus ordinaire de ces dénominations eſt en Médailles des Rois, des Familles, ou Conſulaires, Impériales, des Colonies, des Peuples & des Villes. On nomme celles qui ont été frappées à l'honneur des grands hommes, Médailles de fondateurs, de réparateurs, d'hommes illuſtres, & de reſtituteurs. Les Médailles Conſulaires ſont les plus anciennes Médailles Latines. Cependant celles de cuivre ou d'argent, ne remontent pas au-delà de l'an 484 de Rome, & celles d'or à l'an 546. Les Médailles Conſulaires portent ce nom pour les diſtinguer des Impériales, non parce qu'elles ont été battues par l'ordre des Conſuls, mais ſeulement parce qu'elles ont été frappées dans le tems que la République étoit gouvernée par les Conſuls. Parmi les Impériales on diſtingue le haut & le bas Empire. Le haut Empire commence à Céſar, & finit vers l'an 260 de Jeſus-Chriſt. Le bas Empire comprend près de douze cents ans; c'eſt à dire, juſqu'à la priſe de Conſtantinople en 1453.

Les Médailles ont deux côtés; l'un s'appelle la face, l'autre le revers. Sur chacun de ces côtés ſont ordinairement gravés un type & une légende. Les types doivent être conſidérés comme faiſant le corps de la Médaille; les légendes en ſont l'ame & la langue : ce ſont elles qui nous apprennent ce que les types ſignifient. Sans elles ils reſteroient ſouvent muets.

MEDECINE. C'eſt l'art ou la ſcience de

conserver la santé, & de la rétablir lorsqu'elle est altérée. Comme cette science demande beaucoup d'expérience & d'obfervations, on la peint âgée, & tenant dans fes mains une figure de la Nature, qu'elle confidere attentivement. On lui voit d'ailleurs les mêmes attributs que les Anciens donnoient à Efculape, leur Dieu de la Médecine. *Voyez* ESCULAPE, HYGIÉE.

MÉDISANCE. Difcours injurieux & contre l'honneur de quelqu'un. La Médifance eft le plus lâche de tous les vices; elle attaque les abfens hors d'état de fe défendre. C'eft pourquoi on la peint ordinairement, mettant fa tête à l'ombre d'un voile pour n'être point reconnue.

Le Pouffin l'a repréfentée fous l'image d'une femme enflammée de colere, qui tient deux flambeaux allumés comme pour les lancer; mais ce vice fe caractérife principalement par fa langue de vipere, qu'il paroît darder entre fes lévres, ou bien on le repréfente armé d'un poignard, & couvert d'un grand voile noir, qu'il tire en devant, pour fe cacher le vifage.

Si nous voulons une peinture plus étendue de cet ennemi de la fociété, cherchons-là dans les Poëtes. Voici comme M. de V. l'a peint dans fon Epître fur la Calomnie.

> La Médifance eft la fille immortelle
> De l'Amour-propre & de l'Oifiveté;
> Ce monftre ailé paroît mâle & femelle;
> Toujours parlant & toujours écouté,
> Amufement & fléau de ce monde,

Elle y préside , & sa vertu féconde ;

Du plus stupide échauffe les propos :

Rebut du sage , elle est l'esprit des sots,

En ricanant, cette maigre Furie

Va de sa langue épandre les venins

Sur tous états ; mais trois sortes d'humains ,

Plus que le reste , alimens de l'Envie ,

Sont exposés à sa dent de Harpie ;

Les beaux Esprits , les Belles & les Grands ,

Sont de ses traits les objets différens.

MÉDITATION. La Méditation est une priere à la Divinité pour obtenir de nouvelles lumieres. La figure symbolique de la Méditation, assise, & dans le plus grand recueillement, a la tête appuyée sur une de ses mains. Ses yeux sont fixés sur l'objet de ses réflexions, & elle est éclairée par deux bougies , dont l'une fond & s'éteint sans qu'elle s'en apperçoive. Une profonde Méditation nous dérobe, en quelque sorte , à tous les objets qui nous environnent.

MÉDITATION sur la vie humaine. Le catafalque érigé en 1769 dans l'Eglise de Notre-Dame de Paris pour la pompe funébre de la Reine de France , sur les dessins de M. Challe , nous offroit la Méditation sous l'emblême d'une femme d'un âge mûr, vêtue de deuil, & assise sur un sépulcre : elle tenoit d'une main une bourse renversée , d'où sortoient des pieces d'or, des joyaux & des couronnes , & fixoit les yeux sur une tête de mort. On lisoit ces tristes paroles sur une banderole qui entouroit une urne de verre : *ô Mors , quem amara est memoria tua !*

MÉDITERRANÉE. Cette mer est figurée par une femme qui a une rame à la main & un dauphin à ses côtés. On lui donne une rame , à cause des Galeres qui sont sur la Méditerranée.

MÉDUSE. L'une des trois Gorgones. Elle osa disputer de la beauté avec Minerve. La Déesse irritée , changea en serpens les beaux cheveux dont Méduse se glorifioit , & donna à ses yeux la force de transformer en pierre tous ceux qu'elle regardoit. Persée , vainqueur de Méduse , lui coupa la tête , & la consacra à Minerve , qui la plaça sur sa redoutable Egide. *Voyez* EGIDE.

Il paroît que cette tête étoit l'ornement le plus ordinaire que les anciens Héros mettoient sur leurs boucliers. Homere , en parlant des armes d'Agamemnon , dit que la tête de Méduse étoit gravée sur son bouclier , environnée de la Terreur & de la Fuite.

MÉLANCOLIE. Disposition à la tristesse qui naît du sentiment de notre imperfection. La Mélancolie se plaît dans la méditation ; elle est exprimée par une femme âgée , assise sur un massif de pierre , & qui a la tête appuyée sur une de ses mains , dans une attitude triste & rêveuse.

On met quelquefois à côté d'elle un arbre dépouillé de verdure , pour nous faire entendre que la Mélancolie flétrit notre ame en quelque façon , & la rend incapable de former aucune résolution. On la peint âgée , parce que la vieilleſſe eſt ordinairement triſte & mélancolique.

Parmi les Tableaux du Roi, on en voit un du Féty, connu ſous le nom de la Mélancolie. Ce Peintre l'a repréſentée ſous l'emblême d'une femme à genoux, ayant le bras droit appuyé ſur un maſſif de pierre, & ſoutenant ſa tête de la main gauche. Elle ſemble méditer profondément ſur une tête de mort, qu'elle tient de la main droite. A ſes pieds l'on voit un chien à l'attache, & ſur le même plan, différens attributs des Sciences & des Arts, pour déſigner que les génies mélancoliques, naturellement enclins à la méditation, ſont propres à l'étude des ſciences.

M. Vien, de l'Académie Royale de Peinture, l'a peinte ſous l'emblême d'une femme jeune, mais maigre & abattue ; elle eſt aſſiſe dans un fauteuil, dont le doſſier eſt oppoſé au jour. On voit quelques livres, & des inſtrumens de muſique diſperſés dans ſa chambre ; des parfums brûlent à côté d'elle ; elle a la tête appuyée ſur une de ſes mains ; de l'autre elle tient une fleur, à laquelle elle ne fait point attention. Ses yeux ſont fixés à terre, & ſon ame toute en elle même, ne reçoit des objets qui l'environnent aucune impreſſion.

MELICERTE. Dieu marin, en l'honneur duquel les jeux Iſthmiques furent inſtitués. Mélicerte, Palemon & Portumne, ſoit qu'ils ne faſſent que la même Divinité ſous trois noms différens, ſoit qu'on les ait regardés comme trois Dieux, n'ont ſur les Monumens anciens & les Médailles que le même ſymbole ; car ils font repréſentés par un enfant aſſis ſur un dauphin, & ils déſignent les jeux de l'Iſthme, qui furent inſtitués par Siſyphe, en l'honneur du premier de ces Dieux.

MELPOMENE. L'une des neuf Muſes, Déeſſe de la Tragédie. On la repréſente tenant d'une main une épée ou un poignard enſanglanté, & de l'autre des ſceptres & des couronnes. Quelquefois on lui donne des cothurnes, dont Eſchile, ſuivant Horace, fut l'inventeur. *Voyez* MUSES.

Le Brun l'a repréſentée dans les Appartemens de Verſailles ; c'eſt une femme aſſiſe ſur un ſiége d'or, fait à l'antique. L'air de ſon viſage annonce quelque choſe de fier & de triſte tout enſemble. Elle a un poignard & un bandeau royal dans ſa main, & un ſceptre d'or auprès d'elle.

> Melpoméne, les yeux en larmes,
> De cris touchans vient me frapper ;
> Quel art me fait trouver des charmes
> Aux pleurs que je ſens m'échapper ?
> La Pitié la ſuit gémiſſante,
> La Terreur toujours menaçante,
> La ſoutient d'un air éperdu.
> Quel infortuné faut-il plaindre ?
> Ciel ! Quel eſt le ſang qui doit teindre
> Le fer qu'elle tient ſuſpendu ?

MÉMOIRE. Elle eſt déſignée ſur les Monumens par une jeune perſonne qui enfonce un clou. *Voyez* CLOU.

Les Anciens, pour exprimer que la Mémoire des bienfaits doit être inaltérable, se servoient de cette expression : *clavo Trabali figere beneficium.*

La figure allégorique de la Mémoire doit être représentée à la fleur de l'âge, parce que cette faculté conserve toute sa force dans la jeunesse, & s'affoiblit par le nombre des années. La Mémoire, dit Locke, est une table d'airain remplie de caractères, que le tems efface insensiblement, si l'on n'y repasse quelquefois le burin : expression vraie & pittoresque qui nous avertit de cultiver notre Mémoire, si nous ne voulons point nous exposer à la perdre, ou du moins à la voir diminuer.

MENADES ou les *Furieuses.* On donnoit ce nom aux Bacchantes. *Voyez* BACCHANTES.

Une pierre gravée antique, dont il s'est fait bien des copies, nous offre l'image d'une Ménade dans cet abandon où jette l'ivresse. Elle a la tête renversée, les yeux égarés, les cheveux épars & les genoux sur un autel. Cette Furieuse semble, dans son transport, évoquer le Dieu dont elle est saisie. On lui voit entre les bras une petite figure de femme jouant d'une double flûte, & elle l'éleve comme pour la donner en spectacle. Ses évocations se font devant la statue du Dieu Pan, ou plutôt du Dieu de Lampsaque. Comme cette étrange Divinité & le Dieu du vin avoient à-peu-près le même culte, on apperçoit de l'autre côté, dans une espece de cuve ornée, une petite figure de femme qui boit dans un vase de la forme de ceux appellés *cotyles*.

MENSONGE. Vice né de la bassesse des sentimens & de la fausseté du cœur. L'indiscrétion de la langue donne aussi naissance à ce vice, que l'on a représenté, pour cette raison, laid, mal-vêtu, tenant un masque dans ses mains, ou ayant sa robe parsemée de masques & de langues, & foulant à ses pieds le miroir de la vérité.

On avoit caractérisé le Mensonge d'une maniere assez comique dans le Ballet de *Gli habitatori di monti*, ou des Montagnards, dansé devant Louis XIII en 1631. Il avoit une jambe de bois qui le faisoit clocher en marchant, un habit composé de plusieurs masques, & une lanterne sourde qu'il portoit à la main.

MÉPRIS. L'expression seule de cette figure symbolique, doit la faire reconnoître. « Les » mouvemens du Mépris, nous dit le Brun dans » son Traité de l'Expression des Passions, sont » vifs & marqués; le front se ride, le sourcil » se fronce, s'abaisse du côté du nez, & s'é- » leve beaucoup de l'autre côté. L'œil est fort » ouvert, & la prunelle se voit au milieu; » les narines élevées se retirent du côté des yeux, » & font des plis aux joues; la bouche se » ferme, ses extrémités s'abaissent, & la levre » de dessous excede celle de dessus ».

MERCURE. Fils de Jupiter & de Maïa, le Dieu de l'Éloquence & du Commerce, le patron des voleurs, & le courier des Dieux, principalement de Jupiter, qui lui avoit attaché des aîles aux talons, pour qu'il exécutât ses ordres avec plus de vîtesse.

Ses statues le représentent jeune, d'une physionomie agréable, & d'une taille svelte & légere, avec un petit chapeau ailé sur la tête, des aîles aux talons, & un caducée à la main. Il porte un petit manteau sur l'épaule, qui le couvre peu ; mais le plus souvent il est nu.

On le voit dans le jardin des Tuileries, porté sur un cheval ailé, & ayant lui-même des ailes ; ce que l'on a reproché à Coysevox, célebre Sculpteur, comme un pléonasme ; mais la Sculpture & la Peinture ont leurs licences ainsi que la Poësie.

Une pierre gravée antique, du nombre de celles que de Gravelle a publiées dans son Recueil, nous représente Mercure avec le pétase touchant du caducée une colonne milliaire. Les Anciens le faisoient présider aux chemins, & le nommoient pour lors *Mercurus vialis*. Sa Statue étoit placée dans les carrefours, comme un guide qui enseignoit les routes & les rendoit sûres.

Une autre pierre gravée de cette collection, nous le fait voir assis sur un bélier ; il ne porte ici que le caducée, & n'a ni le pétase ni les ailes. Ce Dieu présidoit aux troupeaux, ayant l'intendance du Commerce, dont les troupeaux faisoient la plus considérable partie dans les tems héroïques ; c'est pour cette raison que les anciens Statuaires mettoient ordinairement un bélier aux pieds des statues de Mercure :

quelquefois même on le repréſentoit portant cet animal.

Lorſqu'on a pris Mercure pour le Dieu du Commerce, on lui a fait tenir une bourſe & un rameau d'olivier, ſymbole de la paix, utile & même néceſſaire pour le Commerce.

Un chien & un coq à ſes côtés, déſignent ſa vigilance & ſon induſtrie à découvrir ce qu'il cherchoit. Dans un ancien Monument, on le voit marcher devant un coq beaucoup plus grand que lui, & qui tient un épi au bec, ce qui ſemble marquer que la plus grande des qualités de Mercure eſt la vigilance, & l'épi au bec, que ce n'eſt que la vigilance qui produit l'abondance des choſes néceſſaires à la vie.

On a ſouvent donné à Mercure une tortue pour attribut, parce que ce Dieu paſſoit pour inventeur d'un inſtrument appellé en latin, *Teſtudo*, dont la forme approchoit aſſez de l'écaille d'une tortue. *Voyez* PETASE, CADUCÉE.

MÉRITE. Sur pluſieurs Monumens, c'eſt un homme un peu âgé, armé à l'antique, & couronné de laurier ; d'une main il tient un bouclier, & de l'autre il eſt armé d'un javelot. Il eſt âgé, parce que le mérite ne s'acquiert qu'avec peine ; il eſt armé de toutes pieces, pour marquer qu'il faut combattre long-tems avant que de recevoir quelque récompenſe. *Voyez* VERTU HÉROÏQUE.

MERS. On ne doit jamais donner des urnes aux Mers. Ce ſymbole ne convient qu'aux

Fleuves ; mais on les défigne bien par des baleines, des dauphins, ou d'autres poiffons monftrueux, ou par des vaiffeaux qu'on fait appercevoir dans l'éloignement. Il eft bon de remarquer ici que la Baleine convient plus particulierement à l'Océan. *Voyez* OCÉAN.

Couftou le jeune, Sculpteur, a exprimé d'une maniere ingénieufe, dans la piece des Vents de Marly, la jonction des deux Mers, une des merveilles du fiecle de Louis XIV. L'Océan eft perfonnifié par un Vieillard, & la Méditerrannée par une Femme accompagnée d'un enfant, fymbole d'une Riviere. L'Océan s'appuie fur une urne placée entre lui & la Méditerrannée, qui croife fon bras fur le fien, pour défigner le Canal de Languedoc.

Cette même jonction des deux Mers, au moyen du Canal de Languedoc, a été défignée dans la grande Galerie de Verfailles, par Neptune & Thétis, qui fe donnent la main. La baleine près du Dieu, indique l'Océan, comme le dauphin & la rame auprès de la Déeffe, annoncent la Méditerrannée.

MÉTAPHYSIQUE. Cette fcience, qui a pour objet l'étude des chofes abftraites, & purement intellectuelles, fe préfente à nous avec un fceptre d'or, comme Reine des Sciences. A fes pieds eft un globe terreftre ; & fes yeux élevés vers le ciel, paroiffent couverts d'un voile qui lui dérobe la terre, mais ne l'empêche cependant point de recevoir la lumiere qui vient d'en-haut. L'action de fa tête, & celle de fa main, indiquent qu'elle eft en contemplation. On peut la défigner d'une maniere encore moins équivoque, en lui donnant une ceinture enrichie d'une plaque d'or fur laquelle eft écrit *Métaphyfica.*

La Métaphyfique a été encore défignée par d'autres enblêmes ingénieux. *Voyez* PHILO-SOPHIE, PYRAMIDE.

MEURTRE. Ce crime fe fait aifément re-connoître par le mouvement violent de fon attitude, par la férocité de fon regard, & par le poignard enfanglanté dont il eft armé.

MIDI. Le Midi, une des quatre parties du jour, eft fymbolifé par un homme ou une femme Maure, couchée à l'ombre d'un épais feuillage. Des ombres courtes feront connoître que le Soleil eft au haut de fa courfe. *Voyez* JOUR.

MINERVE. Déeffe de la Guerre & des Arts, & fille de Jupiter. Elle fortit de fon cerveau, armée de pieds en cap, & la lance à la main. Fable allégorique qui nous marque que les Sciences & les Arts tirent leur origine de l'efprit Divin.

Ce fut en faveur de Minerve, que les Dieux déciderent dans la faméufe difpute qu'elle eut avec Neptune, à qui produiroit la chofe la plus néceffaire à l'homme. Neptune, d'un coup de Trident, avoit fait fortir un cheval fou-gueux, image du trouble & de la guerre ; & Minerve, avec fa lance, avoit fait naître l'oli-vier, heureux fymbole de la paix. On la re-préfente armée de pied en cap, comme Déeffe de la guerre, ou ayant auprès d'elle divers inf-

trumens

trumens de Musique, de Peinture, de Mathé-
matique, &c. comme Déesse des Sciences &
des Arts. *Voyez* PALLAS.

Minerve étoit aussi honorée comme Déesse
de la Sagesse. C'est pour cette raison que l'on
met une chouette sur son casque, ou à ses
pieds, parce que cet oiseau, qui voit dans l'obs-
curité, est un symbole ordinaire de la Sagesse.
Voyez CHOUETTE.

Minerve resta vierge. Son caractere de tête
doit par conséquent être différent de celui de
Vénus, de Junon, & des autres Déesses. Minerve, image de la pudeur virginale, ne porte
point sa tête avec fierté; son regard est modeste & baissé comme celui d'une personne
occupée de quelque douce réflexion. On voit
à Rome une très-belle statue de cette Déesse,
dans la ville Albani; cette statue est plus grande
que nature.

La statue de Minerve, que le célebre Phidias fit pour les Athéniens, tenoit dans sa main
une pique, au bas de laquelle étoit un dragon, pour marquer, dit Plutarque, que la
virginité a besoin d'un gardien. Pausanias nous
en a donné la description; elle étoit, dit cet
Auteur, d'or & d'yvoire: du milieu de son
casque s'élevoit un sphinx; les deux côtés du
casque étoient soutenus par deux griffons.
Elle étoit droite; sa tunique lui descendoit jusqu'au bout des pieds: sur son estomac, il y
avoit une tête de Méduse en yvoire, & auprès
de la Déesse une Victoire haute de quatre coudées. Minerve tenoit une pique dans sa main;

son bouclier étoit à ses pieds : près de sa pique en bas, on voyoit un serpent, symbole d'Erictonius ; & sur le piedestal qui la soutenoit, un bas-relief qui représentoit Pandore.

Les statues de Minerve étoient anciennement assises, dit Strabon ; c'étoit la maniere la plus ordinaire de la représenter. Une chouette ou un dragon accompagnoient ordinairement ses images. C'est ce qui fit dire à Démosthene, envoyé en exil par le peuple d'Athenes, que Minerve se plaisoit dans la compagnie de trois vilaines bêtes, la chouette, le dragon & le peuple.

Les Gaulois représentoient Minerve, inventrice des Arts, revêtue d'une simple tunique sans manches, surmontée d'une espece de manteau, ayant un casque orné d'une aigrette, les pieds croisés, & la tête appuyée sur la main droite, dans l'attitude d'une personne qui médite. Elle n'avoit ni lance ni égide ; le casque étoit encore de trop.

MINOTAURE. Monstre, suivant la Fable, moitié homme & moitié taureau, qui fut enfermé par Minos, dans le labyrinthe construit par Dedale. Ce monstre ne se nourrissoit que de chair humaine. Thésée devoit être sa victime ; mais ce Héros le combatit, l'étouffa, & sortit du labyrinthe par le moyen d'un ploton de fil qu'Ariane, fille de Minos lui avoit donné. Le Minotaure, suivant d'anciens monumens, & les Poëtes, avoit la moitié d'un corps humain, & l'autre moitié de celui d'un taureau ; mais Appollodore, Hygin & d'autres Ecrivains, donnent à ce monstre un corps entier d'homme, à la réserve d'une tête de taureau, & c'est ainsi que nous le représente une ancienne peinture d'Herculanum. Il est mort & renversé aux pieds de Thésée son vainqueur ; plusieurs enfans baisent les mains du Héros, & lui donnent des témoignages de leur reconnoissance. Diane placée sur un plan plus éloigné, paroît prendre part à l'événement.

MIRACLE. Dans un Tableau qui représente sainte Clotilde, faisant sa priere devant le tombeau de S. Martin, M. V. a désigné d'une maniere bien ingénieuse les miracles qui s'operent par l'intercession du Saint, & l'effet favorable de la priere de Clotilde. Il a représenté cette Reine dans le moment d'une priere active. Elle est à genoux, ses bras sont ouverts & étendus, & ses yeux sont fixés sur le tombeau. On comprend aisément qu'elle vient d'être exaucée, parce que l'on voit un rayon de lumiere avec des têtes de Chérubins, qui, du haut du Ciel, descendent sur les saintes Reliques.

MIROIR. On a donné un Miroir pour attribut à la Vérité, à la Prudence, à la Science, &c.

MISÉRICORDE. Vertu qui nous inspire une bonté généreuse pour le prochain, pour ceux mêmes qui nous ont offensé. Son regard inspire la confiance ; elle est couronnée de laurier, & tient une branche d'olivier, qui est un signe de paix & de réconciliation.

Cette vertu, déifiée par les Grecs & les Romains, avoit à Athenes & à Rome des Autels & un Temple qui étoit un lieu d'asyle, & dont les privileges subsisterent très-longtems. « La

„ vie de l'homme eſt ſi chargée de diſgraces
„ & de peines, dit Pauſanias en parlant de
„ l'Autel de la Miſéricorde qu'il avoit vu à
„ Athènes, que cette Déeſſe eſt celle qui mé-
„ riteroit avoir le plus de crédit ; toutes les
„ Nations devroient lui offrir des ſacrifices,
„ parce que toutes les nations en ont un mutuel
„ beſoin ».

MODÉRATION. Vertu qui fait éviter les
excès, nous rend heureux en bornant nos de-
ſirs, & nous inſtruit en réglant nos études. On
lui donne pour attributs un frein, une regle,
une horloge de ſable. Comme cette vertu eſt
volontiers le partage de l'âge mûr & de la
vieilleſſe, on la peint âgée.

MODESTIE. Sage retenue dans nos paroles & dans nos actions. La Modeſtie ſe préſente toujours à nous, coëffée d'un voile, &
portant un ſceptre au haut duquel il y a un
œil, pour nous faire entendre que c'eſt cette
vertu qui doit régler nos penſées, & veiller
ſur nos actions. Cet hieroglyphe eſt emprunté
des Egyptiens, qui avoient coutume de déſigner par cet attribut, celui qui avoit une inſ-
pection ſur les autres.

MOIS. Chaque Mois étoit chez les Romains
ſous la protection d'une Divinité. Ils ont ſouvent emprunté les ſymboles qu'ils ont donnés
à tel & tel Mois des Fêtes qui ſe célébroient
pendant ce Mois. *Voyez* NOVEMBRE, Dé-
CEMBRE, &c.

On obſervera ici, que lorſque les Artiſtes
veulent faire connoître dans quel Mois de l'année s'eſt paſſée l'action qu'ils ont repréſentée,

ils font dans la pratique de défigner ce Mois
par un des douze fignes du Zodiaque, placé au
haut du Tableau ; ainfi Rubens, pour nous marquer le tems de la naiffance de Marie de Médicis, fujet traité dans la Galerie du Luxembourg,
a repréfenté au haut du Tableau, le figne du
Sagittaire, qui dénote le Mois de Novembre.

Décembre eft défigné par le figne du Capricorne, monftre qui a la partie fupérieure
d'un bouc, & la partie inférieure d'un poif-
fon. Janvier eft indiqué par le Verfeau, que
les Latins nomment *Aquarius* ; Février, par
les Poiffons ; Mars, par le Bélier ; Avril, par
le Taureau ; Mai, par les Gemeaux ; Juin,
par le Cancer ou l'Écreviffe ; Juillet, par le
Lion ; Août, par la Vierge ; Septembre, par
la Balance ; Octobre, par le Scorpion.

Plufieurs Iconologiftes ont cherché les rapports qu'il pouvoit y avoir entre les Signes cé-
leftes, & les Mois, & ils ont dit que le figne
du *Verfeau* convient au Mois de Janvier,
parce que c'eft le tems où le Ciel verfe fur
la terre les neiges, les frimats, & les glaces
qui la défolent. Celui des *Poiffons*, eft l'attribut du Mois de Février, pour défigner la faifon des pluies & celle de la pêche. Le figne
du *Bélier*, armé de cornes, annonce que le
Soleil, pendant ce Mois, commence à faire fen-
tir fes rayons. Le *Taureau*, figne du Mois
d'Avril, défigne la force que le Soleil acquiert
alors. Les *Gemeaux*, indiquent que la chaleur du Soleil redouble pendant le Mois de
Mai. Le figne de l'*Écreviffe*, a été donné au

Mois de Juin, parce que le Soleil, parvenu au point de sa course le plus élevé & le plus voisin de nous, ce qui s'appelle le Solstice d'Eté, semble, en commençant à s'éloigner de nous, marcher à reculons comme fait ce crustacé. La furie du *Lion*, signe du Mois de Juillet, est le symbole de la chaleur excessive que donne le Soleil lorsqu'il quitte le Cancer ou l'Ecrevisse. L'analogie du signe de la *Vierge*, avec le Mois d'Août, est plus recherché ; les Iconologistes ont dit que ce signe est donné au Mois d'Août, pour montrer que comme une Vierge est stérile, & n'engendre point, de même le Soleil ne produit rien dans ce Mois, & perfectionne seulement ce que les autres Mois ont commencé. Le signe de la *Balance*, convient au Mois de Septembre, parce que c'est dans ce Mois que l'Equinoxe d'Automne ramene l'égal partage des heures entre le jour & la nuit. Le Mois d'Octobre a pour signe le *Scorpion* : ce signe est ainsi nommé, soit de l'arrangement des Étoiles qui le représentent, soit de la piqueure mortelle de cet animal, comparée à la malignité de cette saison, dans laquelle le froid & le chaud se succedant subitement, occasionnent bien des maladies. Le signe du *Sagittaire*, qu'a le Mois de Novembre annonce le tems de la chasse. Le *Capricorne*, ce dernier des douze signes, est celui du Mois de Décembre, & comme la Chevre sauvage broute en gagnant toujours les hauteurs, on l'a cru propre à désigner ce Mois, parce que le Soleil, parvenu dans ce ſigne au point le plus bas de ſa courſe, ce qui conſtitue le Solſtice d'Hiver, commence dès-lors, en remontant, à ſe rapprocher de nous.

Lorſque l'on veut perſonnifier les Mois, on leur donne des ailes, pour marquer la rapidité avec laquelle ils paſſent. On les repréſente jeunes, parce que dans les diviſions du tems, par heures, jours, Mois & années, on a regardé les heures comme ſon enfance, les jours ſon adoleſcence, les Mois ſa jeuneſſe, l'année ſa virilité. Les attributs les plus ordinaires des Mois, ſont des fleurs, des fruits, ou des animaux, ſuivant le Mois que l'on repréſente; on les a encore déſignés par les travaux de l'agriculture, qui ſe font chaque Mois.

MOLLESSE. Il n'y a perſonne qui n'ait lû le portrait que Boileau a fait de la Molleſſe, & qui ne le reliſe avec plaiſir.

L'air qui gémit du cri de l'horrible Déeſſe, (*la Diſcorde.*)
Va juſques dans Cîteaux réveiller la Molleſſe.
C'eſt-là qu'en un Dortoir elle fait ſon ſéjour;
Les Plaiſirs nonchalans folâtrent à l'entour.
L'un paîtrit dans un coin l'embonpoint des Chanoines;
L'autre broie en riant le vermillon des Moines:
La Volupté la ſert avec des yeux dévots,
Et toujours le ſommeil lui verſe des pavots.
Ce ſoir plus que jamais en vain il les redouble.
La Molleſſe à ce bruit ſe réveille, ſe trouble.
Quand la nuit, qui déja va tout envelopper,
D'un funeſte récit vient encore la frapper.

Le caractere de la Molleſſe eſt repréſentée d'une maniere bien naïve par le diſcours que le Poëte lui a mis dans la bouche. La verſification en eſt extrêmement douce, & les vers ſont preſque tous détachés les uns des autres ; mais rien ne pouvoit mieux terminer le portrait de ce perſonnage allégorique, que ce coup de pinceau.

. . . . La Molleſſe oppreſſée ;
Dans ſa bouche à ce mot ſent ſa langue glacée :
Et laſſe de parler, ſuccombant ſous l'effort,
Soupire, étend les bras, ferme l'œil & s'endort.

La Molleſſe, ou cet état d'indolence & de tranquillité dans lequel nous plonge la volupté, peut très-bien être exprimée en Peinture & en Sculpure, par cette figure d'Hermaphrodite gravée ſur une pierre antique du Cabinet du Roi, dont nous avons donné la deſcription à l'article HERMAPHRODITE. *Voyez cet article.*

MOMUS. Fils du Sommeil & de la Nuit, & le Dieu de la Raillerie. Son occupation étoit d'examiner les actions des Dieux & des hommes, pour les tourner en ridicule & s'en moquer ; c'eſt pourquoi on le repréſente levant un maſque de deſſus un viſage, & tenant une marotte à la main, ſymbole de la Folie, parce qu'il faut être fol pour s'occuper à critiquer les actions d'autrui. Ce n'eſt pas non plus ſans raiſon que les Poëtes ont feint que Momus avoit été engendré du Sommeil & de la Nuit.

MONARCHIE. La figure ſymbolique de la

Monarchie, a la couronne Royale & le fceptre. Elle eft affife fur un trône. Ses habits font riches ; fon air eft grand & fuperbe. A fes pieds font plufieurs écuffons, fymbole des honneurs & des dignités qu'elle accorde aux fujets qui fe diftinguent. On lui donne pour attribut un Lion, qui eft le Roi des animaux terreftres, ou un Aigle, qui eft le Roi des oifeaux

On a fouvent repréfenté cet Aigle ou ce Lion avec une couronne fur la tête.

MONNOIE. Sur les Médailles Romaines, la Monnoie eft exprimée par trois figures, qui ont chacune à leurs pieds un Fourneau, à caufe de l'or, de l'argent & du cuivre, qui font les trois métaux employés pour la Monnoie. Au lieu des fourneaux, on voit fouvent trois petits tas de Monnoies. Ces figures tiennent ordinairement une balance d'une main, & une Corne d'abondance de l'autre.

MONUMENT. Témoignage public laiffé à la poftérité.

Les Monumens antiques peuvent être divifés en trois claffes ; la premiere comprend les infcriptions. Les hommes raffemblés en familles ne fe bonnerent pas long-tems à fe communiquer leurs penfées par l'ufage de la parole ; ils chercherent & inventerent bientôt l'art de la peindre. On peut croire que l'écriture ne fut dans fon berceau que la repréfentation groffiere des objets fenfibles ; mais qu'encouragés par ces premiers fuccès, les hommes les plus éclairés chercherent à donner un corps

à la penſée & à parler aux yeux par des ſignes ſymboliques & de convention. C'eſt ainſi
que chez les Egyptiens un Soleil annonçoit la
Divinité , l'œil déſignoit un Monarque. Mais
comme cette maniere d'écrire ſe prêtoit difficilement à toutes les modifications de la penſée , on ſe vit obligé de créer des caracteres ,
dont la variété des combinaiſons pût rendre
celles de la parole. Les inſcriptions ſuivirent
le ſort de l'écriture. Les premieres ne furent
que des eſpeces d'images des objets que l'on
vouloit faire paſſer à la poſtérité. Mais auſſi-
tôt que chaque Peuple eut adopté les caracteres ſimples de l'alphabet , les inſcriptions
furent gravées dans ces ſortes de caracteres.
Les Phéniciens, les Egyptiens, les Hébreux ,
les Grecs & les Romains nous ont fourni une
grande quantité d'inſcriptions , dont *Grævius*
à formé un recueil très-précieux.

Les ouvrages d'Architecture & de Sculpture qui nous reſtent de l'antiquité , forment
la ſeconde claſſe des Monumens antiques ; ils
dûrent, comme les inſcriptions , leur naiſſance
à la religion, à la reconnoiſſance & plus ſouvent à la flaterie. Ce fut pour honorer les
Dieux , reconnoître les bienfaits des héros , &
mériter la bienveillance des Princes, que l'on
expoſoit en Public leurs ſtatues, ou même leur
hiſtoire ſculptée. La fondation des villes , les
établiſſemens conſidérables, les édifices publics ,
& quelquefois même ceux des particuliers, les
guerres, les victoires, les alliances, tout fut
l'objet de quelques Monumens. Ces Monumens

préfentant fouvent des images de Divinités, d'êtres moraux ou intellectuels, & même des compofitions hiftoriques, allégoriques, emblématiques, doivent être un objet d'étude pour le Littérateur & l'Artifte. Ces Monumens contribuent à l'éclairciffement de la Religion, des ufages & des coutumes des Anciens, mais non auffi fûrement que les Médailles. Cette troifieme claffe de Monumens antiques, peut être regardée comme étant compofée des deux autres, puifque les Médailles offrent des figures gravées, accompagnées d'infcriptions. *Voyez* MÉDAILLES.

MOQUERIE. L'âne, qui eft l'image de l'ignorance, a été employé avec raifon, comme fymbole de la Moquerie & de la dérifion. Il eft peint dans cette attitude où on le voit fouvent, lorfque quelque chofe le chagrine, ayant les lévres retirées, & mettant les dents à découvert. *Voyez* DÉRISION.

MORALE. Science qui nous prefcrit une fage conduite, & les moyens d'y conformer nos actions. Ses attributs les plus ordinaires, font un livre de Morale, un frein & une régle, ou un fceptre, pour nous nous faire entendre que c'eft la Morale qui arrête l'impétuofité des paffions, & régle les mouvemens de l'ame. Souvent on lui donne un habit blanc, comme la marque de l'innocence qu'elle tâche de conferver en réglant les mœurs des hommes.

Nos Artiftes la repréfentent quelquefois fous le fymbole de Minerve avec fon cafque en tête, au-deffus duquel eft une chouette, fymbole de la Sageffe. *Voyez* CHOUETTE.

MORPHÉE. L'un des ministres du Sommeil. Il endormoit ceux qu'il touchoit avec une plante de pavot.

Suivant Ovide, il est le premier des songes, & le plus habile à contrefaire la démarche, le visage, l'air & le son de la voix de ceux qu'il veut représenter. On lui donne pour attribut une plante de pavot, & des ailes de papillon, pour caractériser sa légéreté.

MORT. C'étoit la seule Divinité à qui les Anciens n'offroient point de sacrifices, parcequ'ils sçavoient bien qu'elle étoit inexorable. Les Poëtes Latins la font fille de la Nuit, & sœur du Sommeil.

On l'a représentée sous la forme d'un squelette, vêtue d'une robe noire, parsemée d'étoiles, avec des ailes au dos & une faux à la main; quelquefois elle tient une branche de cyprès. *Voyez* CYPRÈS.

Les Artistes feront sagement d'employer, le moins qu'il leur sera possible, cette image allégorique de la Mort. Elle ne réussit point en peinture, & encore moins en sculpture. Le Tems, sous la forme d'un vieillard, qui d'une main tient sa faux, & de l'autre un sable ailé, est un personnage plus noble, plus poétique, & qui peut jouer le même rôle que ce squelette hideux, horrible & infâme de la Mort.

Une femme couverte d'un grand voile noir, a aussi servi à la personnifier.

Dans le Poëme de Philippe Habert, elle nous est dépeinte comme un monstre sans rai-

son & sans yeux, de qui l'aveuglement ne res-
pecte personne. Comme notre Dictionnaire
Iconologique est destiné à rassembler les descriptions qui font Tableaux, on n'omettra
point la peinture que ce Poëte fait du triste séjour de la Mort.

Sous ces climats glacés où le flambeau du monde
Epand avec regret sa lumiere féconde,
Dans une Isle déserte est un vallon affreux,
Qui n'eut jamais du Ciel un regard amoureux.
Là sur de vieux cyprès dépouillés de verdure,
Nichent tous les oiseaux de malheureux augure.
La terre pour toute herbe y produit des poisons,
Et l'Hyver y tient lieu de toutes les saisons.
Tous les champs d'alentour ne sont que cimetieres;
Mille sources de sang y font mille rivieres,
Qui traînant des corps morts & de vieux ossemens,
Au lieu de murmurer font des gémissemens.
Au creux de ce vallon, dès l'enfance du monde,
Est un temple fameux d'une figure ronde :
Quatre portes de fer en quatre endroits divers,
Par l'ordre des destins partagent l'Univers;
L'une est vers le Couchant, & l'autre vers l'Aurore;
L'une voit le Sarmate, & l'autre voit le More :
Et là viennent en foule, & sous d'égales loix,
Les jeunes & les vieux, les Peuples & les Rois.
La vieillesse, la fiévre, & les douleurs mortelles;
Sont de ces huis sacrés les portieres fideles.
Leurs habits sont de deuil, & cet obscur manoir
A ses funestes murs entourés de drap noir,
Où des flambeaux de poix les lumieres funébres
Par leurs noires vapeurs augmentent les ténébres.

Un monſtre ſans raiſon, auſſi bien que ſans yeux;
Eſt la Divinité qu'on adore en ces lieux.
On l'appelle la Mort, & ſon cruel Empire
S'étend deſſus les jours de tout ce qui reſpire.

MORTIFICATION. Auſtérité propre à dompter les ſens, à les ſoumettre à l'empire de l'eſprit. On la voit repréſentée ſous la figure d'une femme triſte & atténuée, couverte d'un cilice, & qui tient une diſcipline.

MUSES. Déeſſes bien célebres chez les Poëtes. Elles étoient neuf; ſavoir, Calliope, Clio, Erato, Thalie, Melpomene, Terpſicore, Euterpe, Polymnie & Uranie. Le Parnaſſe, l'Hélicon, le Pinde, étoient leur demeure ordinaire. Le Cheval Pégaſe paiſſoit ordinairement ſur ces montagnes & aux environs. On peint les Muſes jeunes, belles, modeſtes, vêtues agréablement, mais ſimplement; car elles ne paſſent pas pour être riches. Apollon eſt à leur tête la lyre en main, & couronné de laurier.

Comme chaque Muſe préſidoit à quelque Art différent, on leur a donné des couronnes & des attributs particuliers. *Voyez* CALLIOPE, CLIO, ERATO, &c.

On peut couronner les Muſes de plumes, par la raiſon ſuivante. Les Muſes ayant vaincu au chant les filles d'Acheloüs, qui les avoient défiées par le conſeil de Junon, leur arracherent les plumes des ailes, & s'en firent des couronnes. Cette idée ne ſeroit-elle pas une leçon faite pour nous apprendre que dans les

talens & dans les Arts, il ne faut appefantir
ni l'efprit ni la main ?

Les peintures antiques d'*Herculanum*, gravées avec des explications, nous offrent la
repréfentation intéreffante d'Apollon & du
chœur des Mufes. Ces figures, dont le plus
grand nombre font debout & placées fur des
efpeces de confoles, ont des attitudes nobles,
fimples & variées; elle ne manquent pas d'expreffion, & les draperies en font d'un beau
choix; mais ce qui les rend encore plus pré-
cieufes, ce font les attributs qui les accompagnent & qui les caractérifent. Ces attributs
avoient été regardés jufqu'à préfent comme ar-
bitraires, ou du moins on n'avoit aucune raifon
de prétendre qu'ils convinffent à une Mufe
plutôt qu'à une autre. On avoit bien une fuite
des Mufes en fculpture; mais ces belles ftatues,
que Chriftine, Reine de Suede, avoit raf-
femblées, & qui font paffées en Efpagne,
étoient prefque toutes mutilées, lorfqu'on en
fit la découverte; de forte que les inftrumens
qu'on leur voit actuellement dans les mains,
font l'ouvrage des Sculpteurs modernes, & ne
peuvent être par conféquent d'aucune autorité.
Il n'en eft pas ainfi des peintures antiques trou-
vées en 1755, dans les fouilles de Civita,
au pied du Véfuve, du côté du midi, non loin
de la Riviere de Sarno; elles font pures &
entieres : chaque Mufe ici porte fon nom écrit
en lettres majufcules grecques; toutes les difficultés font donc levées à cet égard, & dé-
formais il ne fera plus permis de fe méprendre
aux attributs caractériftiques des Mufes.

Le Dieu qui leur préside est représenté couronné de laurier, & assis sur un thrône dont la forme est singuliere : son attitude est naturelle & bien entendue ; il porte avec grace sa main gauche sur la tête, & de la droite il tient sa cythare ou sa lyre ; car quoique les Anciens prétendent que Mercure avoit disputé à Apollon l'invention de la lyre, & que par conséquent ces instrumens fussent distingués, les Poëtes n'ont pas laissé de les confondre & de les prendre indistinctement l'un pour l'autre. Une longue draperie, qui de l'épaule gauche descend sur le côté droit, enveloppe la figure depuis la ceinture jusqu'en bas, & laisse voir à nu toute la partie supérieure du corps. Les Auteurs de la description de ces peintures ont été d'autant plus fondés à mettre cet Apollon à la tête des Muses, qu'il n'est guere permis de douter que l'Artiste n'ait voulu représenter ici Apollon *Musagette*, ou conducteur des Muses.

Clio, la premiere des Muses, est représentée assise & couronnée de laurier ; elle tient de la main gauche un volume à-demi ouvert, sur lequel sont écrits ces mots ΚΛΙΩ ΙΣΤΟΡΙΑΝ, *Clio a inventé l'Histoire*, ou bien, *Clio préside à l'Histoire*. A ce volume est attachée une petite bande ou étiquette sur laquelle est écrit le nom de l'Auteur, & celui du livre. Au bas de la figure on voit une cassette où sont renfermés plusieurs volumes ou livres en rouleau, placés perpendiculairement, & qui portent tous la petite bande ou l'étiquette dont il vient d'être

d'être fait mention. Ces caffettes étoient appellées par les Latins *capfulæ* ou *fcrinia*.

Après Clio, on s'attend à trouver *Euterpe*;
mais il n'a pas été poffible de la reconnoître:
les traits & la couleur de ce morceau font
détruits; du refte, fi l'on fait attention aux
attributs que le Peintre a affectés aux autres
Mufes, il eft vraifemblable qu'il avoit donné
les flûtes à Euterpe, tel eft du moins l'inftrument que lui affigne le plus grand nombre
des Auteurs. Cette Mufe préfidoit à l'art de
plaire; Plutarque prétend qu'on lui attribuoit,
fur-tout, la contemplation des vérités phyfi-
ques: plaifir, ajoute-t-il, qu'il faut regarder
comme le plus pur & le plus touchant des plaifirs.

Vient *Thalie*, qui, de la main gauche, tient
un mafque comique, & de la droite, un bâton
recourbé, appellé *pedum* par les Latins. On
fait que la Comédie naquit à la campagne,
ainfi que la Tragédie; de-là l'introduction de
la houlette ou du bâton paftoral fur la fcene.

Melpomene tient de la main droite une
maffue, & de la gauche, un mafque tragique, dont le caractere ne fauroit être ni plus
noble ni plus finiftre: cette maffue, dans les
mains de la Mufe tragique, n'eft pas un attribut fans exemple. Parmi les différentes con-
jectures que cet objet a fait naître, il en eft
deux qui méritent d'être rapportées: la premiere, & peut-être la plus vraifemblable &
la plus fimple, c'eft que non-feulement Hercule, mais tous les premiers Héros s'étant fervi
de la maffue, cet inftrument défigne en général

les actions de tous les Héros : l'autre, c'est que la maſſue dans les mains de la Tragédie, représente le ſceptre antique. Il faut obſerver ici que les deux mots grecs qui ſignifient *ſceptre* & *maſſue*, ſont ſynonymes, & que les Poëtes les ont pris indifféremment l'un pour l'autre. Tlepoleme, dit Pindare, aſſomma Licinius avec un *ſceptre* d'olivier. J'en jure, dit Achille dans Homere, par ce *ſceptre*, qui, depuis que le fer l'a ſéparé du tronc, & l'a dépouillé de ſes feuilles & de ſon écorce, ne doit plus germer ni produire des rameaux, *&c*. Le *ſceptre* antique n'étoit donc autre choſe qu'un morceau de bois groſſierement orné, & aſſez élevé pour que les Rois puſſent s'y appuyer, lorſqu'étant debout ils haranguoient leurs armées. *Voyez* SCEPTRE.

Terpſicore, Muſe de la Poéſie lyrique, n'offre rien de particulier & de bien intéreſſant. Il n'en eſt pas de même de la deſcription de la Muſe *Erato* ; cette Muſe eſt repréſentée avec une eſpece de harpe qu'elle pince d'une main, & que de l'autre elle frappe avec le *plectrum*. La forme de cet inſtrument donne beaucoup à penſer ou plutôt à conjecturer aux Editeurs ; mais comment pouvoir rien déterminer à ce ſujet ? Les altérations, les changemens que ſubirent les anciens inſtrumens de muſique en paſſant d'un peuple à l'autre, le peu de préciſion, les différences même qui ſe trouvent dans les deſcriptions qu'on en a faites, le procédé des Auteurs, & ſur-tout des Poëtes, qui les ont pris indifféremment les uns pour les autres, tout cela répand fur cette matiere une obfcurité que la plus profonde érudition & la critique la plus éclairée ne fauroient faire dif-paroître.

Polymnie eft celle de toutes les Mufes dont la repréfentation eft la plus fimple : elle n'eft diftinguée par aucun attribut ; elle porte feulement l'*index* de la main droite fur la bouche, figne ordinaire du filence : l'Artifte a donc voulu repréfenter une Mufe qui s'exprime fans emprunter le fecours de la parole, & qui n'a befoin que du gefte pour développer fes penfées. En effet, on attribue communément à Polymnie, l'invention de la chironomie, & de la pantomime ; mais pourquoi le Peintre lui a-t-il donné l'invention de la fable, dans l'infcription qu'il a ajoutée au bas de la figure ? Les auteurs de la defcription répondent à cela, que quoique les pantomimes exprimaffent tout au moyen du gefte, c'étoit cependant dans la fable qu'ils prenoient le plus fouvent leurs fujets ; d'ailleurs, ajoutent-ils, comme le mot latin *fabula*, fignifie toute efpece de récit, foit vrai, foit fabuleux, de même le mot grec μύθος, s'applique également à toutes les fortes de narration.

Uranie eft repréfentée tenant le globe célefte d'une main, & de l'autre une baguette avec laquelle elle a l'air de démontrer ce qui eft tracé fur le globe. Cette Mufe eft la feule au bas de laquelle on ne trouve point d'infcription. L'Artifte a cru, fans doute, que c'eut été infulter à l'intelligence du fpectateur, que de rien ajouter aux attributs avec lesquels il l'a représentée.

Calliope a inventé : le poëme. ΚΑΛΛΙΟΠΗ ΠΟΙΗΜΑ. Telle est l'inscription qu'on lit au bas de la figure de cette Muse, représentée par le Peintre, couronnée de lierre avec un *volume* dans les mains. Le *volume* est l'attribut constant de Calliope ; c'est ainsi qu'elle est figurée dans tous les monumens de l'antiquité : les raisons qu'on en donne paroissent assez vraisemblables. 1°. Cette Muse passoit chez les Anciens pour avoir inventé la Poésie, & sur-tout l'épopée : or les premiers Auteurs, les premiers Écrivains, ont été les Poëtes & particulierement les Poëtes épiques. 2°. Le Poëte épique se suffit à lui-même ; il raconte les aventures & les actions de son Héros, sans avoir besoin du secours de personne : de-là vient que l'Artiste donne des masques à Thalie & à Melpomene, pour donner à entendre que la Poésie comique & tragique consiste dans l'action, & qu'au contraire il met simplement un volume entre les mains de Calliope, pour faire voir qu'au moment même où l'épopée est écrite, elle a reçu toute la plénitude de son existence. *Voyez* le tome II des Peintures antiques d'*Herculanum*, gravées avec des explications, & le Journal étranger du mois de Février 1762.

Le Palmier, le Laurier, le Fleuve Permesse, & plusieurs Fontaines, comme l'Hyppocrène, Castalie, étoient consacrés aux Muses.

MUSIQUE. On reconnoît la Déesse de la Musique, à la Lyre d'Apollon qu'elle tient,

& aux différens inftrumens de Mufique qui font à fes pieds. Quelquefois on lui donne plufieurs airs notés.

La Déeffe de la Mufique eft encore repré-fentée fous la figure d'Euterpe, Mufe qui pré-fidoit à la Mufique. *Voyez* EUTERPE, HAR-MONIE.

N.

NAIADES. Divinités qui préfidoient aux Fontaines & aux Rivieres. On les peint jeunes & jolies. Une couronne de rofeaux orne leur chevelure argentée qui flotte fur leurs épaules nues. Elles ont auffi les bras & les jambes nus, & font couchées fur une urne, d'où il fort de l'eau. Souvent on leur fait tenir une coquille & des perles. Ces perles entrelacées dans les che-veux, fervent encore à relever l'éclat de ces Divinités, dont la fimplicité cependant doit faire le principal ornement.

Un Tableau allégorique de Philoftrate nous repréfente les Naïades dans la compagnie du Dieu Pan. *Voyez* PAN.

NATURE. Fille ou compagne de Jupiter. Suivant le fentiment de quelques Philofophes Payens, la Nature n'étoit autre chofe que Dieu même, qu'ils prenoient pour le monde, ou l'affemblage de tous les êtres. C'eft pourquoi la Nature eft fouvent repréfentée fur les Médail-les, fous l'emblême de Pan, qui en Grec veut dire *Tout. Voyez* PAN.

Sur une Médaille de l'Empereur Adrien , la Nature eſt déſignée par une femme qui a du lait aux mammelles , & porte un Vautour ſur la main.

Sur pluſieurs autres Médailles , c'eſt ſimplement une tête de femme poſée ſur une eſpece de gaîne , ornée de mammelles , ſymboles de ſa fécondité. C'eſt pour ſe conformer à cette penſée , que nos Artiſtes lui donnent auſſi pluſieurs mammelles.

Les Egyptiens la repréſentoient ſous l'image d'une femme couverte d'un voile , expreſſion ſimple , mais ſublime. Quelquefois ce voile ne la couvre pas entierement , mais nous laiſſe voir une partie de ſon ſein , pour nous indiquer que ce que nous connoiſſons le mieux des opérations de la Nature , ce ſont les choſes relatives aux beſoins de premiere néceſſité. Le reſte du corps & la tête ſont voilés , vive emblême de notre ignorance ſur le comment & le pourquoi de ſes opérations.

Dans un ancien Roman Italien , intitulé : *Hypnerotomachie* , ou Songe de Poliphile , l'Auteur nous offre cette image agréable de la Nature : elle eſt conforme à celle que les Artiſtes Grecs nous en ont donnée.

» Au milieu d'un Pavillon ouvert , de forme
» quarrée , étoit une ſtatue repréſentant une
» Nymphe qui ſe livroit au ſommeil. Elle étoit
» étendue ſur une draperie , dont une partie ,
» repliée ſous ſa tête , paroiſſoit lui ſervir d'o-
» reillers. Jamais le ciſeau de Praxitele ne créa
» rien de ſi parfait. Les lévres entr'ouvertes ,

» elle sembloit reprendre son haleine ; & l'on
» eut dit que c'étoit moins un chef-d'œuvre
» sorti des mains de l'Artiste , qu'une créature
» vivante qui avoit été transformée en marbre.
» Couchée sur le côté droit , elle avoit la tête
» appuyée sur une de ses mains, & ses che-
» veux étoient répandus sur la draperie , dont
» ils paroissoient suivre les plis Deux filets
» d'une liqueur précieuse sortoient de ses mam-
» melles , tomboient dans deux bassins de jas-
» pe, & , se réunissant, formoient un ruisseau ,
» sur les bords duquel croissoient de tous côtés
» le mélilot , le romarin , & l'arbrisseau aimé
» de la belle Vénus. On voyoit gravé sur le
» frontispice du pavillon , *à la Nature mere*
» *de toutes choses.* »

Quand la Nature est prise pour cette humanité , cette tendresse , qui nous fait partici-
per aux infirmités des autres , on la peint sous
la figure d'une femme qui caresse des enfans.
Voyez HUMANITÉ.

NATURE se dit aussi, par opposition à l'Art,
de ce qui est simple , sans ornement, aisé &
facile. Elle est ordinairement caractérisée par
une jeune fille vêtue simplement , avec une
couronne de fleurs sur la tête, & qui donne les
mains à l'Art , pour nous faire entendre que la
Nature & l'Art doivent toujours être unis.
Voyez ART.

NAVIGATION. (La) a pour attributs une
Boussole & un Gouvernail. Neptune , le Dieu
des mers chez les Anciens , l'est aussi chez les
Poëtes , & cette Divinité fabuleuse joue sou-

vent le rôle de la Navigation personnifiée. *Voy.*
NEPTUNE.

NÉCESSITÉ. Divinité du Paganisme , fille
de la Fortune. Sa puissance étoit telle, que les
Dieux mêmes étoient forcés de lui obéir. Elle
avoit un Temple à Corinthe , où il n'y avoit
que ses Prêtresses qui avoient droit d'entrer.

Ses statues la représentoient avec des mains
de bronze , dans lesquelles elle tenoit un marteau & des clous.

C'étoit un proverbe chez les Romains , lorsqu'il n'y avoit plus de conseil à prendre sur une
affaire , de dire que le clou étoit enfoncé : d'où
est venu qu'on a donné des clous à la Nécessité
pour attributs. *Voyez* CLOU.

NÉGLIGENCE. Défaut opposé à l'assiduité
ou à la vigilance. L'assiduité tient une horloge
de sable élevé ; la Négligence l'a renversé auprès d'elle. Cette fille de la Paresse se reconnoît encore facilement à sa coëffure en désordre , à ses habits déchirés , & à son attitude
nonchalante. On lui donne pour attribut une
tortue , symbole de la lenteur.

NÉMÉSIS. Déesse de la Vengeance , fille
de l'Océan & de la Nuit, selon Hésiode. Elle
châtioit les méchans , & distribuoit les récompenses & les honneurs accordés aux Justes. En
un mot , elle étoit regardée chez les Anciens
comme l'arbitre de toutes choses.

On la représentoit avec des ailes , armée de
flambeaux & de serpens , & portant sur la tête
une couronne rehaussée d'une corne de cerf ;
quelquefois ayant une roue à ses pieds &' une

bouteille à la main ; la roue pour marquer , selon l'Auteur de l'Antiquité expliquée , qu'elle
rouloit , pour ainfi dire , par-tout , afin d'ob-
ferver ce qui fe paffoit dans l'Univers.

Quelques-uns , à caufe de cette roue , l'ont
prife pour la Fortune. Les autres attributs de
Néméfis peuvent également convenir à cette
prétendue Divinité. Néméfis a des ailes ; la
Fortune arrive & difparoît d'un jour à l'autre.
Néméfis a une couronne qu'elle met fur la tête
de fes favoris. Ses mains font armées de ferpens , quelquefois d'une lance , pour frapper
ceux qu'elle veut châtier. Elle eft affife fur un
cerf , ou elle porte une couronne rehauffée
d'une corne de cet animal , fymbole d'une longue vie ; les vieillards ne meurent point fans
avoir effuyé quelques revers de la Fortune. A
l'égard de la bouteille que Néméfis tient dans
fa main , on a dit que c'étoit un miroir qu'elle
préfentoit fans ceffe aux yeux de ceux qu'elle
vouloit ménager.

NEPTUNE. Divinité de la Fable , fils de
Saturne & de Rhée. Lorfque Saturne fut dé-
pouillé de l'empire du monde , fes trois fils ,
Jupiter , Neptune & Pluton , partagerent en-
tr'eux l'Univers ; l'Empire des eaux échut à
Neptune.

Les anciens Monumens repréfentent ce Dieu
d'une maniere affez uniforme. Il eft tout nu &
barbu , & tient dans fes mains un Trident , fon
fymbole le plus ordinaire. Il eft affis , quelquefois debout fur les flots de la mer , ou porté fur
un char en forme de coquille , tiré par des chevaux marins.

Sur une Médaille d'Auguste, ce Dieu est nu, ou du moins il n'a qu'une espece de draperie qui lui passe derriere le dos, & tombe sur les deux bras. Il tient son trident de la main gauche, & de la droite un ornement de vaisseau : il presse un globe de son pied droit.

Sur une Médaille de Titus, Neptune est encore représenté foulant un globe au pied, pour exprimer l'action de la mer dont les flots frappent la terre continuellement.

Lorsqu'on a voulu exprimer une heureuse navigation & l'abondance qu'elle procure, on a représenté un Neptune assis sur une mer tranquille avec deux dauphins qui nagent sur la superficie des eaux, & ayant près de lui un navire chargé de grains ou de marchandises.

Voulons-nous voir le cortége de ce Dieu, quand il va sur la mer, jettons les yeux sur cette belle peinture de Virgile.

Jungit equos auro genitor, spumantiaque addit
Fræna feris, manibusque omnes effundit habenas.
Cæruleo per summa levis volat æquora curru :
Subsidunt undæ, tumidumque sub axe tonanti
Sternitur æquor aquis ; fugiunt vasto æthere nimbi.
Tum variæ comitum facies, immania cete,
Et senior Glauci chorus, Inoüsque Palæmon,
Tritonesque citi, Phorcique exercitus omnis.
Læva tenent Thetis & Melite, Panopeaque virgo,
Nesæe, Spioque, Thaliaque, Cymodoceque.

  « Neptune fait atteler ses chevaux à son » char doré, & leur abandonnant les rênes, il » vole sur la surface de l'onde. A sa présence,

» les flots s'applanissent, & les nuages fuient.
» Cent monstres de la mer se rassemblent au-
» tout de son char. A sa droite, la vieille suite
» de Glaucus, Palémon, les légers Tritons &
» toute la troupe de Phorcus ; à sa gauche,
» Thétis, Mélite, Panopée, Néfée, Spio,
» Thalie & Cymodoce.

Les Poëtes nous le dépeignent encore, ap-
pellant les tempêtes d'un coup de son trident,
ou calmant les mers d'un seul mot ; conduisant
ses moites chevaux sur les pleines humides,
précédé des Tritons & des Sirenes, & recevant
de toutes parts les tributs des fleuves.

Homere fait tirer le char de Neptune par
des chevaux aux pieds d'airain.

Le cheval étoit consacré à ce Dieu, parce
qu'il apprit aux hommes à s'en servir. Le taureau lui étoit aussi dédié ; on a peut-être voulu
marquer par cet attribut le mugissement des
flots.

NÉRÉIDES. Nymphes de la mer, que les
Poëtes & les Peintres mettent à la suite du
char de Vénus, de Neptune, d'Amphitrite.
Selon l'opinion des Anciens, les Néréides
avoient le corps de femme jusqu'à la ceinture,
& le reste terminé en poisson. C'est ainsi qu'on
nous les représente. Leurs cheveux sont entre-
lassés de perles, & elles tiennent communément des branches de corail.

NIL. Fleuve célébre de l'Afrique, auquel
les Egyptiens offroient des sacrifices comme à
un Dieu. On le voit représenté dans le Jardin
des Tuileries sous la figure d'un vieillard

couronné de fleurs & de fruits ; il est appuyé
sur le sphinx ; de la main gauche il tient une
corne d'abondance chargée de fruits, & de
l'autre un bouquet de maïs. Les différentes
crues du Nil, fort avantageuses à l'Egypte,
quand elles montent à la hauteur de quatorze
coudées, sont désignées par quatorze petits
enfans ; les uns entourent ce fleuve, d'autres
semblent jouer avec un crocodile qui est à ses
côtés. Sous la figure du Nil est un grand lit de
marbre, sur lequel on voit en bas-relief le
lotus, l'ichneumon & l'hippopotame aux prises avec le crocodile. Cette figure a été faite
à Rome, d'après l'antique, par les Pensionnaires
du Roi.

La corne d'abondance que l'on donne au
Nil est ordinairement surmontée d'une petite
pyramide, un de ses attributs distinctifs.

Poussin, dans une de ses compositions, pour
indiquer que la source du Nil est dans les hautes
montagnes de l'Ethiopie, a représenté ce fleuve
avec ses attributs ordinaires, le sphinx & la
corne d'abondance, assis sur un roc élevé. Une
femme placée au bas, & dont l'habillement qui
l'enveloppe annonce la misere, attend à la
porte de sa caverne l'aumône des voyageurs,
image symbolique des Ambosins, peuples d'E-
thiopie, voisins de cette source, qui languissent
dans l'indigence & la pauvreté.

NOBLESSE. Sur les Médailles Romaines, la
Noblesse porte une haste (*Voyez* HASTE) & une
petite statue, parce que les Romains conser-
voient les images de leurs ancêtres ; & que le

nombre de ces images étoit la preuve de l'antiquité de la race.

Au lieu de ces images, nos Artistes lui donnent une suite d'écussons, où sont représentées les Armoiries de différentes familles; & ils lui font tenir une épée, pour marquer que la Noblesse est principalement dûe aux Défenseurs de la patrie. On l'obtient cependant par la naissance; c'est ce que désigne l'étoile, que plusieurs Iconologistes placent sur la tête de cette figure. On voit auprès-d'elle un génie qui d'une main tient une couronne de laurier, & de l'autre montre celles affectées a plusieurs dignités, pour faire entendre qu'il faut avoir mérité l'une si on veut obtenir les autres.

NOVEMBRE. Diane étoit la Divinité tutélaire de ce mois.

Ausone l'a caractérisé par des symboles qui conviennent à un Prêtre d'Isis, parce qu'aux Calendes de Novembre on célébroit les Fêtes de cette Déesse. Il est habillé de toile de lin, il a la tête chauve ou rasée, & il est appuyé contre un autel sur lequel est une tête de chevreuil, animal qu'on sacrifioit à Isis : il tient un sistre à la main.

La draperie dont ce mois est revêtu, est de couleur de feuille morte, & sa couronne est formée d'une branche d'olivier, parce que c'est alors le tems que l'huile est extraite des olives; il tient dans ses mains une corne d'abondance d'où se répandent diverses racines ou plantes potageres, derniers présens de la terre dans cette saison. Il a souvent un chien à ſes côtés, pour marquer que c'eſt le tems de la chaſſe. Le ſigne du Sagittaire ſert encore à le faire diſtinguer. *Voyez* MOIS.

NUIT. Déeſſe des ténébres, que les Anciens regardoient comme la plus ancienne des filles du Cahos, parce que les ténébres ont précédé la lumiere.

Les Poëtes la repréſentent couronnée de pavots, & enveloppée d'un grand manteau noir étoilé. Quelquefois ils lui donnent des ailes, ou ils la dépeignent ſe promenant ſur ſon char, & tenant étendu ſur ſa tête un grand voile tout parſemé d'étoiles.

Sur pluſieurs anciens monumens, on la voit ſans chariot ; elle a un grand voile qu'elle tient d'une main, & de l'autre elle tourne un flambeau vers la terre, pour l'éteindre.

Lorſqu'on l'a repréſentée tenant de la main droite un enfant blanc, & de la gauche un noir, c'eſt pour nous marquer, ſuivant Pauſanias, qu'elle eſt la mere nourrice du ſommeil & de la mort.

Dans la Galerie du Luxembourg, la Nuit eſt déſignée par une femme qui a des ailes de chauve-ſouris & un grand manteau noir étoilé.

Mignard lui a donné un manteau bleu, ſemé d'étoiles, dans la peinture qu'il en a faite au Château des Tuileries ; elle a de grandes ailes au dos, & une couronne de pavots ſur la tête ; deux enfans qui repréſentent les ſonges, dorment entre ſes bras.

Voici la même penſée exprimée par le Brun, dans le Pavillon de l'Aurore qui eſt à Sceaux.

La Nuit, fous la figure d'une femme, déploye un rideau d'où fortent des oifeaux nocturnes. Elle eft environnée de fpectres & de fantômes, qui défignent la diverfité & l'ambiguité des fonges. Plus loin, les heures de la Nuit répandent leurs pavots.

Le char de la Nuit eft tiré par deux chevaux noirs, ou par deux hiboux, oifeaux qui lui étoient particulierement confacrés.

NYMPHE. Ce mot, qui vient du grec, fignifie une nouvelle mariée. La Mythologie a donné ce nom à des Divinités fubalternes, repréfentées fous la figure de jeunes filles d'une beauté finguliere. La Poéfie a gratifié de ce même nom, de belles perfonnes d'un rang diftingué & même de fimples Bergeres.

Une Nymphe avec une corne d'abondance pleine de fruits, & un panier de fleurs fous le bras, a été prife pour un fymbole de la terre. *Voyez* VIE HUMAINE, & la defcription d'un Tableau allégorique de Philoftrate, à l'article PAN.

On a fait plufieurs claffes de Nymphes inutiles à connoître. Nous diftinguerons feulement ici, les Nymphes de Diane, déeffe de la chaffe. On les repréfente toujours ayant les bras & les jambes nues, un carquois fur le dos, & un arc à la main. Leur vêtement court, léger, propre pour la chaffe, eft compofé de peaux d'animaux, ou d'une étoffe blanche, couleur favorite de la Déeffe qu'elles fervent. *Voyez* DIANE.

O.

OBÉISSANCE. Cette vertu eſt repréſentée avec un voile ſur la tête, & un joug qui lui paſſe ſur les épaules. Quelquefois on lui met des ailes aux pieds, pour marquer que l'obéiſ-ſance doit être prompte.

Quand on veut déſigner plus particuliere-ment l'Obéiſſance du Chrétien, on fait tenir une croix à cette figure allégorique.

OBSTINATION. Vice qui tient au carac-tere & à l'ignorance, & nous fait faire une choſe malgré l'Oppoſition d'un conſeil ou d'un avertiſſement raiſonnable. On lui donne pour cette raiſon des oreilles d'âne, emblême de l'ignorance; il eſt vêtu d'étoffe de couleur noire, couleur qui ne réfléchit point les rayons de la lumiere, image par conſéquent d'un eſ-prit obſtiné, incapable de recevoir la lumiere d'un bon conſeil; ſon attribut le plus ordi-naire eſt une mule ſur laquelle il s'appuie. Quelquefois on lui fait tenir par la bride un âne rétif.

Ce vice a encore été caractériſé par une figure avec des oreilles d'âne, & qui met la main devant ſes yeux pour ne point voir la lumiere.

OCCASION. Divinité allégorique, qui, au ſentiment des Anciens, préſidoit au mo-ment le plus favorable pour réuſſir dans une entrepriſe.

L'Occaſion

L'Occaſion, ſous la figure d'une femme, eſt poſée ſur une roue, ſymbole de ſon inconſtance ; elle a des ailes aux pieds. Qu'y a-t-il de plus rapide que l'Occaſion ? Un toupet de cheveux lui couvre le viſage, pour empêcher qu'on ne la reconnoiſſe ; ſa tête eſt chauve par derriere. Lorſqu'une fois l'Occaſion eſt paſſée, on la ratrape difficilement. C'eſt ainſi que Phidias, fameux Sculpteur de l'antiquité, l'avoit repréſentée.

In ſimulachrum Occaſionis.

Cujus opus ? Phidiæ, qui ſignum Pallados, ejus,
    Quique Jovem fecit, tertia palma ego ſum.
Sum Dea quæ rara ; & paucis Occaſio nota.
    Quid rotulæ inſiſtis ? ſtare loco nequeo.
Quid talaria habes ? volucris ſum. Mercurius quæ
    Fortunare ſolet, tardo ego, cùm volui.
Crine tegis faciem. Cognoſci nolo. Sed heus tu
    Occipiti calvo es. Ne tenear fugiens.

Auſone.

L'Occaſion eſt encore déſignée par un jeune homme, chauve par derriere, ayant un pied en l'air, & l'autre ſur un globe ; il tient d'une main un raſoir, & de l'autre un voile ; ou bien il eſt repréſenté courant ſur le tranchant des raſoirs, ſans ſe bleſſer, pour exprimer la promptitude avec laquelle l'Occaſion s'échappe. Le raſoir que porte cette figure allégorique, eſt pour marquer, diſent les Iconologiſtes, que, dès que l'Occaſion ſe préſente, il faut trancher tous les obſtacles pour la ſuivre.

OCCIDENT. On a repréſenté l'Orient par

un Levantin, le Midi par un Maure, le Septentrion par un Lapon; l'Occident fera défigné par un Africain chargé d'un arc & d'un carquois, & chaffant au milieu des bois; des ombres extrêmement longues annonceront que le Soleil, eft prêt à fe coucher.

On a auffi exprimé l'Occident par un homme âgé, placé vis-à-vis un Soleil couchant, ayant un bandeau fur la bouche & des pavots à la main, pour marquer que lorfque le Soleil fe couche, c'eft le tems du filence & du repos.

Dans l'arc de Conftantin, l'Occident a été fymbolifé par une femme qui a un croiffant & un grand voile étendu au-deffus de la tête; mais un peu en arriere, pour marquer que la nuit n'eft pas encore arrivée. Elle eft précédée par un petit Génie, & portée fur un char à deux chevaux, qui femblent fe précipiter.

Cette penfée fera exprimée plus poétiquement par le blond Phébus qui quitte fon char, pour venir fe repofer dans les bras de Thétis, la Divinité des eaux. *Voyez* MIDI, ORIENT, SEPTENTRION, SOLEIL.

OCEAN. Son principal attribut eft une Baleine.

Sur d'anciens monumens, on le voit fous la figure d'un vieillard affis fur les ondes de la mer, avec une pique à la main, & ayant près de lui un monftre marin. Il tient un vafe, & verfe de l'eau.

OCTOBRE. Mars préfidoit à ce Mois. On le perfonnifioit par un Chaffeur qui avoit un liévre à fes pieds, des Oifeaux au-deffus de fa ière, & une espece de cuve auprès de lui : ce qui répond à la peinture qu'en fait Ausone. « Octobre, dit-il, fournit les liévres : c'est lui » qui donne la liqueur de la vigne & les oiseaux » gras : nos cuves écument, le moût bout avec » violence, & les vaisseaux sont pleins de vin » nouveau ».

La Draperie dont ce mois est revêtu, est de couleur incarnat, parce qu'alors les plantes verdoyantes, commençant à sentir moins vivement la chaleur bénigne du Soleil, prennent insensiblement cette couleur. Ce mois est couronné de feuilles de chêne, arbre qui quitte les siennes plutôt que les autres, & il tient dans ses mains une corbeille remplie des fruits de la saison, comme nefles, noix, chataignes. Le signe du Scorpion sur lequel il est appuyé, ou qui est placé à côté de lui, sert encore à le faire distinguer. *Voyez* MOIS.

ODORAT. Un des cinq sens; il se présente à nous couronné d'aromates, & tenant dans les mains un bouquet de fleurs dont il semble respirer l'odeur. On met à ses côtés un chien braque très-employé pour la chasse, à cause de la finesse de son odorat. *Voyez* SENS.

ŒIL. L'Œil est un des attributs de la providence, de la prévoyance, de la foi, de la modestie.

Les Egyptiens plaçoient dans les Temples de leurs Dieux, des Yeux travaillés de matiere précieuse, pour marquer que Dieu voit tout & qu'il est tout Œil : *Deus totus visus*, comme dit Pline.

Les Romains nous ont laissé des lacrymatoires sur lesquels on trouve l'empreinte de l'orbite d'un Œil, & quelquefois des deux Yeux.

OISIVETE. Getano Scipioni l'a désigné par une femme grasse & replete ayant pour attribut une tortue sur laquelle elle s'appuie nonchalamment ; mais cette figure allégorique pourroit également personnifier la paresse. Nous aimerions mieux caractériser l'Oisiveté par une figure à la taille courte, au corps replet, assise sur un terrein inculte, & tenant dans ses mains une bêche rouillée. L'Oisiveté, comme dit le bon homme Richard, ressemble à la rouille, elle use beaucoup plus que le travail. La clef dont on se sert est toujours claire.

OLIVIER. Cet arbrisseau est particulierement consacré à Apollon & à Minerve. *Voyez* APOLLON, MINERVE.

Il est regardé comme le symbole de la paix. Virgile représente Numa Pompilius, avec une branche d'Olivier à la main, pour nous marquer que son regne étoit tranquille & pacifique.

Sur les Médailles, une branche d'Olivier à la main d'un Empereur, désigne la paix qu'il a donnée ou conservée à l'Etat.

Les Athéniens donnerent les premiers une branche d'Olivier à la paix, pour attribut, parce que le profit qu'ils retiroient des excellentes huiles que produisoit leur territoire, les avoit détournés entierement de la piraterie, pour s'adonner à la culture des Oliviers.

OLYMPE. Célebre Montagne de Thessalie. Jupiter Roi de Crête, faisoit sa demeure sur le sommet de cette Montagne. Dans la suite les Poëtes ont pris cette Montagne pour le Ciel même. La représentation de l'Olympe, ou du Ciel de la Mythologie, fait le sujet d'une pierre gravée du Cabinet du Roi de France ; c'est une Cornaline circulaire, d'environ un pouce dix lignes de diametre. Jupiter vu de face & assis sur son trône, tient la foudre de la main gauche, & une haste ou un long sceptre de la droite ; à ses côtés sont debout Mars & Mercure. Le trône du Dieu qui lance le tonnerre, pose sur un voile enflé par le vent, ce qui figure la voûte éthérée, & ce voile est tenu par Neptune, qui étant le Dieu des eaux, peut être pris pour les nuées qui s'en élevent, & occupent la moyenne région de l'air. Autour de la pierre est une zone ou couronne concentrique, portant les douze Signes du Zodiaque.

Une Estampe gravée par Marc-Antoine, d'après un dessin de Raphaël, & dont le sujet est le Jugement de Pâris, nous offre aussi une représentation de l'Olympe ; cette espece d'Episode au tableau en occupe la partie supérieure. Jupiter assis & vu des trois quarts, y est accompagné d'un grand nombre de Divinités ; on y voit le Soleil conduisant son quadrige, renfermé dans un large cercle, qui porte les douze Signes du Zodiaque. Jupiter, ainsi que dans la Cornaline, a sous ses pieds un grand voile enflé, que Neptune sortant des eaux, retient par les deux bouts.

H iij

ONOCENTAURE. Monstre dont parle Elien, moitié homme & moitié âne.

Les Anciens, non contens de repréfenter des Centaures, ont quelquefois employé des Onocentaures qui étoient regardés comme des efprits malfaifans. Il y auroit plus d'une occafion où nos Modernes pourroient placer ces fortes de figures avec fuccès.

OPINION. On a lieu de s'étonner de ce que les Anciens, qui encenfoient tous les jours la Fortune, n'ayent jamais élevé des autels à l'Opinion, la Reine du monde; à celle qui met un prix aux biens que la Fortune diftribue. Son pouvoir ne connoît d'autres bornes que celles de l'Univers; mais rien n'eft fi peu affuré que ce même pouvoir : c'eft la penfée exprimée dans cette peinture de l'Opinion, tirée des Songes du Sage, par Pierre Firmian (*Somnia Sapientis, Petro Firmiano Auctore, Parifiis* 1659.)

« Elle m'apparut, dit cet Auteur, affife fur
» un trône fort élevé, & fi mal affermi, que
» dès qu'on l'ébranloit, il s'écrouloit auffi-tôt ;
» mais peu de gens ofoient fe permettre une
» pareille audace, & cette entreprife étoit re-
» gardée comme un facrilege. Il y avoit au-
» tour d'elle une troupe innombrable de per-
» fonnes de toute condition & de tout âge, qui
» attendoient fes ordres en filence. Revêtu de
» l'autorité fuprême, elle agiffoit à la maniere
» des Souverains, faifoit accueil aux uns &
» rebutoit les autres. Quelques fous occupés du
» foin de la défennuyer, portoient à leur bou-

» che des outres pleines de vent, qu'ils fu-
» çoient comme les enfans fucent le fein de
» leur nourrice ; & s'enflant enfuite, ils ad-
» miroient leur embonpoint, & le vulgaire
» leur en trouvoit auffi ». C'eft avec raifon,
ajoute le Traducteur, que les biens d'Opinion font défignés par des outres remplies de
vent ; cependant fi les chimeres dont fe repaif-
fent les hommes privés des véritables biens du
cœur & de l'efprit, ne les rendent pas meilleurs, elles leur fauvent du moins la connoiffance de leur mifere.

OPTIQUE. Cette Science fait parrie des
Mathématiques. Elle traite de la vue en général, & rend raifon des différentes modifications des rayons de la lumiere. On la perfonnifie, ainfi que les autres Sciences, par une
femme environnée de différens inftrumens relatifs à fes opérations, tels que les lunettes, le
microfcope, le télefcope, &c.

ORGUEIL. Vice de celui qui, aveuglé par
un amour-propre exceffif, n'a que du mépris
pour les autres.

L'Orgueil au fourcil toujours élevé ; l'Orgueil,
qui fe plaît à marcher fur la tête des hommes,
eft fouvent repréfenté en peinture fous la figure
d'un jeune homme aveugle, richement vêtu,
ayant un pied pofé fur une boule & tenant la
main droite dans l'attitude du commandement.
Ce perfonnage fymbolique eft jeune ; l'Orgueil
eft le défaut ordinaire de la jeuneffe. Il eft aveugle ; on n'eft orgueilleux que parce qu'on ignore
fes propres défauts. Il a la main droite élevée,

symbole de sa fierté. Il est posé sur une boule ; l'Orgueilleux est toujours prêt à être renversé. On lui donne, ainsi qu'à la Vanité, un paon pour attribut. *Voyez* PAON, VANITÉ.

ORIENT. Sur les Médailles, l'Orient est figuré par une tête de jeune homme couronné de rayons. La flaterie a souvent mis ce symbole sur les Médailles des nouveaux Empereurs, pour marquer qu'un nouveau Soleil commençoit sa course, & alloit éclairer l'Univers.

L'Orient est désigné par une femme dans l'arc de Constantin ; elle tient d'une main une palme, & de l'autre un globe, sur lequel est un petit Génie avec un voile étendu sur sa tête, & un flambeau à la main, image de l'Etoile du matin. Cette femme est portée sur un char tiré par quatre chevaux qui paroissent courir en montant. Un vieillard couché au-dessous, désigne l'Euphrate ou le Tigre, Fleuves d'Orient, au-delà desquels Trajan poussa ses conquêtes. La palme entre les mains de cette figure allégorique, qui sans doute représente l'Aurore, est encore un attribut donné par la Flaterie.

Nos Peintres exprimeroient l'Orient par un Apollon, qui, brillant & radieux, sort du sein de Thétis, pour monter dans son char, que les Heures lui amenent. *Voyez* SOLEIL.

Lorsqu'on a voulu représenter l'Orient par une des quatre parties du monde, on a placé un Levantin habillé, selon la coutume de son Pays, au milieu d'un paysage agréable, éclairé par un Soleil levant. On a donné à cette figure symbolique un bouquet de fleurs nouvellement écloses, & on a mis auprès d'elle un vase rempli de parfums. *Voyez* OCCIDENT, MIDI, SEPTENTRION.

OSIRIS. Nom d'un Roi des anciens Egyptiens, qu'ils honorerent sous différens noms.

Ses statues le représentoient avec un bonnet pointu, ou une espece de mitre dont le bas étoit terminé par une corne de bœuf de chaque côté, en mémoire de ce qu'il enseigna aux hommes la culture des terres.

Quelquefois au lieu d'un bonnet, on lui voit sur la tête un globe ou une trompe d'éléphant, ou de grands feuillages ; il tient de la main gauche un bâton recourbé, & de la droite un fouet à trois cordons. C'est qu'Osiris étoit aussi pris pour le Soleil, comme Isis pour la *Lune*. *Voyez* ISIS.

On donnoit un fouet à Osiris, pour animer les chevaux qui traînoient le char dont il se servoit pour faire sa course. Souvent au fouet on ajoutoit un sceptre surmonté d'un œil, ou un sceptre entortillé d'un serpent, symbole de la santé que le Soleil entretient.

OVATION. Entrée que les Empereurs faisoient dans Rome, au retour de quelque expédition glorieuse. Cette entrée ne différoit guere d'un Triomphe ; mais au lieu d'un taureau, qui étoit la victime dans un grand Triomphe, on n'immoloit alors qu'une brebis, *Ovis*, origine du mot *Ovation*. La mémoire de cet événement étoit confiée aux Médailles. On lit au revers de plusieurs cette légende, *Adven-*

ius Augusti ; arrivée d'Auguste. L'Empereur couronné de myrte, & tenant à la main une branche de laurier, entroit dans Rome à pied ou à cheval.

Sur une pierre gravée du Cabinet du Roi de France, on voit l'Empereur à cheval, & couronné de laurier ; un des principaux Officiers du Prince l'accompagne à cheval, & un captif, les mains liées derriere le dos, marche devant lui. Un trophée, une couronne & une branche de laurier sont portés par autant d'Officiers, & le premier de tous est un jeune homme ayant en main la patere & le feu sacré, destinés pour le sacrifice qui doit terminer la cérémonie.

OUIE. Un des cinq sens. Cette figure symbolique joue de la double flûte antique, ou elle pince une guitarre, une lyre, & tout autre instrument à corde dont elle marie les sons avec ceux de sa voix. Les Egyptiens lui donnoient pour attribut une biche ou le lievre, dont les grandes oreilles annoncent qu'il a l'Ouie très-fin. *Voyez* SENS.

P.

PAIX. Divinité allégorique, fille de Jupiter & de Thémis.

On la représente avec un air doux, portant d'une main une Corne d'abondance, & de l'autre une branche d'olivier ; quelquefois tenant un Caducée & des épis de bled , & ayant dans son sein Plutus encore enfant , pour désigner que c'est elle qui produit l'abondance & les richesses.

On voit plusieurs Médailles où elle a des attributs différens. Sur une Médaille d'Auguste , elle tient d'une main une branche d'olivier , & de l'autre un flambeau allumé , avec lequel elle met le feu à un trophée d'armes , pour marquer que la Paix anéantit toutes les anciennes inimitiés.

Sur une Médaille de Vespasien , elle est couronnée d'olivier , & a pour attributs un Caducée , une Corne d'abondance & un bouquet d'épis.

Une Médaille de Titus la représente en espece de Pallas , qui d'une main tient une palme pour récompenser les vertueux , & de l'autre une hache d'armes pour punir les coupables.

Sur une Médaille de Claudius , c'est une femme qui s'appuie sur un Caducée enveloppé d'un effroyable serpent , & qui se couvre les yeux de la main , pour ne point lui voir répandre son venin.

Lorsque les Romains vouloient désigner une Paix acquise par la valeur & la force des armes, ils lui mettoient une lance à la main. C'est ainsi qu'elle est représentée sur une Médaille de Philippe : ou bien ils lui donnoient une massue comme à Hercule.

Une Médaille de Sergius-Galba nous la représente assise sur un trône , tenant de la main droite une branche d'olivier, & s'appuyant de la gauche fur une maſſue, après s'en être ſervi, comme Hercule, à punir l'audace des mé-chans.

PALATIN. Surnom d'Apollon, parce qu'Au-guſte lui fit bâtir un Temple ſur le Mont Pala-tin. Ce Temple fut enrichi par les ſoins de cet Empereur, d'une nombreuſe Bibliotheque, & devint le rendez-vous des Savans. Lorſque l'A-cadémie Françoiſe fut placée au Louvre, elle fit frapper une Médaille où l'on voit Apollon, tenant ſa lyre appuyée ſur le trépied, d'où ſortoient ſes oracles : dans le fond paroît la principale face du Louvre, avec la légende, *Apollo Palatinus*, Apollon dans le Palais d'Au-guſte ; & l'exergue, *Academia Gallica intra Regiam excepta*. M. DC. LXXII. l'Académie Françoiſe dans le Louvre, 1672.

PALLADION, *Palladium*. Célebre ſtatue de Pallas, haute de trois coudées, qui n'étoit que de bois. La Déeſſe tenoit une pique de la main droite, une quenouille & un fuſeau de la gauche. Jupiter l'avoit fait tomber du Ciel près de la tente d'Ilus, dans le tems qu'il bâtiſſoit la fortereſſe d'Ilion. L'Oracle conſulté ſur cette ſtatue, ordonna qu'on élevât un Temple à Pal-las, dans la citadelle, & qu'on y gardât ſoi-gneuſement ſa ſtatue, parce que le deſtin de Troye étoit attaché à ſa conſervation. On a débité bien d'autres contes ſur cette ſtatue. Les premiers Romains, toujours ſuperſtitieux, étoient ſi perſuadés que cette petite ſtatue & ſon pouvoir leur avoient été apportés par Ænée,

qu'ils en firent faire plusieurs tout-à-fait semblables, afin que si quelqu'un entreprenoit de
dérober cette statue fatale, il ne pût jamais la
reconnoître. Elle étoit exposée dans le Temple
de Vesta, parmi les choses sacrées, qui n'étoient
connues que des Vestales & des autres Ministres
du Temple.

Le Palladion se rencontre souvent, sur les
Médailles, entre les mains de la ville de Rome.

Une pierre gravée du Cabinet du Roi de
France nous fait voir Diomede au moment qu'il
vient de faire l'enlevemeut du *Palladium*. Il
n'ose, par respect, toucher cette statue. La main
droite dont il la tient est enveloppée d'un drap.
A ses pieds est un homme renversé que l'on
peut supposer être le gardien du *Palladium*
qu'il a tué. Devant le heros est une petite colonne surmontée d'une statue qui se présente
par derriere.

PALLAS, la même que Minerve.

Pallas, comme Déesse de la Guerre, est toujours représentée avec le casque en tête, tenant une lance d'une main, & de l'autre son
Egide. *Voyez* EGIDE.

C'est cette Déesse guerriere qu'Hésiode fait
sortir du cerveau de Jupiter : il l'appelle la Tri-
tonienne aux yeux pers. « Elle est, dit-il,
» vive, violente, indomptable, aimant le tu-
» multe, le bruit, la guerre & les combats. »

Le coq lui étoit particulierement consacré,
parce que c'est un oiseau belliqueux. On le
place à ses côtés ; quelquefois au-dessus de son
casque.

PALME. Les Grecs mettoient des Palmes entre les mains de ceux qui étoient restés victorieux dans les Jeux Olympiques. Les Triomphateurs à Rome en portoient aussi ; c'est pourquoi la Palme a toujours été regardée comme le symbole le plus ordinaire de la Victoire. *Voyez* VICTOIRE.

On l'a aussi employée comme un symbole de la fécondité , parce que le Palmier fructifie beaucoup.

Sur les Médailles des Empereurs Romains , on voit souvent des Palmes , pour marquer qu'ils ont procuré l'abondance dans l'Empire.

La Palme a encore désigné la durée de l'Empire , parce que le Palmier dure long-tems.

PAN. Les Anciens le regardoient comme le Dieu des Bergers, & l'inventeur de la flûte. Aussi le voit-on souvent représenté avec une flûte à neuf tuyaux, & un bâton recourbé par en-haut. C'est un Satyre fort laid , qui a des cornes sur la tête, les cheveux & la barbe négligée, une peau de chevre étoilée sur la poitrine , & des pieds de bouc. *Voyez* SATYRE.

On ne peut s'empêcher de sourire à ce tableau dont Philostrate nous donne la description. Cette Divinité champêtre y est représentée au milieu des Nymphes qui l'agacent. C'est un sujet de Pastorale enjouée.

« Les Nymphes se plaignent que Pan danse » de mauvaise grace , & qu'il ne fait que trépigner, sans observer aucune mesure , sautillant & bondissant comme un bouc. Elles » voudroient bien lui enseigner à former ses

» pas d'une maniere plus gracieuſe ; mais il ne
» leur prête point l'oreille, & cherche plu-
» tôt à les tenter, en leur montrant à décou-
» vert ſa poitrine velue. L'inſtant du jour que
» le Peintre a fixé dans ce tableau, eſt le mo-
» ment où le ſoleil eſt le plus élevé ſur l'hori-
» ſon. Les Nymphes qui ont appris que **Pan**,
» fatigué de la chaſſe, s'eſt laiſſé aller au ſom-
» meil, viennent l'aſſaillir. Il a coutume de dor-
» mir paiſiblement, & ſon nez moins refrogné
» pendant le repos, ne laiſſe point apperce-
» voir de courroux ; mais il eſt aujourd'hui dans
» une grande colere, parce que les Nymphes
» ſe ſont jetrées ſur lui. Le voilà déja les mains
» attachées derriere le dos, & il craint qu'elles
» ne veuillent auſſi lui lier les jambes. Sa bar-
» be, dont il faiſoit tant de cas, vient de tom-
» ber ſous leurs ciſeaux. Echo le mépriſera ;
» elle ne daignera même lui parler. Les Nym-
» phes témoignent, par un ſouris malin, la joie
» que leur donne cette victoire, & s'en féli-
» citent entre elles. Mais conſidérez comme
» le Peintre les a diſtinguées ſelon leurs diffé-
» rentes claſſes. Des gouttes d'eau tombent des
» belles treſſes des Naïades : celles qui préſi-
» dent aux campagnes & aux moiſſons, ſont
» couvertes de ſueur, auſſi-bien repréſentée
» que la roſée dont les épaules des premieres
» ſont couvertes. Viennent enfin celles qui ſe
» tiennent dans les herbages ; leurs cheveux
» longs & flottans ſont ſemblables à des fleurs
» d'hyacinthe ».

Dans les jardins, rien de ſi commun que de

repréfenter les Faunes, les Sylvains, & le Dieu Pan, en forme d'Hermes, où l'on ne voit que la tête & la moitié du corps fans bras, le refte fe terminant en pilaftre dont la groffeur diminue toujours jufqu'à la bafe.

Pan a auffi été pris par les Anciens pour le fymbole de la nature, fuivant la fignification de fon nom, qui veut dire tout. Pour fe conformer à cette idée, on a dit que fes cornes marquoient les rayons du Soleil, que la vivacité & le rouge de fon teint exprimoient l'éclat du Ciel; fa peau de chévre étoilée, les Etoiles du Firmament; & enfin, que le poil dont la partie inférieure de fon corps eft couvert, défignoit la partie inférieure du monde, la terre, les arbres, les plantes, &c.

Auguftin Carrache s'eft fervi de cette figure allégorique de l'Univers, pour exprimer cette penfée, *omnia vincit amor*; l'Amour triomphe de tout. Il a repréfenté le Dieu Pan terraffé par Cupidon.

PANNONIE. Cette ancienne Province d'Europe eft défignée fur les Médailles par deux figures de femmes vêtues à caufe de la froideur du climat. Elles tiennent des enfeignes militaires, pour défigner le caractere guerrier des habitans de la Pannonie.

PANTHÉE. Les Anciens ont donné ce nom à une ftatue, qui, par les différens attributs ou fymboles qu'elle réuniffoit, repréfentoit plufieurs Divinités à la fois. Le mot *Panthée* eft formé de πᾶν, qui fignifie *tout* en Grec, & de θεός, qui veut dire *Dieu*.

Dans

Dans les ſtatues Panthées, Jupiter, par exemple, étoit déſigné par le foudre; Junon, par une couronne; Mars, par un caſque; le Soleil, par des rayons; la Lune, par un croiſſant; Cérès, par la corne d'abondance, ou par l'épi de bled; Cupidon, par un carquois rempli de fléches; Mercure, par des ailes au talon, ou par un caducée; Bacchus, par le lierre, &c.

On voit pluſieurs figures Panthées ſur les Médailles. Celle qui ſe trouve ſur la Médaille d'Antonin-Pie & de la jeune Fauſtine, repréſente tout enſemble Sérapis, par le boiſſeau qu'elle porte : le Soleil, par la couronne de rayons : Jupiter-Ammon, par les deux cornes de bélier : Pluton, par la barbe épaiſſe : Neptune, par le trident : Eſculape, par le ſerpent entortillé autour d'un bâton.

Il y a lieu de croire que les Panthées doivent leur origine à la ſuperſtition de ceux qui, ayant pris pour protecteurs de leurs maiſons pluſieurs Dieux, les réuniſſoient tous dans une même ſtatue, qu'ils ornoient de ſymboles particuliers à chacune de ces Déités.

On peut regarder comme une figure Panthée le portrait emblématique de François Premier, peint en miniature par *Nicolo dell' Abbate*, Eleve du *Primatice*, donné au Cabinet des Eſtampes du Roi, en 1763, par le Comte de Caylus. Ce tableau porte, ainſi que l'Eſtampe qui en a été gravée par P. Chenu, 9 pouces de haut ſur 6 de large. *Nicolo dell' Abbate*, ſuivant l'explication qu'en a donnée M. de Caylus, & que nous ſuivons ici, a voulu, ſous cinq emblêmes différens, réunir dans une seule & même figure les principales vertus & les traits de François I, qui fut le pere des Lettres & des Arts en France. Le Monarque est debout ; le casque de Minerve, orné de plumes blanches, couvre sa tête : il tient du bras droit, armé de fer, son épée la pointe en-haut : son bras gauche nu, dans la forme & dans le caractere de l'Adolescence ou du Dieu de l'Éloquence, porte le Caducée, symbole qui désigne que ce Héros s'occupoit des Lettres dans les momens où Mars le laissoit reposer. Il a sur la poitrine l'Egide de Minerve, chargée de la tête de Méduse. Son habillement, à la maniere de Diane, est négligemment agraffé sur l'épaule par un musle de lion, & retroussé sur la hanche par une ceinture. Sur l'autre épaule il porte le carquois avec un cornet de chasseur, & s'appuie sur un arc. Ces attributs rappellent le goût que ce Prince avoit pour la chasse. Sa draperie est de couleur rouge, soieuse & frangée d'or ; elle retombe sur ses jambes chaussées de brodequins, auxquels sont attachées les talonnieres de Mercure, pour achever d'exprimer que ses qualités dominantes étoient l'activité, la valeur & l'amour des Muses.

PAON. Cet oiseau, chez les Anciens, étoit consacré à Junon.

Un Paon, qui étale ses plumes avec complaisance, est un symbole ordinaire de la vanité ou de l'orgueil.

Sur les Médailles, le Paon désigne la consécration des Princesses, comme l'Aigle marque

celle des Princes. Il y a cependant des Médailles
où l'Aigle a servi à défigner la confécration des
Princeffes , comme on peut le voir fur les Médailles de Plotine , de Marciana , de Matidie
& de Sabine , rapportées par Vaillant.

On voit fur une cornaline de la Collection
des pierres gravées de Monfeigneur le Duc d'Orléans, trois Amours qui foutiennent un portrait
de femme dans un Médaillon , au bas duquel
font une Chouette & un Paon. La Chouette eft
ici prife pour un fymbole de la Sageffe , & le
Paon pour celui de la Beauté.

Un Paon avec ces mots, *ut placeat, taceat*,
eft la devife d'un bel homme qui s'explique
mal.

PAPILLON (Le). Papillon eft le fymbole
de l'étourderie , de la légéreté & de l'inconf-
tance.

L'Amour & les Plaifirs font fouvent repré-
fentés avec des ailes de Papillon.

Chez les Anciens, le Papillon étoit auffi le
fymbole de l'ame , que les Grecs appelloient
Pfyché. *Voyez* VIE HUMAINE.

Sur d'anciens Monumens, on trouve Cupidon, tenant par les ailes un Papillon qu'il tour-
mente & qu'il déchire , pour exprimer l'efclavage d'une ame dominée par l'Amour.

Cupidon eft encore repréfenté tenant d'une
main fon arc bandé , & brûlant de l'autre main,
avec une torche ardente, les ailes d'un Papillon.
Allégorie qui n'a pas befoin d'explication.

PARAZONIUM. Ceinture avec l'épée. Les
Antiquaires fe fervent de ce mot, qui eft latin,

pour défigner cette courte épée, qui eft l'attribut des Gladiateurs fur plufieurs Médailles & pierres gravées.

PARESSE. Divinité allégorique, fille du Sommeil & de la Nuit. Elle fut, fuivant la Fable, métamorphofée en tortue, pour avoir écouté les flateries de Vulcain.

La Pareffe eft fymbolifée par une femme échevelée, mal vêtue, & couchée par terre, qui dort la tête appuyée fur une main, & tient de l'autre une horloge de fable renverfé, pour défigner le tems perdu.

Les Egyptiens, fuivant Pierius, la peignoient affife avec un air trifte, la tête panchée, & les bras croifés.

Ses attributs ordinaires font le limaçon, la tortue & l'âne. Le quadrupede de l'Amérique & du Ceylan, que les Naturaliftes appellent le *pareffeux*, eft un fymbole moins connu, & qui cependant annonceroit mieux cette figure allégorique. On pourroit alors réferver la tortue pour être le hiéroglyphe de la lenteur.

Goltzius l'a défignée par une femme dont les bras font fans action, & qui porte pour fymbole un limaçon fur l'épaule.

PARIS. La ville de Paris eft, ainfi que les autres villes, caractérifée par fa couronne murale & par l'écu de fes armes. *Voyez* VILLE.

Les armes de la ville de Paris font un vaiffeau. La Fontaine de la rue de Grenelle, dont le deffin & l'exécution font dûs à Edme Bouchardon, nous offre la figure allégorique de cette ville. Elle eft affife fur une proue de vaif-

ſeau , a une couronne de tours ſur la tête , &
un ſceptre à la main : elle regarde avec complaiſance le fleuve de la Seine & la riviere de
Marne, qui, couchés à ſes pieds, paroiſſent ſe
féliciter d'être l'ornement & l'abondance de la
grande ville qu'ils baignent de leurs eaux.

Quelques Antiquaires, qui ont cherché l'origine des armes de la ville de Paris, ont remonté
juſqu'aux tems les plus reculés du Paganiſme,
où Iſis étoit adorée dans les Gaules. Ils ont
même prétendu dériver le nom de la ville de
Paris, qu'ils ont cru être Grec, de παρὰ Ἶσις,
comme qui diroit auprès du Temple de la
Déeſſe Iſis. Cette Divinité Egyptienne, que
l'on fait voyager, & qui paſſoit pour avoir fait
connoître à différens peuples les arts de l'E-
gypte, étoit ordinairement repréſentée chez
ces peuples avec un vaiſſeau pour attribut.
L'Hiſtorien Tacite nous apprend que les Alle-
mands de la Souabe l'adorerent ſous la forme
d'un vaiſſeau, en mémoire de celui qui avoit
amené cette Divinité dans leur pays. On voit
dans Kircher & ailleurs de ces figures qui portent un vaiſſeau ſur la main, & pluſieurs Nations l'honorerent comme Déeſſe de la mer.

PARQUES. Filles de l'Erebe & de la Nuit.
Elles étoient trois ſœurs, Clothon, Lachéſis &
Atropos. Ces Déeſſes, ſuivant la Fable, préſi-
doient à la vie des hommes, & en filoient la
trame. Lachéſis, la moins âgée de toutes, tenoit la quenouille ; Clothon tournoit le fuſeau,
& Atropos coupoit le fil, lorſque le tems de la
mort, appellé par Virgile le jour des Parques,

étoit arrivé. Souvent les Poëtes confondent ces fonctions, & font quelquefois filer Lachéſis, comme a fait Juvenal.

On les repréſentoit ſous la figure de trois femmes accablées de vieilleſſe, couronnées de laine blanche, entremêlée de fleurs de narciſſe, & attachée avec des rubans blancs. Elles étoient vêtues d'une robe de même couleur, bordée de pourpre.

La grande vieilleſſe des Parques déſignoit l'éternité des Décrets divins ; les couronnes qu'elles portoient, leur pouvoir abſolu ſur tout ce qui reſpire ; ce fil myſtérieux, la fragilité de la vie humaine ; la quenouille & le fuſeau apprenoient que c'étoit à elles à en régler le cours.

Quand les Anciens ont voulu exprimer une vie longue & heureuſe, ils ont feint que les Parques filoient la trame de nos jours avec de la laine blanche. C'eſt dans le même ſens que Pavillon a dit :

> Que vos jours, par Clothon, filés d'or & de ſoie,
> Au milieu des plaiſirs coulent toujours en joie.

La laine noire exprimoit une vie courte & malheureuſe.

Dans la Galerie du Luxembourg, peinte par Rubens, les trois Parques ſont repréſentées dans les attitudes que leur donne la Fable, & ſous la figure de jeunes filles. Carle Vanloo les ayant admiſes dans le tableau allégorique d'une convaleſcence, leur donne différens âges, & cette penſée eſt ingénieuſe. Lachéſis, qui

tient la quenouille, repréfente l'enfance ; l'a-
dolefcence eft caractérifée par Clothon, qui
tourne le fufeau, & la vieilleffe par Atropos
qui coupe le fil.

PARTHIE. Région d'Afie, anciennement
occupée par les peuples nommés Parthes. La
Parthie eft défignée fur les Médailles, par une
femme habillée à la mode du pays, & chargée
d'un arc & d'un carquois, à caufe de l'habileté
des Parthes à tirer des fléches, même en
fuyant.

PASSIONS. Les Paffions ont leurs différens
attributs, indiqués dans ce Dictionnaire ; mais
comme elles fe manifeftent toujours à l'extérieur & dans les traits du vifage, l'Artifte, pour
les caractérifer, doit principalement étudier
l'altération des mufcles du vifage, & les mouvemens libres & indélibérés d'un homme qui eft
ému de quelque Paffion. Le Brun, dans fes
Conférences, a ébauché ce fujet, & nous avons,
dans plufieurs articles, rapporté fes obfervations. Mais qu'un Artifte feroit loin d'attein-
dre jamais la perfection de fon art, fi, content
des réflexions de ce grand Maître, il fe croyoit
difpenfé d'étudier la nature ! Et où pourra-
t-il faire cette étude ? fera-ce au milieu de
la fociété d'une grande ville, où les hommes,
foumis aux principes de l'éducation ou de la
décence, portés même pour leurs propres intérêts à la diffimulation, fe montrent prefque
toujours fous le mafque ? Il portera donc fes
crayons & fes pinceaux au milieu de ces hommes, qui n'afpirent point à fecouer le joug

impérieux des paffions, & s'efforcent encore moins à en réprimer les fignes; mais s'il peint les mouvemens de la Nature abfolument libre dans fes attitudes, dans fes geftes, dans fes traits, n'aura-t-il pas à craindre que fes expreffions ne paroiffent exagérées, qu'elles ne foyent même prifes pour des caricatures par ces hommes aimables, accoutumés de bonne heure à reprimer ces mêmes mouvemens, qui troubleroient l'harmonie douce mais monotone de leur foçiété ?

L'on blâmeroit cependant, avec raifon, un Artifte, qui, dans l'expreffion des Paffions, n'auroit point égard au rang, à la dignité, au caractere même du perfonnage hiftorique. La colere d'Ajax doit être différente de celle de Therfite, & Philoctete ne doit point fuccomber à la douleur comme un vil efclave. Notre but, en faifant cette obfervation, n'eft point de perfuader à l'Artifte d'ennoblir les Paffions violentes, & d'imiter celui qui, pour ne pas effrayer les fpectateurs, effayeroit de rendre les monftres agréables, & de faire fourire les furies; mais nous penfons avec les grands Maîtres, qu'il ne fuffit pas que l'expreffion foit forte, il faut encore qu'elle nous affecte agréablement, ou du moins ne faffe point difparoître dans les mouvemens convulfifs des Paffions, ces linéamens qui conftituent les belles formes, & donnent de la grace à l'enfemble. L'Apollon, vainqueur du ferpent Pithon, le Laocoon, la Niobé, le Gladiateur mourant, font parmi les anciens ouvrages de Sculpture, des exemples de ce précepte : précepte commun à la Poésie & à la Musique, dont le premier objet, comme beaux Arts, est de plaire & de flater les sens par le choix, la grace, le charme de l'expression poétique ou musical, en même-tems qu'ils cherchent à les émouvoir par les plaintes, les accens, ou les sentimens douloureux de la Passion.

PATERE. Vase dont les Romains se servoient dans les sacrifices pour les libations.

C'étoit un des attributs qui se donnoient aux Divinités, soit du premier, soit du second ordre, pour faire connoître qu'on leur rendoit les honneurs divins, dont le sacrifice étoit le principal.

On la voit, sur les Médailles, à la main des Princes, pour marquer que par leur qualité de Souverain Pontife des Divinités, ils réunissoient dans leur personne, la puissance de l'empire & celle du Sacerdoce.

La Patere servoit aussi à désigner qu'on leur rendoit les honneurs divins. C'est pour exprimer la même chose, que l'on voit souvent à côté d'eux un Autel, sur lequel il semble que l'on verse la Patere.

PATIENCE. Vertu qui nous fait supporter sans plainte ni murmure, les maux qu'on ne peut empêcher. La figure symbolique de cette vertu, a les mains jointes sur la poitrine, & porte un joug sur les épaules.

PAUVRETÉ. Situation de fortune, dans laquelle on est privé des commodités de la vie, & dont on n'est pas toujours le maître de sortir. Les Anciens regardoient la Pauvreté, comme fille du luxe & de l'oisiveté. Suivant quelques-uns, elle est la mere de l'industrie & de tous les arts.

On la repréfente mal habillée, avec un air pâle & inquiet, dans l'attitude d'une perfonne qui demande l'aumône ; quelquefois femblable à une Furie affamée & farouche, qui eft prête à fe défefpérer.

Le Pouffin, dans fon Tableau de la Vie humaine, l'a peinte revêtue d'un mauvais habit, & ayant la tête environnée de rameaux, dont les feuilles féches doivent être regardées comme le fymbole de la perte des biens. *Voyez* VIE HUMAINE.

On peut auffi confulter le Triomphe de la Pauvreté, peint par Holbein. La Pauvreté s'y voit fous la figure d'une vieille femme maigre, affife fur une gerbe de paille ; fon char eft rompu en divers endroits, & tiré par un cheval & un âne fort décharnés. Devant ce char marchent un homme & une femme les bras croifés, & le vifage trifte. Toutes les figures qui accompagnent ce char, font encore autant d'images de la mifere, qui ajoutent à l'expreffion générale du Tableau.

Les Grecs l'avoient exprimée par une femme mal vêtue, accablée fous le poids d'une groffe pierre attachée à fa main droite, & ayant la main gauche élevée & foutenue par des ailes, pour nous faire entendre que la pauvreté eft un obftacle, qui empêche fouvent le mérite infortuné de s'élever au-deffus des autres.

Comme les peines & les chagrins font le partage de la Pauvreté , on la voit fouvent marchant parmi les rochers , ou fur les épines , & expofée à l'intempérie des faifons.

Quand par la Pauvreté on entend cette vertu du Chrétien qui nous fait méprifer les richeffes, on la repréfente avec un livre en main , & foulant aux pieds un vafe précieux , d'où fortent des pieces d'or & d'argent. *Voyez* VERTUS.

Le livre qu'on lui donne eft le livre d'Evangile , dont les confeils falutaires ont fait préférer à plufieurs la pauvreté du Sauveur , à toutes les faveurs de la fortune.

PEGASE. C'eft un cheval ailé , imaginé par les Poëtes. Il naquit , fuivant la Fable , du fang de Médufe , lorfque Perfée coupa la tête à cette Gorgone. Auffi-tôt après fa naiffance , Pégafe s'envola fur l'Hélicon ; & ayant frappé du pied contre terre , il fit jaillir un fontaine qui fut appellée Hypocréne. Apollon & les Mufes fe fervoient de Pégafe pour voyager. Il habitoit le Parnaffe , l'Hélicon , le Pinde , &c. & paiffoit fur les bords d'Hypocréne , de Caftalie & du Permeffe.

Nos Artiftes le repréfentent communément au haut du Parnaffe. Animé d'une noble fureur , la tête levée , les ailes étendues , & les crins tout hériffés , il paroît s'élever dans les airs.

Sur plufieurs Médailles anciennes , la Ville de Corinthe a pour fymbole un Pégafe , parce que ce fut dans cette Ville que Minerve le donna à Bellerophon , pour combattre la Chimere. Il fe trouve auffi fur les Médailles des

Villes d'Afrique, & fur celles de Sicile, depuis que les Carthaginois s'en furent rendus maîtres, parce qu'on étoit dans la croyance que ce cheval miraculeux étoit né du fang de Méduſe, qui étoit Africaine.

PEINTURE. On la reconnoît à la palette, aux pinceaux, & à l'appui-main qu'elle tient.

Elle eſt aſſiſe devant un chevalet, ſur lequel eſt poſé un Tableau ébauché. Son maintien eſt négligé, ſon attitude penſive. Autour d'elle ſont différentes ſtatues antiques, pour nous faire entendre que c'eſt par l'étude de l'antique, que l'Artiſte acquiert l'expreſſion & la correction. Souvent la peinture eſt repréſentée avec un bandeau ſur la bouche, ſymbole qui nous fait connoître que la Peinture, ainſi que l'étude, eſt amie du ſilence & de la ſolitude. *Voyez* ÉTUDE.

Un petit enfant ailé avec une flamme ſur la tête, qu'on voit quelquefois placé auprès de la figure ſymbolique, déſigne le Génie de la Peinture, ſans lequel il eſt impoſſible de bien faire. Si on lui donne des ailes de diverſes couleurs, c'eſt pour marquer avec combien de promptitude le Peintre doit remarquer les changemens de la nature.

François Mieris, ſurnommé le Vieux, Peintre Flamand, a, dans un de ſes Tableaux, repréſenté le perſonnage allégorique de la Peinture, ſous le ſymbole d'une jeune femme vêtue d'une étoffe de ſoie de couleur changeante; elle eſt debout, & tient de la main droite une palette, des pinceaux, & une

ſtatue antique qu'elle appuye contre ſa poitrine. Une chaîne d'or à laquelle eſt attaché
un maſque, lui paſſe autour des épaules. Lai-
reſſe parle de ce Tableau, dans ſon ouvrage ſur
la Peinture, Tome I, page 115.

On a encore repréſenté la Peinture, auſſi-
bien que la Sculpture, par des Génies. *Voyez*
GÉNIES.

Sur la Médaille qui rappelle à la poſtérité
l'époque de l'établiſſement de l'Académie Royale
de Peinture & de Sculpture, on voit deux Génies; l'un s'exerce à peindre, & a près de lui
un chevalet ſur lequel eſt un Tableau; le ſecond
travaille à un Buſte; à ſes pieds l'on voit le
Torſe, précieux fragment de l'antique; dans
l'éloignement paroît un reſte du Coliſée, célébre amphithéatre de l'ancienne Rome. *Voyez*
l'Hiſtoire Métallique de Louis XIV.

PÉLICAN. Oiſeau aquatique dont on a dit
pluſieurs fables, entr'autres, qu'il aimoit ſi
fort ſes petits, qu'il ſe déchiroit l'eſtomac
pour les nourrir. C'eſt ſur cette opinion que
le Pélican eſt regardé comme l'image de l'a-
mour paternel, & de l'amour du Prince pour
ſes peuples : mais le fait eſt que le Pélican ne
porte point, comme les autres oiſeaux de proye,
la nouriture qu'il deſtine à ſes petits, dans
ſon bec ou dans ſes pattes; mais dans une eſpèce
de poche ou de jabot, qu'il vuide en partie
lorſqu'il veut les alimenter.

Le Pélican eſt auſſi un emblême de l'Eucha-
riſtie : ce qui n'a pas beſoin d'explication.

PENATES. Dieux domeſtiques, que les An-

ciens adoroient sous la figure de petites statues,
& qu'ils plaçoient dans les foyers. On leur rendoit un culte fort religieux ; c'etoit a eux que
les familles attribuoient la prospérité de leurs
affaires. On les confond ordinairement avec les
Dieux Lares. *Voyez* LARES.

PENCHANT. Attrait qui nous entraîne vers
un objet plutôt que vers un autre ; c'est le plaisir qui se présente à nous sous différentes formes
& principalement sous celles des objets qui ont
le plus de rapport à notre façon de sentir &
de penser. On peut donc désigner le Penchant
ou l'inclination, par une figure emblématique
que le plaisir enlace de guirlandes de fleurs,
& qu'il attire vers les objets de nos goûts & de
nos dissipations. Si on veut désigner un mauvais Penchant, ou une inclination perverse,
on met un bandeau sur les yeux de la figure
allégorique, & au lieu de guirlandes, ce sont
des chaînes de fer, cachées sous des fleurs, qui
l'entraînent vers un précipice placé à ses côtés.

PENETRATION. Le sphinx est le symbole
ordinaire de la Pénétration.

PENITENCE. Cette Vertu est symbolisée
par une femme âgée, assise sur une pierre : son
habillement n'annonce rien que de triste ; un
grand voile noir lui descend jusques sur les
épaules ; ses yeux paroissent fixés sur une croix
qu'elle tient entre ses mains, & qu'elle mouille
de ses larmes. Elle a sur ses genoux le Livre
d'Evangile & une discipline. A ses pieds l'on
voit plusieurs autres instrumens de Pénitence.
On a encore représenté la Pénitence dans un

endroit solitaire , & à côté d'une source d'eau vive ; elle leve les yeux au Ciel , & paroît adresser à Dieu cette priere du Prophéte Roi: « Seigneur , vous me purifierez de vos eaux , » & je deviendrai plus blanc que la neige ».

PERFECTION (La) est le plus communément désignée par une femme tenant un compas, dont elle trace un cercle , qui est regardé comme la figure la plus parfaite.

PERFIDIE. On lui donne les mêmes attributs qu'à la fraude. La Perfidie cependant meut des ressorts plus cachés ; c'est une fausseté noire & profonde , qui abuse des loix , de la religion, de la foi des traités, des liens du sang, pour trahir avec plus de sûreté celui qui se livre à elle. On peut donc la désigner par une femme d'un aspect hideux, mais qui a soin de cacher la difformité de ses traits sous un masque qui annonce la candeur ; elle tient dans ses mains les symboles les plus sacrés, pour inspirer la confiance , & recele dans son sein le poignard homicide.

PERSÉVÉRANCE. Force de l'ame , qui résiste aux obstacles. La constance attend le bien qu'elle desire , la Persévérance le poursuit. On doit donc donner à cette figure allégorique, de l'action; elle gravit une montagne escarpée , ou marche avec fermeté dans un chemin semé de ronces & d'épines.

Un vase d'eau , dont les gouttes qui tombent creusent une pierre , peut être regardé comme un symbole de la Persévérance.

Gutta cavat lapidem non vi sed sæpe cadendo.

PERSIFLAGE. Travers d'esprit qui consiste à ridiculiser les vertus comme les vices, & à répandre l'ironie, les fausses louanges, les critiques malignes, en affectant dans les propos comme dans les airs, des sentimens de candeur, de probité, d'humanité. Le Persiflage personnifié aura, d'après cette définition, les attributs des vertus dont il emprunte le langage ou les sentimens, pour obtenir des aveux ingénus de celui qu'il veut rendre tout-à-la-fois instrument & victime de ses plaisanteries. Comme le talent du Persifleur consiste à plaisanter quelqu'un sans qu'il s'en apperçoive, les traits qu'il est prêt de lancer seront cachés sous des fleurs, symbole de la louange, & il présentera un masque à deux faces. L'une de ces faces offrira les dehors d'une aimable ingénuité à celui qu'il veut persifler ; mais le spectateur pourra appercevoir sur l'autre face le caractere d'une malignité perfide. Le Persiflage est un nouveau travers de notre siecle. On habillera en conséquence cette figure allégorique, suivant le costume actuel.

PERSIQUES. (Statues) On appelle ainsi ces Statues qui représentent des Perses captifs, avec leurs vêtemens ordinaires. On les substitue volontiers aux colonnes & aux pilastres dans la décoration intérieure des édifices. Les Lacédémoniens, selon Vitruve, furent les inventeurs de ces ornemens d'architecture. Vainqueurs des Perses à la bataille de Platée, ils emmenerent leurs captifs en triomphe, & bâtirent une Galerie qu'ils appellerent *Persique*,

dont

dont ces sortes de Statues soutenoient la voûte. *Voyez* CARYATIDES.

PERSPECTIVE. Science qui fait partie des Mathématiques, & a rapport à la Géométrie & à l'Optique ; elle nous enseigne l'art de représenter les objets visibles, comme ils paroissent à l'œil dans le Tableau, que l'on suppose pour cet effet transparent & ordinairement perpendiculaire à l'horison, & placé entre l'œil & l'objet. Les Iconologistes ont personnifié la Perspective par une femme assise sur un terrein peu élevé, & regardant à travers une glace un objet peu éloigné, dont toutes les lignes tangentes à son œil, forment des rayons qui donnent les points dont on se sert pour tracer perspectivement cet objet sur la superficie de la glace.

PETASE. Nom que les Antiquaires donnent au chapeau ailé de Mercure. *Voyez* MERCURE.

PEUR. Les anciens Romains avoient admis la Peur, ainsi que la pâleur, parmi leur peuple de Dieux. Tullus Hostilius est le premier qui ait établi dans Rome le culte de ces deux Divinités. Les Romains ne croyoient pas que le courage & la vertu consistassent à ne rien craindre, mais à éviter de souffrir quelque indignité. Une médaille de la famille Hostilia, rapportée dans les familles Romaines de Fulvius Ursinus, de Patin & de Vaillant, représente la Peur ; c'est une tête avec des cheveux hérissés, un visage étonné, une bouche ouverte, & un régard qui marque l'épouvante dans une occasion périlleuse.

La *Pâleur* qui est l'effet de la Peur, se voit sur une autre Médaille de la même famille ; elle offre une face maigre & allongée, ses cheveux sont abattus, son regard est fixe. Ces deux Médailles furent frappées par les soins de Lucius Hostilius Sacerna, dont elles portent le nom.

Le sang & la couleur se retirent au-dedans de nous, lorsque nous éprouvons la Peur ; le visage devient pâle, la sueur froide, le tremblement, l'immobilité succedent, &c. aussi Lucrece applique ingénieusement à la Peur les mêmes effets que Sapho donne à un violent amour. *Verum ubi*, &c. Liv. III.

PHÉNIX. Oiseau fabuleux. « Les Egyptiens, » dit Hérodote dans son Euterpe, ont un oiseau » qu'ils estiment sacré, que je n'ai jamais vu » qu'en peinture. Aussi ne le voit-on pas sou- » vent en Egypte, puisque, si l'on en croit ceux » d'Héliopolis, il ne paroît chez eux que de » cinq en cinq siécles, & seulement quand son » pere est mort ; ils disent qu'il est de la gran- » deur d'un aigle, qu'il a une belle houppe sur » la tête, les plumes du cou dorées, les autres » pourprées, la queue blanche, mêlée de plu- » mes incarnates, des yeux étincelans comme » des étoiles ».

Sur les anciens Monumens, il est un symbole ordinaire de l'éternité, parce que l'on étoit dans l'opinion qu'il se renouvelloit tou-

jours, & qu'il jouissoit par ce moyen de l'immortalité.

Un Phénix qui renaît de ses cendres, a été
employé comme une image de la résurrec-
tion.

PHILOSOPHES. Tous les anciens Philosophes sont caractérisés par ce qui a le plus con-
tribué à les faire connoître. Diogene est facile
a distinguer, par la lanterne qu'il porte à sa
main, ou par son tonneau & la tasse qui est
à ses pieds; Platon, par son livre de morale;
Démocrite, dont le caractere étoit porté à la
raillerie, est représenté riant de la folie des
hommes, & les montrant au doigt. Héraclite,
qui croyoit qu'ils méritoient plutôt des pleurs,
se présente toujours à nous les larmes aux
yeux. On a donné à Antisthene, à Cratès, à
Menippe & à tous les Philosophes de la secte
de Diogene, un chien pour attribut, qui est le
symbole de la Philosophie cynique, &c.

PHILOSOPHIE. Son maintien est grave, son
attitude pensive; un riche Diadême orne son
front majestueux. Elle est assise sur un siége de
marbre blanc, dont les bras, qui paroissent
sculptés, nous présentent les images de la nature féconde. Pour encore mieux faire entendre que la connoissance de la nature est un des
principaux objets de la Philosophie, cette figure symbolique tient deux livres; sur l'un est
écrit *naturalis*, & sur l'autre *moralis*, parce
que la morale doit aussi faire l'étude d'un Philosophe. Raphaël, de qui cette image est em-
pruntée, a voulu aussi indiquer les quatre Élé-

mens, par les différentes couleurs des vêtemens qu'il a donnés à sa figure allégorique. L'air est exprimé par la draperie de couleur d'azur, qui lui couvre les épaules ; le feu, par sa tunique rouge ; l'eau, par cette draperie de couleur de bleu de mer, qui est sur ses genoux ; la terre, par celle qui est jaune, & qui lui descend jusqu'aux pieds. Deux petits Génies que l'on apperçoit à côté de la Philosophie, supportent cette inscription, *causarum cognitio*, la connoissance des causes.

Dans un sujet allégorique de B. Picart, qui représente l'accord de la Religion avec la Philosophie, ou de la raison avec la Foi, la figure symbolique de la Philosophie a différens attributs qui caractérisent les quatre parties de la Philosophie. Elle est couronnée d'étoiles, pour marquer la Physique. Elle a dans sa main gauche un sceptre, qui dénote la morale. Deux petits Génies sont placés auprès d'elle : l'un tient un serpent se mordant la queue, symbole de l'éternité, ce qui désigne la Métaphysique ; le second porte dans ses mains une pierre de touche, pour marquer la Logique, dont le but est de discerner le vrai d'avec le faux.

Boéce, dans le portrait qu'il a fait de la Philosophie, lui a fait tenir des livres d'une main, & un sceptre de l'autre. Ce dernier symbole lui convient très-bien. Il a mis sur le bas de sa robe un π, & sur son estomac un θ, deux lettres Grecques qui désignent, la premiere, la pratique ; la seconde, la théorie, pour nous faire entendre que la Philosophie doit être active & spéculative. Il a feint que cette image symbolique de la Philosophie s'étoit présentée à lui sous la figure d'une belle femme, dont l'éclat du visage & les yeux pleins de feu annonçoient quelque chose de divin. Sa taille paroissoit égale à celle de l'espece humaine ; quelquefois aussi elle élevoit la tête jusques dans les Cieux, & se déroboit aux regards des foibles mortels. Cette image sublime de la Philosophie est digne d'un Philosophe.

PHYSIQUE. Cette science, qui s'occupe des phénomenes de la nature, des propriétés du corps, de leurs effets, de leurs mouvemens, est caractérisée par une femme appliquée à différentes expériences de la Machine électrique ou pneumatique. On voit autour d'elle, ou à ses pieds, des instrumens de Physique, & une sphere, au milieu de laquelle est le globe de la terre suspendu sur ses poles.

PIERRES GRAVÉES. Les Pierres gravées antiques, servent, ainsi que les Médailles & les autres monumens de l'antiquité, à nous faire connoître différens symboles, & plusieurs points importans de la Mythologie, de l'Histoire, & des Coutumes des Anciens. Les Egyptiens, les Etrusques, les Grecs, &c. nous ont laissé des Pierres gravées, où l'on trouve la même différence pour la pensée, la composition & le dessein, que dans leurs monumens de sculptures ; ce qui indique assez que pour avoir de belles Pierres gravées antiques, il faut remonter jusqu'au tems des Grecs. Leurs gravures ne sont pas seulement recommandables

par la correction du deſſin, l'élégance des proportions, la naïveté des attitudes & le mérite
de l'exécution; mais encore par les graces &
l'eſprit de la compoſition. Ces hommes rares
excelloient ſur-tout dans les choſes de ſentiment, & qui demandent que l'on exprime
beaucoup avec peu. Comme les plus habiles
Graveurs prenoient plaiſir à remettre ſous les
yeux de leurs contemporains, les grands morceaux de ſculpture qui étoient l'objet de leur
admiration, il eſt pluſieurs de ces morceaux
détruits par les guerres, ou preſque effacés par
le tems, que l'on retrouve ſur les pierres gravées, ſur celles principalement qui le ſont en
creux, dont le travail étant moins expoſé au
frottement que celui des pierres gravées en
relief, a dû ſe conſerver plus pur & plus entier.
Ces mêmes pierres nous offrent des penſées
allégoriques ou emblématiques. Nous avons fait
uſage de celles qui nous ont paru ingénieuſes
& claires, car il en eſt pluſieurs qu'il ſeroit
difficile d'expliquer : elles paroiſſent avoir été
imaginées par le caprice ou même la dévotion de celui qui faiſoit faire la gravure, &
s'étoit réſervé à lui ſeul l'intelligence de ces
eſpeces d'énigmes.

PIÉTÉ. Les Anciens entendoient par la
Piété, non-ſeulement la dévotion envers les
Dieux & le reſpect filial, mais auſſi cette affec-
tion pieuſe d'un homme envers ſon ſemblable ;
ſentiment qui fait tant d'honneur à l'humanité,
que les Empereurs mêmes les plus cruels en
furent jaloux : auſſi rien de plus commun que

l'image de la Piété fur le revers des Médailles
Impériales. Communément on la voit fous la
figure d'une femme affife , couverte d'un grand
voile , tenant une Corne d'abondance de la
main droite , & pofant la gauche fur la tête
d'un enfant. A fes pieds eft une Cicogne.

Sur une Médaille de Caligula , la Piété affife
& couverte d'un grand voile , préfente de la
main droite une patere.

Sur une Médaille d'Antonin le Pieux , elle
tient d'une main les pattes d'un faon , ou d'un
autre animal deftiné au facrifice. Devant elle
eft un Autel fur lequel il y a du feu.

On la voit fur une Médaille de Fauftine la
Jeune , portant deux épis de la main droite ,
& de la gauche une Corne d'abondance. Sur
d'autres Médailles, elle tient de la main droite
un globe, & de la gauche un enfant, & en a
plufieurs à fes pieds.

Sur une Médaille de Valérien , la Piété des
Auguftes eft marquée par deux femmes qui
fe donnent la main fur un Autel.

Une Statue antique la repréfente fous la
figure d'une femme vêtue de la *ftola* , & coëffée
en cheveux ; elle eft debout, fa main droite
eft appliquée fur fa poitrine , & de la gauche
elle tient un pan de fa robe. On voit devant-
elle un Autel fur lequel font une préféricule ,
& une patere. Cet Autel a pour infcription ces
deux mots : *Pietati Auguftæ.*

Nos Artiftes la défignent par une jeune fille
qui a des ailes au dos, une flamme fur la tête,
tenant d'une main une caffolette fumante ,

qu'elle éleve vers le Ciel, & de l'autre une corne d'abondance qu'elle présente à des enfans.

On la voit encore représentée par une femme qui a une flamme sur la tête, & son bras droit appuyé sur un Autel à l'antique.

Dans les Appartemens de Versailles, elle est peinte sous le symbole d'une femme ailée, ayant une flamme sur la tête, & dans sa main droite une corne d'abondance. Auprès d'elle sont deux enfans à genoux qui prient devant un Autel allumé, & un autre qui, l'épée nue à la main, poursuit l'Impiété.

Quand on veut désigner une Piété filiale, on lui donne pour attribut une cicogne. *Voyez* CICOGNE.

PIN. C'étoit l'arbre favori de Cybèle. Pendant les mysteres de cette Déesse, les Prêtres, appellés Corybantes, couroient armés de thyrses, dont les extrémités étoient des pommes de Pin, souvent ornées de rubans.

La pomme de Pin étoit aussi employée dans les sacrifices de Bacchus, dans les Orgies, dans les pompes, dans les processions, &c.

Silvain est quelquefois représenté avec une branche de Pin dans la main.

C'étoit aussi avec cet arbre, que les Anciens construisoient les bûchers.

PLAISIR (Le) se présente à nous sous la figure d'un jeune homme ailé, dont les regards inspirent la joie. Sa tête est couronnée de myrthe & de roses, & de toutes sortes de fleurs odoriférantes. D'une main il tient une lyre, de l'autre une pierre d'aimant. A ses pieds sont deux colombes, qui les ailes à demi-étendues, se béquetent.

Le Plaisir a encore été exprimé par un jeune homme qui joue d'une cymbale à l'antique ; à ses côtés est une Sirene, ou la Déesse de la volupté, qui lui présente une coupe ; cette coupe n'est que trop souvent celle de Circé, qui changeoit en pourceaux les compagnons d'Ulisse.

PLECTRUM. Les Anciens ont donné ce nom à l'espece d'archet en usage, pour faire résonner les cordes de la lyre ou de la cithare. Une multitude de pierres gravées nous représentent Apollon tenant d'une main la cithare, & de l'autre le Plectrum. Quelquefois cette espece d'archet lui est présenté par l'Amour ou un petit Génie. *Voyez* APOLLON CITHARIDE.

On voit sur une pierre gravée antique, du Cabinet de Florence, un Apollon Citharide, ayant à côté de lui un Génie, qui d'une main tient le Plectrum, & de l'autre une corne d'abondance.

PLUIE. La Mythologie avoit créé un Jupiter Pluvieux. La Peinture & la Sculpture se sont quelquefois servi de ce personnage poëtique, pour exprimer la Pluie. *Voyez* JUPITER PLUVIEUX.

Ce Jupiter fait couler la Pluie de sa longue barbe & de ses cheveux ; quelquefois aussi on le voit pressant les nuées entre ses bras, pour en faire sortir de l'eau, qui se résout en Pluie.

PLUTON. Divinité que les Payens croyoient

regner dans les Enfers ; il étoit fils de Saturne & de Rhée. Lorsque Saturne fut détrôné, Pluton eut les Enfers en partage. Ce Dieu, dit la Fable, étoit si laid, & son Royaume si obscur, qu'il ne pouvoit trouver de Déesse qui voulût demeurer avec lui : ce qui le détermina à enlever Proserpine, fille de Cérès. On le regardoit aussi comme le Dieu des richesses. Dans la Vérité historique, Pluton étoit un Prince qui eut en partage les parties Occidentales du monde; c'est pourquoi les Poëtes ont dit que son Royaume étoit au pays des ombres, & parce que la plûpart des mines se trouvent dans ce pays-là, ils ont feint qu'il étoit le Dieu des métaux.

Pluton est représenté avec une barbe épaisse, couronné de cyprès, & ayant un sceptre dans ses mains, qui est une espece de bâton ou de fourche à deux pointes à la différence du Trident de Neptune, qui en a trois. Souvent les Poëtes le dépeignent porté sur un char traîné par des chevaux noirs, & ayant des clefs dans les mains, pour faire entendre que les portes de la vie sont fermées pour toujours à ceux qui sont entrés dans son Empire.

On ne lui immoloit que des victimes noires, & la victime la plus ordinaire étoit le taureau. La principale cérémonie dans ses sacrifices, consistoit à répandre le sang des victimes dans des fossés près de l'Autel, comme s'il devoit pénétrer jusqu'au Royaume sombre de ce Dieu.

Une Médaille de Gordien-Pie, nous offre une figure de *Jovis Ditis*, double Divinité adorée sous la forme d'une seule, laquelle repréſentoit d'un côté Jupiter, qui commande au Ciel & à la Terre, & de l'autre le Dieu Plutus ou Pluton, qui préſide aux Enfers, & à tous les ſouterreins, ſur-tout aux mines ; c'eſt auſſi à cauſe de ces deux différens rapports, qu'on voit ce Dieu ſur d'autres Médailles, tantôt avec un aigle à la main droite, tantôt avec un cerbere à ſes pieds.

PLUTUS, Dieu des richeſſes. On le confond ordinairement avec Pluton, Dieu des Enfers, dont il n'eſt que le miniſtre, ſuivant la Fable. Les Poëtes le dépeignent venant aux hommes en boitant, diſtribuant les richeſſes les yeux fermés, & s'en allant avec des ailes.

Ariſtophane, dans ſa Comédie de Plutus, dit que ce Dieu dans ſa jeuneſſe avoit très-bonne vûe, & qu'il n'accordoit ſes faveurs qu'aux juſtes ; mais que Jupiter lui ayant ôté la vûe, les richeſſes devinrent preſque toujours le partage des méchans. « Car, comment un » aveugle comme moi, lui fait dire Lucien » dans ſes Dialogues, pourroit-il trouver un » homme de bien, qui eſt une choſe ſi rare ? » Mais les méchans ſont en grand nombre, & » ſe trouvent par tout ; ce qui fait que j'en » rencontre toujours quelqu'un ».

Lucien ajoute que Plutus, eſt boiteux ; « c'eſt » pour cette raiſon, dit Plutus, que je marche » lentement. Quand je vais chez quelqu'un, » je n'arrive que fort tard, & ſouvent quand » on n'a plus beſoin de moi ; au contraire lorſ-» qu'il eſt queſtion de retourner, je vais vite

» comme le vent, & l'on est tout surpris de
» ce que l'on ne me voit plus : mais lui dit
» Mercure, il est des gens à qui les biens vien-
» nent en dormant. Oh alors, je ne marche
» pas, répond Plutus, l'on me porte ». Toutes
ces allégories n'ont pas besoin d'explication.

Les Athéniens avoient représenté la paix
tenant le petit Plutus dans son sein, symbole
des richesses que procure la paix.

POEME Héroïque. Il se présente à nous
couronné de laurier, & tenant une trompette,
pour nous marquer que son sujet est noble &
grand. Plusieurs livres sont à ses pieds, comme l'Iliade, l'Odissée, l'Ænéïde, &c. *Voyez*
CALLIOPE.

POEME Lyrique. Il est désigné par la Lyre
qu'il porte dans ses mains. *Voyez* ERATO.

POEME Pastoral. On le voit sous la figure
d'un jeune Berger ou d'une jeune Bergere couronnée de fleurs. Elle tient un sifflet à sept
tuyaux, avec un bâton de Pastre, & a la Pan-
netiere au côté.

POEME Satyrique. C'est un Satyre qui a dans
les mains plusieurs traits, & annonce, par
son ris moqueur, que cette Poésie pique, en faisant semblant de badiner. *Voyez* SATYRE.

Trois petits Génies, dont l'un tient une trompette, le second un luth, & le troisieme une
flûte, ont encore servi à désigner trois sortes
de Poëmes ; l'Héroïque, le Lyrique & le Bu-
colique.

Au lieu de ces instrumens, on a aussi fait
tenir à ces Génies différentes couronnes ; le

Poëme ou la Poésie Héroïque a été caractérisée par une couronne de laurier ; la Poésie galante, par une couronne de myrte ; la Poésie Bachique, par une couronne de pampre, &c.

POÉSIE (La), est représentée sous la figure d'une jeune Nymphe couronnée de laurier, qui a une lyre en main.

Quelquefois on lui donne des ailes, pour marquer que la Poésie s'éleve au-dessus du langage ordinaire.

La Poésie est encore désignée par un Apollon, qui d'une main tient sa lyre, & de l'autre des couronnes de laurier, comme pour les distribuer. *Voyez* APOLLON, ENTHOUSIASME.

La Poésie peinte par Raphaël dans la Chambre de la Signature au Vatican, est portée sur les nues, & paroît assise sur un siege de marbre blanc, dont les bras sculptés représentent deux masques scéniques ou de théatre, en usage chez les Anciens. Elle a des ailes au dos, & une couronne de laurier sur la tête : rien n'est si modeste que son habillement ; sa gorge est entierement couverte, & elle a un grand manteau bleu qui lui descend jusqu'aux pieds. La Poésie doit être sublime, chaste, & ne point démentir son origine céleste. D'une main elle tient une lyre, & de l'autre plusieurs Poëmes héroïques. Son attitude entiere caractérise l'enthousiasme ; les deux petits Génies qui l'accompagnent portent cette inscription, *Numine afflatur* ; elle est inspirée par la Divinité.

Des statues anciennes de la Poésie la représentent avec un sistre, ou l'ayant à ses pieds. *Voyez* SISTRE.

Un pierre gravée antique du Cabinet du Roi de France, nous fait voir l'Amour, qui, paré de toutes ses graces, regarde un griffon & sourit. Il pose la main sur une lyre soutenue par un trépied que porte un cube régulierement taillé, & cet agréable tableau a paru à l'Auteur de la description des gravures, un emblême de la Poésie. « Si les vers, nous dit-il, que le Poëte » fait couler de sa plume, ne sont animés d'un » feu céleste, & remplis du même enthou- » siasme qui saisissoitl a Pythonnisse lorsqu'elle » étoit montée sur le trépied : si l'ingénieuse » fiction exprimée par l'animal fabuleux en est » bannie, si les pensées, ainsi que les expres- » sions, n'ont autant de justesse qu'on en ac- » corde à un cube parfait : enfin, si de même » que dans la musique, l'harmonie n'enchante » l'oreille, ce n'est plus le langage des Dieux ; » & faut-il encore que le fils de Vénus répande » sur ce langage divin cette grace plus belle » encore que la beauté ? Heureux le Poëte qui » peut remplir toutes ces parties ! il voit au- » dessous de lui tout ce qui l'environne, & il » lui est permis d'aspirer à l'immortalité, dont » le griffon sera encore, si l'on veut, le sym- » bole. Voilà ce qu'un excellent Artiste de » l'antiquité a voulu nous représenter dans » cette gravure, & jamais allégorie ne fut ni » plus nette ni mieux suivie. »

POINT DU JOUR. On le reconnoît à l'étoile qu'il a sur la tête, & au coq qui est à ses pieds. Quelquefois on lui fait tenir un flambeau. *Voyez* AURORE.

POLITIQUE. On lui a donné des balances, & ce symbole lui convient très-bien, quand on veut exprimer cette Politique sage, qui ne fait rien sans consulter l'équité; car il est une autre Politique adroite, ingénieuse, qui rapporte tout à soi, qui emploie toutes sortes de moyens pour arriver à son but; une Politique, en un mot, qui n'a d'autre regle de sa conduite, que les principes absurdes de Machiavel.

Fille de l'Intérêt & de l'Ambition,
Dont naquirent la Fraude & la Séduction;
Ce monstre ingénieux, en détours si fertile,
Accablé de soucis, paroît simple & tranquille;
Ses yeux creux & perçans, ennemis du repos,
Jamais du doux sommeil n'ont senti les pavots.
Par ses déguisemens à toute heure elle abuse
Les regards éblouis de l'Europe confuse;
Toujours l'autorité lui prête un prompt secours,
Le mensonge subtil regne en tous ses discours;
Et pour mieux déguiser son artifice extrême,
Elle emprunte la voix de la vérité même.

Henr. Ch. IV.

POLITESSE. Desir de plaire à ceux qui nous approchent, & de les rendre contens de nous & d'eux-mêmes. La Politesse s'annonce par un extérieur modeste, par des manieres prévenantes, par son attention à ne rien dire que d'obligeant, par cette ceinture enfin, qui, disent les Poëtes, embellissoit & faisoit aimer tous ceux qui la portoient. *Voyez* CESTE.

On peut ajouter à ce symbole emprunté de

la fable des guirlandes, dont la Politesse enlace les caracteres les plus opposés, pour marquer qu'elle est le plus doux lien de la société. Ces caracteres sont ici symbolisés par des animaux que la vraie Politesse change en hommes, bien différente en cela de la Brutalité ou de la Circé de la fable, qui métamorphosoit les hommes en animaux. *Voyez* CARACTERES.

POLTRONNERIE. La Poltronnerie a souvent eu les mêmes symboles que la lâcheté. Elle en differe cependant en ce qu'elle s'expose au danger, malgré la crainte, tandis que la lâcheté le fuit. Celle-ci est un vice, & la Poltronnerie une foiblesse. On peut donc se contenter de lui donner un lievre, symbole de la crainte, pour attribut. *Voy.* LACHETÉ.

POLYMNIE. L'une des neuf Muses. Elle préside à la Rhétorique. Elle se présente à nous couronnée de fleurs ; quelquefois de perles & de pierreries, avec des guirlandes de fleurs autour d'elle ; la main droite en action, pour haranguer, & tenant un sceptre dans la gauche. Souvent, au lieu d'un sceptre, on lui donne un rouleau, sur lequel on lit *suadere*, parce que le but de la Rhétorique est de persuader. *Voy.* MUSES, ELOQUENCE.

POLYPHEME, fils de Neptune, le plus célebre des Cyclopes. Les Monumens anciens le représentent d'une grandeur démésurée, & n'ayant, comme les Cyclopes, qu'un œil au milieu du front. *Voyez* CYCLOPES.

On le voit sur un bas-relief de la *Villa Albani*, assis à l'entrée de sa caverne, & tenant une

une lyre, sur laquelle il chante ses amours pour la Nymphe Galathée. Un petit Amour est placé à côté de lui, & paroît lui inspirer des chansons.

Une peinture antique d'Herculanum représente Polypheme avec deux yeux ordinaires, & un autre au milieu du front. Le Peintre pouvoit être autorisé par des Monumens qui n'existent plus, à le représenter ainsi. Aussi Servius atteste que plusieurs ne donnoient qu'un œil à Polypheme ; quelques-uns deux, & d'autres trois.

POMME. Les Anciens ont quelquefois donné une Pomme à l'Amour, parce que c'étoit le fruit que les Amans s'envoyoient en présent. Suivant le Commentateur de Philostrate, Vigenere, la couleur jaune & rouge de ce fruit est le symbole de la timidité & de la hardiesse que donne l'amour.

Une Pomme, avec ces mots, *à la plus belle*, est un attribut de la beauté. *Voyez* l'*Amour fixé*, composition allégorique de M. le Brun, à l'article AMOUR.

Une Pomme, avec cette même inscription, entre les mains de la Discorde, désigne cette Pomme fatale qu'elle jetta dans l'assemblée des Dieux, pour y semer les dissentions.

La Pomme de Pin étoit réservée pour les fêtes de Cybele & de Bacchus. *Voyez* PIN.

POMONE. Divinité de la Fable, qui présidoit aux jardins & aux fruits. Les Poëtes la dépeignent couronnée de feuilles de vigne & de grappes de raisins, & tenant dans ses mains

une Corne d'abondance, ou une corbeille remplie de toutes sortes de fruits.

Sur d'anciens Monumens, on la voit assise
sur un grand panier de fleurs, & de fruits, tenant de la main gauche quelques pommes, &
de la droite un rameau. On la trouve aussi debout, vêtue d'une robe qui lui descend jusqu'aux pieds, & qu'elle replie par-devant pour
soutenir des pommes & des branches de pom-
mier. Elle avoit à Rome un Temple & des Autels.

POISSONS. Sur les Médailles, les Poissons
désignent les Villes maritimes ; les Thons sont
le symbole particulier de Byzance, parce que
les citoyens en faisoient une pêche considérable.

POPULATION. Plusieurs Artistes ont emprunté de la Mythologie l'histoire de Deucalion
& de Pyrrha, pour désigner la population. Une
belle statue de M. Tassart, Sculpteur du Roi,
nous représente Pyrrha, qui, échappée d'un déluge universel, a suivant l'oracle, jetté par-
dessus sa tête les os de sa grande-mere, c'est-
à-dire, des pierres, qui sont prises ici pour les
os de la terre, pour qu'elles se changent en
créatures humaines. Pyrrha intéresse le spectateur par le sentiment de tendresse qu'elle exprime à la vue du premier enfant qui lui est né.
Cet enfant se fait le plus grand qu'il peut pour
pouvoir embrasser sa mere, qui a plusieurs
autres enfans autour d'elle. Deux s'efforcent de
tirer à eux un de leurs freres, qui est encore
engagé dans la pierre.

PORTUMNE. Dieu de la Mer, qui préfi-doit aux Ports. Il avoit deux Temples à Rome; les Grecs le nommoient Palæmon. On le voit repréfenté fur les Médailles anciennes, fous la figure d'un vieillard refpectable, qui s'appuie fur un Dauphin, & tient une clef dans fes mains.

PRATIQUE. La Pratique perfonnifiée eft une femme âgée qui s'appuie fur un compas ou-vert, pofé perpendiculairement, & au milieu duquel pend un plomb. Ceci nous indique que la marche de la Pratique eft foible & incer-taine, fi elle n'eft appuyée fur des principes folides & évidens.

PREDESTINATION. *Prædeftinatio*, dit un Pere de l'Eglife, *eft præparatio gratiæ in prefenti, & gloria in futurum.* Les Iconolo-giftes l'ont caractérifée par une femme jeune, belle, & vêtue d'un léger voile d'argent. Elle a la main droite pofée fur fa poitrine, tient de la gauche une hermine, animal ennemi de toute fouillure, & regarde avec amour le ciel, d'où fort un rayon de lumiere.

PREVENTION. Jugement que l'opinion des autres nous fait recevoir fans examen. Comme la Prévention eft l'effet de l'ignorance & de la pareffe, on peut lui donner leurs fym-boles pour attributs. B. Picart l'a caractérifée par un vieillard obftiné qui fe bouche les oreilles.

PRÉVOYANCE. Dans la Galerie de Ver-failles, peinte par Mignard, la Prévoyance eft défignée par une femme, qui d'une main tient un œil environné de rayons de lumieres , & de l'autre une baguette.

Le Brun a auffi caractérifé cette Vertu dans le Tableau de la grande Galerie de Verfailles , où Louis XIV eft repréfenté armant fur terre & fur mer. C'eft une femme affife fur un nuage , & tenant un livre ouvert , avec un compas.

Le livre défigne que ce grand Roi ne faifoit rien qu'en connoiffance de caufe , & qu'après une mûre délibération. Le compas marque les juftes mefures que prenoit ce Prince.

La Prévoyance de Louis XIV. pour la provifion des armées , eft encore repréfentée dans fon Hiftoire métallique , fous le fymbole d'une femme qui eft debout , avec un globe & un amas d'armes & de provifions à fes pieds ; d'une main elle tient une Corne d'abondance , & de l'autre un Gouvernail. La Victoire lui met une couronne de laurier fur la tête.

Les Anciens ont fouvent dépeint la Prévoyance avec deux vifages , comme Janus , pour nous faire entendre qu'un homme prévoyant doit avoir une connoiffance exacte du paffé , & favoir lire dans l'avenir.

PRIAPE. Fils de Bacchus & de Vénus. Les Payens le regardoient comme le Dieu des Jardins , & celui qui préfidoit à toutes les débauches. Ses ftatues le repréfentent tel qu'un Satyre , avec un caractere lafcif , une longue barbe , une chevelure fort négligée , ayant une couronne de feuilles de vigne ou de laurier , & tenant une ferpe , comme Dieu des Jardins.

Virgile lui donne une faucille de bois de saule, afin de faire peur aux oifeaux, belle fonction pour un Dieu ! On croyoit auffi que fa ftatue, placée ordinairement au milieu des Jardins, les préfervoit des voleurs. Auffi les Poëtes l'appellent fouvent, *cuftos furum atque avium*. Ses ftatues font, pour cette raifon, ordinairement accompagnées des inftrumens du jardinage ; de paniers, pour contenir toutes fortes de fruits ; d'une faucille, pour moiffonner, d'une maffue, pour écarter les voleurs, ou d'une verge, pour chaffer les oifeaux.

Quelques ftatues de Priape le repréfentent encore tenant une bourfe de la main droite, une clochette de la gauche, & crêté comme un coq, tant fur la tête que fous le menton. La clochette peut défigner le carillon qui fe faifoit dans les Orgies de Bacchus ; la bourfe, que l'argent corrompt les Belles. On lui a donné une crête de coq, parce que cet animal eft fort chaud en amour.

On voit fur des Monumens de Priape, des têtes d'âne, pour marquer l'utilité qu'on tire de cet animal pour le jardinage & la culture des terres, ou peut-être, parce que les habitans de Lampfaque offroient des ânes en facrifice à leur Dieu.

PRIERES. Homere les a perfonnifiées, & les repréfente marchant continuellement après l'injure, pour guérir les maux qu'elle a faits.

« Les Prieres font filles du Maître des Dieux, » elles marchent triftement, le front couvert » de confufion, les yeux trempés de larmes ;

» & ne pouvant se soutenir sur leurs pieds
» chancelans, elles suivent de loin l'injure,
» l'injure altiere qui court sur la terre d'un
» pied léger, levant sa tête audacieuse. »

PRINTEMS. Divinité allégorique que les
Poëtes nous dépeignent couronnée de fleurs
au milieu des Jeux & des Plaisirs qui voltigent,
ou sous la figure de la Déesse Flore. *Voyez*
FLORE, SAISONS. *Voyez aussi cette descrip-*
tion du Printems, tirée des Odes imitées d'A-
nacréon, par M. de S.

> Quel Dieu ranime la nature ?
> Du haut des airs, l'astre du jour
> Répand une clarté plus pure :
> Je vois les Graces & l'Amour,
> Couronnés de roses naissantes ;
> Et dans les Foréts verdoyantes
> J'entends gazouiller les oiseaux.
> Zéphire folâtre avec Flore ;
> Aussi diligens que l'Aurore,
> Les bergers sortent des Hameaux.
>   Oui, c'est toi, Printems agréable ;
> Tu chasses de ces beaux climats
> Le vieillard au front redoutable,
> Qui souffle les plus noirs frimats.
> Sur nos côteaux & dans nos plaines,
> Avec les plaisirs tu ramenes
> La blonde Cérès & Bacchus, &c.

PROBITÉ. Observation constante des loix
que nous impose la Justice. La figure symbolique de la Probité est d'un maintien grave, &

a sa main posée sur la poitrine, pour marquer
que l'exacte Probité a un Juge plus sévere, plus
juste même que les loix & les mœurs, le sentiment intérieur ou la conscience. Elle est assise, & tient une regle entourée d'une bande-
rolle, sur laquelle est écrit : « Ne faites point à
» autrui ce que vous ne voudriez pas qui vous
» fût fait. » La Vertu, plus active que la Probité, a pour regle cette maxime : « Faites à
» autrui ce que vous voudriez qui vous fût
» fait. » *Voyez* VERTU.

PRODIGALITÉ. Libéralité déplacée.
Comme la Prodigalité est un vice qui naît du
peu de réflexion & du desir ardent de se satis-
faire, on la peint aveugle ; quelquefois ayant
un bandeau sur les yeux, & tenant une Corne
d'abondance, remplie d'or, d'argent, de perles, de diamans & d'autres choses précieuses,
qu'elle laisse tomber par terre, ou qu'elle répand à pleines mains. On pourroit placer autour
d'elle des Harpies, qui déroberoient la plus
grande partie de ces richesses ; car les effu-
sions de la Prodigalité ne servent le plus souvent qu'à corrompre les mœurs & nourrir les
vices.

PROMÉTHÉE. Fils de Japet & de Cly-
mene. Les Poëtes ont feint que Prométhée,
ayant formé les premiers hommes de terre &
d'eau, déroba, avec le secours de Minerve, le
feu sacré du Soleil, dont il anima ses statues.
Jupiter, irrité de ce vol, commanda à Mercure de l'attacher sur le Mont Caucase, où un
vautour venoit manger son foie à mesure qu'il

renaiſſoit. Cette image a été employée par les Anciens, pour déſigner les châtimens qui attendent les méchans après leur mort. *Voyez* CHATIMENS.

Ceux qui cherchent des vérités hiſtoriques dans l'obſcurité des Fables, diſent que Prométhée obſerva le cours des aſtres en Scythie, & s'appliqua avec tant d'ardeur à cette connoiſſance, que cette étude le tint jour & nuit attaché en quelque ſorte ſur le mont Caucaſe. Prométhée étoit d'ailleurs un Prince éclairé, qui en retirant les hommes de la vie ſauvage qu'ils menoient, leur avoit appris l'uſage du feu, & à vivre en ſociété, ce qui adoucit leurs mœurs. Il n'en fallut pas davantage aux Poëtes pour imaginer que ce Prince avoit dérobé le feu ſacré. Les bas-reliefs & les pierres gravées le repréſentent ſecouant un flambeau allumé ſur la ſtatue qu'il vient de former.

Un grouppe de M. Boiſot, expoſé au Sallon du Louvre en 1775, repréſentoit l'homme formé du limon de la terre par Prométhée. L'Artiſte avoit choiſi l'inſtant où l'homme, éprouvant les premiers ſentimens de ſon cœur, éleve ſes regards vers la divinité. Prométhée admiroit le ſuccès de ſon ouvrage : le Génie de Minerve le couvroit de ſon égide, ſymbole de la protection que lui accordoit cette Déeſſe.

PROPHÈTES. Les attributs que Vignon a donnés aux Prophétes qu'il a repréſentés, ſont à-peu-près les mêmes que ceux qu'on a coutume de leur donner.

Moyſe a les Tables de la Loi & une verge.

Samuel est habillé en Pontife, & porte l'onction dont il sacra Saül.

Elie est transporté sur un char de flammes, parmi des Chérubins brûlans.

Elisée tient le manteau d'Elie, & s'en sert à diviser l'eau.

Esdras, Secrétaire & Gardien des terres du Temple, a une plume & un livre.

Daniel est représenté dans la fosse aux Lions.

Une tête de mort & un fouet désigne Jonas, qui exhorta les Ninivites à la pénitence.

Jérémie est représenté les larmes aux yeux, & ayant un livre à ses côtés.

Ezéchiel voit le Ciel ouvert.

Isaïe tient une scie, l'instrument de son martyre.

Amos a une houlette, parce que le Seigneur le tira du nombre des Pasteurs, pour en faire un Prophéte.

David & Salomon sont toujours représentés couronnés ; le premier tient une harpe, & le second une plume.

On donne à Zacharie des pierres, l'instrument de sa mort ; Joas, Roi de Juda, ne pouvant souffrir la liberté des remontrances que ce Pontife lui faisoit sur ses désordres, le fit lapider entre le vestibule du Temple & l'Autel. Vignon l'a représenté ayant une vision.

PROSERPINE. Divinité de la Fable, fille de Jupiter & de Cérès. Elle fut enlevée par Pluton, Dieu des enfers, lorsqu'elle cueilloit des fleurs dans les belles prairies d'Enna en Sicile, avec les Nymphes qui l'accompagnoient.

Cérès, sa mere, se plaignit de cet enlevement à Jupiter, qui ordonna que Proserpine demeureroit six mois de l'année dans les enfers, & les six autres mois sur la terre. Cet enlevement a été regardé comme une allégorie qui a rapport à l'agriculture. Le grain jetté dans le sein de la terre, après y avoir séjourné environ six mois, en sort par la moisson : c'est Proserpine qui est six mois aux enfers & six mois sur la terre.

Proserpine est ordinairement représentée à côté de Pluton, sur un char traîné par des chevaux noirs. Le pavot est son attribut ordinaire.

PROTHÉE. Dieu marin, fils de l'Océan & de Thétis, que la Mythologie a gratifié du don de prédire l'avenir, sur lequel cependant il ne s'expliquoit que lorsqu'il y étoit contraint par la force. Il falloit le lier avec des cordes pendant qu'il dormoit. Si on y parvenoit, il prenoit alors toutes sortes de formes pour se débarrasser de ses liens. Prothée étoit un ancien Roi d'Egypte, dont les états étoient situés le long de la mer. Ce Prince avoit une prudence éclairée, qui lui faisoit prévoir les événemens, & il savoit, par la souplesse de son esprit, rendre ses secrets impénétrables. Ses métamorphoses peuvent être fondées sur la coutume de plusieurs anciens Rois Egyptiens, de prendre différens habillemens composés de dépouilles d'animaux, & propres à caractériser, aux yeux de leurs Sujets, la force & la puissance, ou à leur inspirer la vénération & le respect.

PROVIDENCE (La), qui est la puissance

que Dieu déploie dans l'adminiſtration de toutes choſes, eſt repréſentée ſous le ſymbole
d'une femme, qui de la main gauche tient une
Corne d'adondance, & de la droite un ſceptre
ou une baguette qu'elle étend ſur un globe,
pour nous marquer que c'eſt de la Providence
divine que nous viennent tous les biens, &
qu'elle étend ſes ſoins ſur tout l'Univers.

On la voit encore ſous la figure d'une femme, qui tient un Gouvernail, & aux pieds de laquelle il y a un Globe & une Corne d'abondance.

Un œil ouvert, placé dans une Sphere
rayonnante au-deſſus de la figure ſymbolique
de la Providence, déſigne que rien ne lui eſt
caché. Lorſque cette Sphere eſt environnée de
nuages, c'eſt pour marquer que les voies de la
Providence ſont impénétrables aux hommes.

Sur pluſieurs Médailles Romaines, la Providence porte un globe de la main droite, &
tient de la gauche une longue haſte tranſver-
ſale. Souvent elle eſt accompagnée de l'Aigle
ou de la foudre de Jupiter, parce que c'étoit
à Jupiter principalement, comme au Souverain
des Dieux, que les Payens attribuoient la Providence qui régle l'Univers.

PRUDENCE. On lui donne pour ſymbole
un miroir entouré d'un ſerpent. Le miroir pour
déſigner que l'homme prudent ne peut régler
ſa conduite que par la connoiſſance de ſes défauts; le ſerpent, parce qu'il a toujours été
regardé comme le plus prudent des animaux.
Suivant les Naturaliſtes, lorſque ce reptile ſe
trouve attaqué, ſon premier ſoin eſt de mettre

sa tête à l'abri des coups qu'on lui porte.

Les Anciens ont encore donné à la Prudence une tête à deux visages, l'un devant, l'autre derriere, comme à Janus, pour nous faire entendre que l'homme prudent doit être instruit du passé, & savoir prévoir l'avenir.

Pour désigner une Prudence chrétienne, on a quelquefois ajouté aux attributs ordinaires de la Prudence une tête de mort, pour nous marquer que la Prudence du Chrétien consiste principalement dans la méditation de ce terrible moment qui décide pour l'éternité de notre bonheur ou de notre malheur.

La Prudence, une des vertus cardinales, a été caractérisée par M. A. Slodtz, Sculpteur, dans le Péristyle de S. Sulpice, par une des Vierges sages qui attendoient l'époux. D'une main elle tient une lampe & de l'autre un miroir. Un enfant qui est auprès d'elle, & qui porte un vase d'huile, paroit épouvanté à l'approche d'un serpent qui se présente à lui.

PSYCHÉ. Mot Grec qui signifie *ame*. Les Anciens en avoient fait une Divinité, à laquelle ils donnoient des ailes de papillon. *Voy.* PAPILLON.

Apulée & Fulgence ont décrit les amours de Cupidon & de cette Déesse, & le mariage rempli d'amertume & de chagrins qu'ils contracterent ensemble ; allégorie imaginée pour désigner les maux que la concupiscence, figurée par Cupidon, cause à l'ame symbolisée par Psyché.

On voit sur plusieurs Monumens Cupidon

presque nu, embraſſant Pſyché à-demi vêtue.
Les Anciens auroient-ils cherché, par cette
image, à nous exhorter à la volupté ? Il vaut
mieux croire qu'ils la donnoient ſimplement
comme un embleme de l'union du corps & de
l'ame. *Voyez* VIE HUMAINE.

Peut-être vouloient-ils déſigner les deux fa-
cultés qui ſe trouvent dans l'homme ; la faculté
raiſonnable, ſymboliſée par Pſyché, & la faculté concupiſcible, marquée par Cupidon.

On a dit auſſi que les Anciens avoient fait
épouſer Pſyché par l'Amour, pour ſignifier
l'empire invariable que ce Dieu, ou plutôt
cette paſſion, exerce ſur tous les hommes. En
effet, ajoute un Ecrivain moderne, avant &
depuis ce mariage fabuleux, les embraſſemens
entre l'Ame & l'Amour ne ſe ſont jamais attié-
dis. L'union ſe conſerve toujours égale, & il eſt
un âge dans la vie où l'on croiroit volontiers que
l'Ame & l'Amour ne ſeroient qu'une mème choſe : au moins la reſſemblance de leurs noms, pris
l'un de l'autre, fait voir aſſez qu'ils ſont l'époux
& l'épouſe, & l'expérience les garantit fideles.

PUDEUR. Jupiter, en formant les paſſions, dit Mᵉ Lambert, leur donna à chacune
ſa demeure ; la pudeur fut oubliée, & quand
elle ſe préſenta, elle ne ſavoit plus où ſe placer : on lui permit de ſe mêler avec toutes les
autres. Depuis ce tems-là, elle en eſt inſépa-
rable : elle eſt amie de la vérité, & trahit le
menſonge, qui oſe l'attaquer. Elle eſt liée &
unie particulierement avec l'Amour ; elle l'accompagne toujours, & ſouvent elle l'annonce

& le décele : enfin l'Amour perd ſes charmes dès qu'il eſt ſans elle. On demandoit à une Prêtreſſe d'Apollon quelle couleur étoit la plus belle ? Elle répondit que c'étoit celle que la Pudeur donnoit aux perſonnes bien nées. Le rouge dont elle couvre un beau viſage , eſt bien différent de celui que répand la honte ou le dépit. Son teint clair & brillant fait le plaiſir des yeux & le charme du cœur. La douceur modeſte de ſes regards porte l'émotion juſqu'au fond de l'ame , & la ſurpend ſans qu'elle ait eu le tems de s'en défendre. Les Iconologiſtes lui donnent , ainſi qu'à la pureté , un lis pour attribut. Une roſe , dont le rouge tendre exprime ſi bien celui de la Pudeur , lui conviendroit mieux. La modeſtie de ſon attitude , & le voile blanc qui la couvre en partie , ſerviront encore à la caractériſer.

PUDICITÉ. Les Romains avoient déïfié cette Vertu. Elle avoit à Rome des Temples & des Autels.

La Pudicité eſt repréſentée au revers des Médailles des Impératrices. C'eſt une femme d'un maintien ſévere , revêtue de la *ſtola* ; quelquefois debout , quelquefois aſſiſe ; mais toujours tirant de la main droite un voile devant ſon viſage pour s'en couvrir , & tenant de la main gauche une haſte en travers.

Sur une Médaille de Sabine , elle eſt aſſiſe , & porte la main droite vers ſon viſage , pour marquer que c'eſt principalement ſes yeux qu'une femme pudique doit compoſer.

Vénus la pudique de la vigne Borgheſe , a

pour symbole une tortue, afin de faire entendre aux femmes qu'elles doivent être aussi retirées dans leurs maisons, que cet animal l'est dans la sienne.

Lorsque nos Artistes veulent exprimer cette Vertu, ils la représentent sous le symbole d'une jeune fille vêtue de blanc, dont le maintien inspire du respect, & qui tient un lys dans sa main droite. *Voyez* PURETE.

PUNITION (La) est exprimée dans les Tableaux d'Eglise, par un Ange armé d'une épée flamboyante, ou d'un fouet.

PURETÉ. On la voit sous la figure d'une jeune fille voilée & vêtue de blanc, qui tient un lys entre ses mains; quelquefois on lui donne un tamis, d'où il sort de l'eau. Si on veut faire allusion à l'épreuve par laquelle une Vestale, suivant Tite-Live, prouva son innocence; on fait tenir à la figure allégorique de la Pureté, un crible rempli d'eau sans qu'il s'en répande. *Voyez* CHASTETÉ.

La blancheur des vêtemens est l'image la plus fidéle de la Pureté. Lorsque Salomon nous exhorte à cette Vertu, il emprunte cette même image. *In omni tempore candida sint vestimenta tua.*

Lorsque la Pureté est représentée ayant un doigt sur la bouche, c'est pour marquer que cette vertu nous apprend à régler nos paroles.

André Sacchi a symbolisé la Pureté par une jeune fille dont la chevelure est arrangée avec art : elle a un vêtement blanc & tient un cigne dans ses bras, image de la Candeur & de la

Pureté , que cette figure allégorique exprime encore mieux par son air de tête, par ses yeux où regne la modestie , par cette bouche qui semble exhaler le souffle le plus pur & le plus suave.

PYRAMIDE. Elle est le symbole ordinaire de la gloire des Princes. *Voyez* GLOIRE.

Chez les Egyptiens, la Pyramide étoit un emblème de la vie humaine, dont le commencement étoit représenté par la base ; la fin, ou la mort, par la pointe ; c'est pour cela qu'ils les élevoient sur des sépulcres.

La Pyramide peut être encore regardée comme une image emblématique des Sciences. Sur sa base seroient représentés en bas-relief les attributs de l'Histoire Naturelle ; au milieu, ceux de la Physique. Le sommet désigneroit la Métaphysique, pour faire entendre que dans le cours des études il faut commencer par voir les objets, faire ensuite des expériences, & finir par réfléchir sur les êtres. Ce qui est conforme à cette belle pensée du Chancelier Bacon, que les Sciences sont comme une Pyramide, dont l'Histoire Naturelle forme la base ; la Physique remplit le milieu, & la Métaphysique occupe le sommet.

Q.

QUADRIGE. Char attelé de quatre chevaux de front, en usage dans les Jeux Olympiques,

piques, pour difputer le prix de la courfe. Ces
fortes de chars étoient très-légers & conftruits
de maniere qu'on y montoit par derriere. Le
devant étoit relevé en demi-cercle, prefque
jufqu'à hauteur d'appui. On voit un de ces Quadriges fur une pierre gravée du Cabinet du Roi
de France ; c'eft la Victoire qui le monte, &
guide les fuperbes courfiers ; elle tient dans les
mains une couronne de laurier , qui doit être
le prix du Vainqueur.

Les Quadriges conduits par la Victoire ,
imaginés d'abord pour célébrer les triomphes
des jeux olympiques, furent enfuite employés
par les Anciens , pour défigner les exploits militaires.

QUENOUILLE. Inftrument pour filer ; la
Fable met cet inftrument entre les mains de
Lachefis. *Voyez* PARQUES.

R.

RAILLERIE , injure déguifée. Les Anciens
repréfentoient Momus, leur Dieu de la Raillerie , levant le mafque de deffus le vifage ;
mais comme le but du railleur eft de jetter
un ridicule fur celui qu'il attaque, & de faire
rire à fes dépens , il vaudroit mieux repréfenter la Raillerie occupée à placer un mafque
ridicule fur le vifage de celui qui eft l'objet
de fes farcafmes. On met entre les mains de
cette figure allégorique , dont le regard eft

plein de malignité, un trait à deux pointes, pour faire entendre que la Raillerie, plus offensante que la médisance même, porte deux coups à la fois, l'un à l'homme, & l'autre à l'amour-propre.

RAISIN. Les Anciens ont donné à Bacchus & aux Bacchantes une couronne composée de feuilles de vigne & de Raisins. *Voyez* BACCHUS, BACCHANTES.

La grappe de Raisin, en Peinture & en Sculpture, marque l'abondance, la joie, & un pays fertile en bons vins. Une grappe de Raisin portée par deux hommes, est un symbole ordinaire employé par les Artistes, pour désigner la Terre promise.

RAISON. Les Artistes sont dans l'usage de la représenter sous le symbole d'une Minerve, armée de pied en cap, & tenant un lion enchaîné, ou arrêté par un frein, image de la fougue des sens que la Raison s'efforce de dompter.

Dans un Tableau allégorique sur la Foi, André Salario a donné à la Raison, pour attribut, une lampe dont la foible lueur est effacée par la lumiere éclatante du flambeau que porte la Foi qui la précede.

RANCUNE. Haine secrete & invétérée, qu'on garde au fond de son cœur. Celui qui en est atteint, la manifeste par son air taciturne, sombre, mélancolique ; en vain il cherche à fuire, une Furie le poursuit & lui secoue son flambeau sur la poitrine.

RAVISSEMENT. « Quoique le Ravissement,

» nous dit M. le Brun dans fes Conférences,
» ait le même objet que la vénération , les
» mouvemens n'en font pas les mêmes ; la tête
» fe panche du côté gauche ; les fourcils & la
» prunelle s'élevent directement ; la bouche
» s'entr'ouvre , & les deux côtés font auffi
» un peu élevés. Le refte des parties demeure
» dans fon état naturel ».

REBELLION. Cette Furie s'annonce par
un regard menaçant , une attitude altiere , un
gefte plein d'emportement. Sa tête eft couverte
d'un cafque qui a pour cimier un chat , animal ennemi de la contrainte ; elle tient dans
fes mains une lance , une fronde & d'autres
armes qui paroiffent en défordre , & on lui
voit fouler aux pieds un joug brifé , un livre
déchiré & des balances rompues , fymboles de
la Raifon , de la Juftice & des Loix , que la
Rebellion méconnoît.

Dans un des Tableaux de la Galerie du Palais du Luxembourg à Paris , peinte par Rubens,
la Valeur , fous la figure d'un jeune homme
tenant un foudre , terraffe la Rebellion , défignée par l'hydre de la Fable , & par une
multitude de ferpens abattus & enlacés les
uns dans les autres.

RECONNOISSANCE. Souvenir d'un bien-
fait reçu , joint au defir de témoigner l'obli-
gation qu'on en a. C'eft ce que défigne une
perfonne jeune , vêtue modeftement , tenant
dans fes mains des chaînes formées de guirlandes de fleurs , & exprimant fur fa phifio-
nomie toute la fenfibilité de fon cœur. Elle

est jeune, parce que la véritable Reconnoissance ne vieillit point; elle porte des chaînes; la Reconnoissance ne reçoit des chaînes que d'elle-même, & ces chaînes lui sont agréables; c'est pourquoi elle cherche à s'en parer. On lui donne pour attribut une cicogne. *Voyez* CICOGNE.

RELIGION. On la caractérise par une femme majestueuse, qui a un voile sur la tête, symbole des mystères de notre Religion; d'une main elle tient une croix, & de l'autre un livre, qui est la sainte Bible. Quelquefois elle a les pieds posés sur une pierre angulaire, une des figures de Jesus-Christ.

Une image symbolique de la Religion, sculptée en marbre par Bousseau, la représente debout sur une nue. Cette pensée est grande & répond à la majesté de la figure, dont la douceur forme le principal caractere; de la main gauche elle tient le livre d'Evangile, sur lequel elle a les yeux attachés; de la droite elle embrasse une croix, dont le pied est dans la nue. Son voile est relevé sur son front & flotte sur ses épaules. Elle est vêtue d'une simple tunique, ceinte sur la poitrine. Cette tunique est surmontée d'un manteau qui tombe sur la nue, & ne laisse voir que le bout des pieds qui sont sans chaussure.

B. Picart l'a représentée; son habillement est simple; mais majestueux; elle porte sur l'estomac le monogramme de Jesus-Christ, le seul ornement qui soit digne d'elle.

Voici une allégorie plus composée; c'est une

femme en habit blanc, sur laquelle le Saint-
Esprit, sous l'image d'une colombe, répand
ses rayons. Elle tient de la main gauche la
verge d'Aaron, & de la droite les clefs de
l'Eglise. A l'un de ses côtés, sont représen-
tes les Tables de la Loi, & quelques rameaux
desséchés, pour signifier que les cérémonies de
l'Ancien Testament sont passées; de l'autre côté
est un Génie qui soutient le livre d'Evangile.

On peut encore consulter cette description
qu'un Poëte nous a laissée d'un emblême de la
Religion.

> Quænam tam lacero vestita incedis amictu?
>   Religio summi vera Patris soboles.
> Cur vestes viles? Pompas contemno caducas.
>   Quis liber hic? Patris lex veneranda mei.
> Cur nudum pectus? docet hoc candoris amicum.
>   Cur innixa cruci? crux mihi grata quies.
> Cur alata? homines doceo super astra volare.
>   Cur radians? mentis discuto tenebras.
> Quid docet hoc frenum? mentis cohibere furores.
>   Cur tibi mors premitur? mors quia mortis ego.

« Pourquoi porter ces habits déchirés, ces
» vils vêtemens, ô vous, fille du Très-haut?
» Je méprise une pompe périssable. Quel est ce
» livre? C'est la Loi respectable de mon Pere.
» Pourquoi cette poitrine découverte? Pour
» apprendre que je suis l'amie de la candeur.
» Vous êtes appuyée sur une croix; elle est
» ma joie & mon soutien. Vous avez des ailes;
» j'enseigne aux hommes à s'élever au-dessus

» des chofes d'ici-bas. Un vif éclat de lumiere
» vous environne ; je diffipe les ténebres de
» l'efprit. Que veut dire ce frein ? Qu'il faut
» réprimer fes paffions. Mais pourquoi la mort
» eft-elle fous vos pieds ? Parce que je fuis la
» mort de la mort même ». Cette derniere
penfée eft tirée de l'écriture. *O mort, où eft
ton aiguillon*, &c.

Sur plufieurs Médailles de l'Antiquité, la
Religion eft caractérifée par une femme, ou
un petit enfant ailé, qui eft devant un Autel,
fur lequel il y a des charbons embrafés. Son
attribut le plus ordinaire eft l'éléphant. Cet
animal étoit regardé par les Anciens comme
un fymbole de la Religion, parce qu'on croyoit
qu'il adoroit le Soleil.

REMORD. Reproche fecret que nous fait
la confcience, après avoir commis une faute
ou un crime. Celui qui eft tourmenté de Remords, ne peut vivre avec lui-même ; il faut
qu'il fe fuie, qu'il fe diftraie pour avoir un
moment de repos. Le Remord eft pour cette
raifon repréfenté en action de fuir ; il jette
derriere lui un regard, que la crainte de voir
les traces de fon crime, remplit d'horreur.
Plufieurs ferpens lui rongent le fein.

Les Remords, fuivant la Fable, font les enfans du crime ; mais ils font plus anciens que
lui : ils naiffent avec les infâmes projets ; ils
font freres de l'humanité, toujours attentifs à
la défendre ou à la venger.

RENARD. Il eft le fymbole de la rufe &
de la fubtilité. C'eft auffi le caractere que la

Fontaine lui a donné dans ses Fables.

On le voit représenté à côté de la fourberie. *Voyez* FOURBERIE, EMBUCHE.

RENOMMÉE. Divinité fabuleuse, Messagere de Jupiter. La Renommée joue un grand rôle dans la Poésie; c'est elle qui annonce les bonnes & les mauvaises nouvelles, qui publie les louanges des hommes illustres & des Héros. On la dépeint comme une Déesse énorme qui a cent bouches & cent oreilles, avec des ailes remplies d'yeux.

Virgile nous a donné une magnifique description de cette prétendue Divinité, dans son IV. livre de l'Ænéide.

Ex templo Libyæ magnas it Fama per urbes,
Fama, malum, quo non aliud velocius ullum;
Mobilitate viget, viresque acquirit eundo:
Parva metu primo, mox sese attollit in auras,
Ingrediturque solo, & caput inter nubila condit.
Illam terra parens, irà irritata Deorum,
Extremam (ut perhibent) Cæo, Enceladoque sonorem
Progenuit, pedibus celerem & pernicibus alis
Monstrum horrendum, ingens, cui, quot sunt corpore plumæ,
Tot vigiles oculi subter, mirabile dictu,
Tot linguæ; totidem ora sonant, tot subrigit aures.
Nocte volat cœli medio, terræque per umbram
Stridens, nec dulci declinat lumina somno.
Luce sedet custos, aut summi culmine tecti,
Turribus aut altis, & magnas territat urbes,
Tam ficti pravique tenax, quam nuntia veri.

« Aussi-tôt la Renommée se met à parcourir

» toutes les grandes villes de la Lybie. La Re-
» nommée est le plus prompt de tous les maux.
» Elle subsiste par son agilité, & sa course
» augmente sa vigueur. D'abord petite & timi-
» de, bientôt elle devient d'une grandeur
» énorme ; ses pieds touchent la terre, & sa
» tête est dans les nues. C'est la sœur des
» géans, Cée & Encelade, & le dernier mons-
» tre qu'enfanta la terre irritée contre les
» Dieux. Le pied de cet étrange oiseau est aussi
» léger que son vol est rapide : sous chacune
» de ses plumes, ô prodige ! il a des yeux ou-
» verts, des oreilles attentives, une bouche
» & une langue qui ne se tait jamais. Il dé-
» ploye ses ailes bruyantes au milieu des om-
» bres. Il traverse les airs durant la nuit, &
» le doux sommeil ne lui ferme jamais les
» paupieres. Le jour, il est en sentinelle sur le
» toit des hautes maisons, ou sur les tours
» élevées : de-là il jette l'épouvante dans les
» grandes Villes, & seme la calomnie avec la
» même assurance qu'il annonce la vérité ».
L'Abbé Desfontaines.

On prendra peut-être plaisir à comparer les
peintures suivantes de la Renommée, toutes
tirées des Ouvrages des plus grands Maîtres.

Orbe locus medio est, inter terrasque fretumque
Cœlestesque plagas, triplicis confinia mundi,
Unde quod est usquam, quamvis regionibus absit,
Inspicitur, penetratque cavas vox omnis ad aures.
Fama tenet, summàque domum sibi legit in arce ;
Innumerosque aditus, ac mille foramina tectis

Addidit, & nullis inclusit lumina portis.

Nocte dieque patet : tota est ex ære sonanti ;

Tota fremit, vocesque refert, iteratque quod audit.

Nulla quies intùs, nullâque silentia parte,

Nec tamen est clamor, sed parvæ murmura vocis.

Qualia de pelagi, si quis procul audiat, undis

Esse solent ; qualemve sonum, cum Jupiter atras

Increpuit nubes, extrema tonitrua reddunt.

Atria turba tenet, veniunt leve vulgus, euntque,

Mixtaque cum veris passim commenta vagantur

Millia rumorum, confusaque verba volutant.

E quibus, hi vacuas complent sermonibus aures,

Hi narrata ferunt aliò, mensuraque ficti

Crescit, & auditis aliquis novus adjicit auctor.

Illic credulitas, illic temerarius error,

Vanaque lætitia est, consternatique timores,

Seditioque ruens, dubioque auctore susurri.

Ipsa quid in cœlo rerum pelagoque geratur

Et tellure videt, totumque inquirit in orbem.

Ovide.

» Au centre de l'Univers est un lieu égale-
» ment éloigné du Ciel, de la Terre & de la
» Mer, & qui sert de limites à ces trois Empi-
» res. On découvre de cet endroit tout ce qui
» se passe dans le monde, & l'on entend tout
» ce qui s'y dit malgré le plus grand éloigne-
» ment. C'est-là qu'habite la Renommée, sur
» une tour élevée, où aboutissent mille ave-
» nues. Le toit de cette tour est percé de tous
» côtés ; on n'y trouve aucune porte, & elle
» demeure ouverte jour & nuit. Les murailles

» en font faites d'un airain retentiffant, qui
» renvoye le fon des paroles, & répéte tout
» ce qui fe dit dans le monde. Quoique le re-
» pos & le filence foient inconnus dans ce lieu,
» on n'y entend cependant jamais de grands
» cris, mais feulement un bruit fourd & confus,
» qui reffemble à celui de la Mer, qu'on entend
» de loin, ou au roulement que font les nues
» après un grand éclat de lumiere. Les porti-
» ques de ce Palais font toujours remplis d'une
» grande foule de monde. Une populace légere
» & changeante va & revient fans ceffe ; on
» y fait courir mille bruits, tantôt vrais, tan-
» tôt faux, & on entend un bourdonnement
» continuel de paroles mal arrangées, que les
» uns écoutent, & que les autres répétent au
» premier venu, en y ajoutant toujours quelque
» chofe de leur invention. Là regnent la fotte
» crédulité, l'erreur, une fauffe joie, la crainte,
» des allarmes fans fondement, la fédition &
» les murmures myftérieux, dont on ignore
» les auteurs. La Renommée, qui en eft la
» Souveraine, voit de-là tout ce qui fe paffe
» dans le Ciel, fur la Mer & fur la Terre,
» & examine tout avec une curiofité inquiéte ».
L'Abbé Banier.

Du vrai comme du faux la prompte Meffagere,
Qui s'accroît dans fa courfe, & d'une aîle légere,
Plus prompte, que le tems vole au delà des mers,
Paffe d'un Pôle à l'autre, & remplit l'Univers.
Ce monftre compofé d'yeux, de bouches, d'oreilles,
Qui célebre des Rois la honte ou les merveilles,

Qui raffemble fous lui la curiofité,
L'efpoir, l'effroi, le doute & la crédulité,
De fa brillante voix, trompette de la gloire,
Du Héros de la France annonçoit la victoire

M. de V. Henr. Ch. VIII.

Quelle eft cette Déeffe énorme,
Ou plutôt ce monftre difforme,
Tout couvert d'oreilles & d'yeux,
Dont la voix reffemble au tonnerre,
Et qui, des pieds touchant la terre,
Cache fa tête dans les Cieux ?
  C'eft l'inconftante Renommée,
Qui fans ceffe les yeux ouverts,
Fait fa revûe accoutumée
Dans tous les coins de l'Univers.
Toujours veine, toujours errante,
Et Meffagere indifférente
Des vérités & de l'erreur,
Sa voix en merveilles féconde,
Va chez tous les Peuples du monde
Semer le bruit & la terreur.

Rouffeau : Ode au Prince Eugene.

Nos Artiftes repréfentent la Renommée, ayant fa robe retrouffée, des ailes au dos, & une trompette à la main. Rubens & le Brun lui ont donné une double trompette. Comme la Renommée répand également le bon & le mauvais, on peut fuppofer qu'une de fes trompettes eft deftinée à publier les bonnes actions, & l'autre les mauvaifes ; mais pour mieux faire entendre cette penfée, il faudroit qu'une de ces trompettes fut d'or, & l'autre de fer.

Le beau Grouppe de la Renommée de Coy-zevox, placé dans le Jardin des Tuileries, la repréſente porté ſur un cheval ailé, & embou-chant la trompette.

La Renommée parle également des Arts & des Sciences, comme des victoires & des gran-des actions ; c'eſt pour exprimer cette penſée qu'on la peint quelquefois aſſiſe ſur des bou-cliers, tenant une trompette, & s'appuyant ſur un buſte antique.

La Renommée des Empereurs Romains eſt repréſentée ſur les Médailles, ſous la figure d'un Mercure, ayant des ailes à la tête & aux talons, avec un Caducée dans la main gauche, & tenant de la droite le Cheval Pégaſe qui s'éleve ſur ſes pieds de derriere.

Dans un ballet pantomime, danſé devant Louis XIII, la Renommée ridicule, ou celle qui répand les nouvelles de la canaille, étoit figurée par une femme vêtue en vieille, montée ſur un âne, & portant une trompette de bois ; ce qui faiſoit alluſion à l'ancien proverbe qui dit : *à gens de village, trompette de bois.*

REPENTIR. Sentiment des fautes qu'on voudroit n'avoir pas faites, & que l'on déſi-reroit pouvoir réparer. Le Repentir pâle & défiguré répand des pleurs ameres, & ſe frappe ſans ceſſe la poitrine. Apelles l'a caractériſé dans ſon Tableau allégorique de la Calomnie. *Voyez* CALOMNIE.

REPUBLIQUE. Gouvernement où le peu-ple en corps, ou ſeulement une partie du

peuple à la souveraineté. Les symboles ordinaires d'une République, sont la pomme de
grenade & les faisceaux. *Voyez* DÉMOCRATIE,
ARISTOCRATIE.

RESPECT. Le Respect, suivant la peinture
que nous en fait la Poésie, marche à pas lents,
la tête basse, les yeux baissés & les mains
jointes sur la poitrine.

RHÉTORIQUE. On la reconnoît aisément
aux guirlandes de fleurs dont elle est ornée,
& au Caducée de Mercure qu'elle porte dans
ses mains. Souvent on y ajoute un livre, pour
marquer que la Rhétorique est un Art qui s'acquiert par l'étude. Sur ce livre est écrit *ars bene
dicendi* ou *Rhetorica*. Ces sortes d'inscriptions,
lorsque l'on peut les placer naturellement, ne
doivent point être négligées, puisqu'elles indiquent d'une maniere nullement équivoque, la
figure emblématique.

On représente encore la Rhétorique sous
l'emblême d'une Muse couronnée de perles, qui
tient un sceptre en main. *Voyez* POLYMNIE,
ÉLOQUENCE.

RHIN. Grand fleuve d'Europe. Il est représenté sur une Médaille de Jules-César par un vieillard avec une longue barbe ; il est à moitié
nu, & il est assis au pied de plusieurs montagnes fort hautes ; de la main gauche il s'appuye
sur un vaisseau, & de la droite il tient une
Corne d'où il sort de l'eau.

Le Rhin est représenté à-peu-près de même
sur une Médaille de Drusus ; mais il n'a point
de vaisseau auprès de lui. Il tient un roseau

de la main droite. *Voyez* FLEUVE.

RICHESSE. Dvinité poétique, fille du Travail & de l'Epargne. Elle est représentée sous le symbole d'une femme âgée, superbement vêtue, toute couverte de pierreries, & tenant une Corne d'abondance remplie de pieces d'or & d'argent.

Lorsque les Poëtes nous la dépeignent aveugle, c'est pour désigner qu'elle répand ses faveurs sans avoir égard au mérite.

Les Peintres nous représentent encore la Richesse sous la figure du Dieu Plutus; c'est ainsi qu'Holben l'a symbolisée dans son Tableau allégorique du triomphe de la Richesse. C'est un vieillard chauve, assis sur un char à l'antique, & magnifiquement orné. Ce char est tiré par des chevaux blancs superbement harnachés, & conduits par quatre femmes. Ce Dieu des richesses est dans l'attitude d'un homme qui se baisse pour prendre de l'argent dans un coffre & dans des sacs, afin de le répandre parmi le peuple; auprès de lui, l'on voit la Fortune & la Renommée, & à côté Crésus & Midas. Il y a autour de son char plusieurs personnes qui s'empressent à ramasser l'argent qu'il a répandu. Les chevaux blancs attelés à un char de triomphe, étoient chez les Romains l'annonce de la plus grande magnificence.

Le Rameau d'or que la Sybille de Cumes fait prendre à Enée pour lui servir de passeport aux Enfans, n'est qu'un symbole de Richesses qui nous ouvrent les lieux les plus inaccessibles.

RIDICULES. Pope, dans son Poëme de la boucle de cheveux, a fait une peinture des Ridicules de la société. M. de V. (*Voyez* sa lettre sur les Poëtes fameux d'Angleterre) a copié ce tableau avec cette franchise & ce coloris qui n'appartient qu'à lui. C'est cette copie, qui vaut un original, que l'on rapportera ici.

Umbriel à l'instant, vieil gnome rechigné,
Va d'une aile pesante & d'un air renfrogné,
Chercher en murmurant la caverne profonde,
Où loin des doux rayons que répand l'œil du monde,
La Déesse aux Vapeurs a choisi son séjour :
Les tristes Aquilons y sifflent à l'entour,
Et le souffle mal sain de leur aride haleine
Y porte aux environs la fiévre & la migraine.
Sur un riche sopha, derriere un paravent,
Loin des flambeaux, du bruit, des parleurs & du vent,
La quinteuse Déesse incessamment repose ;
Le cœur gros de chagrin, sans en savoir la cause,
N'ayant pensé jamais, l'esprit toujours troublé,
L'œil chargé, le teint pâle & l'hypocondre enflé.
La médisante Envie est assise auprès d'elle,
Vieil spectre féminin, décrépite pucelle,
Avec un air dévot, déchirant son prochain,
Et chansonnant les gens l'Evangile à la main.
Sur un lit plein de fleurs négligemment panchée,
Une jeune beauté non loin d'elle est couchée ;
C'est l'Affectation qui grassaie en parlant,
Ecoute sans entendre, & lorgne en regardant,
Qui rougit sans pudeur, & rit de tout sans joie,
De cent maux différens prétend qu'elle est la proie ;

Et pleine de santé, sous le rouge & le fard,
Se plaint avec mollesse, & se pâme avec art.

La peinture qu'Homere nous fait de Vulcain,
qui, malgré sa laideur, se couvre d'une robe
magnifique, prend un sceptre d'or en main,
& se fait accompagner des deux belles esclaves
d'or qu'il avoit autrefois forgées, est une raillerie très-fine de ces hommes qui ont le ridicule de vouloir toujours faire parade de leurs
ouvrages.

ROME. Ville capitale de l'Empire Romain,
a sur les Médailles les attributs qu'on donne à
Pallas, la Déesse de la guerre. On la voit souvent assise sur un roc, ayant la tête couverte
d'un casque, une pique à la main & des trophées d'armes à ses pieds. On l'habilloit d'une
robe longue, & on lui donnoit un air jeune,
pour marquer que Rome étoit toujours dans la
vigueur de la jeunesse. Les armes & l'habit long
désignoient qu'on la trouvoit également disposée
à la guerre & à la paix ; elle est encore représentée telle qu'une Amazone, avec une mammelle découverte, portant d'une main une enseigne, & de l'autre une petite Victoire.

Rome victorieuse est exprimée sur une Médaille de Galba, par une Amazone debout, le
pied droit posé sur un globe, tenant un sceptre
de la main gauche, & de la droite une branche
de laurier.

Rome heureuse, sur une Médaille de Ner-
va, est armée de pied en cap ; elle tient de la
main gauche un gouvernail, symbole du gouvernement

vernement qu'elle exerce sur l'Univers, & porte de l'autre main une branche de laurier.

Rome a d'autres types relatifs à son histoire, tels que la louve qui alaita Remus & Romulus ses fondateurs.

Les Médailles de Maxence représentent Rome éternelle, assise sur les enseignes militaires, armée d'un casque, tenant d'une main son sceptre, & de l'autre un globe, qu'elle présente à l'Empereur couronné de laurier, pour lui marquer qu'il étoit le maître & le protecteur de l'Univers, avec cette inscription : *Conservatori urbis æternæ.*

Les Médailles de Vespasien nous font voir Rome avec le casque en tête, & couchée sur sept montagnes, tenant son sceptre, & ayant à ses pieds le Tibre, sous la figure d'un vieillard.

Une pierre gravée antique de la Collection du Roi de France nous représente le Génie de Rome sous la figure d'un jeune homme assis sur la chaise curule, & placé devant l'autel de Mars. Il tient d'une main une Corne d'abondance, remplie de toutes sortes de biens & de richesses, & de l'autre une statue de la Victoire, qu'il semble offrir au Dieu de la Guerre, comme à l'auteur de la fortune de Rome. Cette ville reconnoît, par cette offrande, qu'elle doit l'aggrandissement de sa puissance & de son empire aux succès brillans d'armes victorieuses. L'allégorie de ce monument votif est encore expliquée par cette inscription : *Marti victori*, à Mars victorieux.

ROSE. Chez les Anciens, la Rose étoit le symbole de la mort ou d'une courte vie ; c'est pourquoi on jettoit des Roses sur les tombeaux ; & dans les inscriptions sépulchrales nous voyons que les parens s'obligeoient à remplir ce dernier devoir.

Comus, l'Hymen, Vénus sont couronnés de Roses. On donne une Rose pour attribut à l'Affabilité. *Voyez cet article.*

ROSÉE. La Mythologie , la Poésie & la Peinture ont personnifié la pluie par un Jupiter pluvieux : la Rosée peut l'être par une jeune fille élevée dans l'air , au-dessus d'une prairie , à peu de distance de la terre, & couverte d'une légere draperie de couleur aurore. Elle est couronnée de fleurs , & tient dans ses mains des branches d'arbustes , d'où découlent des gouttes d'eau.

ROUE. La Roue , aux pieds de la Fortune & de l'Occasion, désigne l'inconstance ; à côté de Némésis , les supplices des méchans.

On voit souvent sur le revers des Médailles Romaines une Roue , pour indiquer les chemins publics raccommodés par ordre du Prince , pour la commodité des voitures.

ROYAUMES. Les principaux Royaumes , comme la France , l'Espagne , l'Angleterre , ont leurs articles dans ce Dictionnaire. Les autres Etats dont on n'a point parlé, les Provinces, les Villes , &c. sont communément représentés sous l'image d'une femme appuyée sur un écusson chargé des armes particulieres à la Ville ou à la Province qu'on a voulu symboliser. *Voyez* VILLES.

RUDIS. Bâton court & façonné en forme d'épée. Lorsqu'un Gladiateur, chez les Anciens, l'avoient reçu, il étoit dispensé de reparoître sur l'arène. Le Gladiateur qui avoit obtenu le *Rudis*, c'est-à-dire, le prix de ses travaux & la permission de se retirer, étoit appellé pour lors *Gladiateur Rudiaire*.

On voit souvent sur les pierres gravées, le Gladiateur portant le *Rudis*. Quelquefois ce bâton est entouré d'une branche de laurier, symbole des Victoires que le Gladiateur avoit remportées.

RUSE. Le renard est le symbole de la Ruse. Si on veut la personnifier, on donne à la figure allégorique pour attribut cet animal, qu'elle paroît vouloir cacher sous sa robe.

S.

SABLE. Espece d'horloge qui mesure le tems par l'écoulement du Sable enfermé dans de petits vaisseaux de verre. L'écoulement du Sable est l'emblême du présent, qui fuit. Quelquefois on ajoute à cet instrument des ailes, pour mieux marquer la rapidité avec laquelle le moment présent s'échappe. Cette horloge est un des attributs que l'on donne à la Mort, au Tems ou à Saturne.

SACRIFICE. Mot emprunté du latin *Sacrum facere*, faire une chose sacrée ; c'est un acte extérieur de Religion, par lequel la Créature rend hommage à son Créateur. Les Grecs

& les Romains offroient des Sacrifices pour implorer la protection des Dieux, & pour calmer leur colere. Ces cérémonies étoient sanglantes dans de certaines occasions, & nonsanglantes dans d'autres: quelquefois ce n'étoit que de simples & légeres offrandes. Les Sacrificateurs n'avoient point alors d'habit particulier & de signes caractéristiques. Les bas-reliefs antiques les représentent simplement placés devant un autel, & tenant la patere. *Voyez* AUTELS, PATERE.

Mais lorsque les Sacrifices se font avec plus de pompe, on y voit un Pontife ou une Reine des Sacrifices, des Prêtres & Prêtresses, & des jeunes gens des deux sexes qui servent à porter l'encens, les corbeilles, les vases & ustensiles nécessaires à la cérémonie; ces jeunes Servans étoient appellés Canéphores chez les Grecs & Camilles chez les Romains. *Voyez* CANEPHORE.

Quand les Sacrifices devoient être sanglans, on y appelloit des Popes ou Victimaires armés d'instrumens, pour égorger la victime ou l'assommer. Ils portoient aussi les vases nécessaires pour en recevoir le sang. Ces Popes se couvroient de laurier & de fleurs, se mettoient à demi-nu, & en cet état conduisoient la victime à l'autel; mais de maniere que la corde fût lâche, afin de faire voir que la victime n'y étoit pas conduite malgré elle, ce que l'on auroit regardé comme un très-mauvais augure. Cette victime étoit couronnée de fleurs ou d'une espece de mitre.

La Reine des Sacrifices préſidoit dans les Temples conſacrés aux Déeſſes, ſur le Pontife & les Prêtreſſes. La Noce Aldobrandine nous fait voir une Reine des Sacrifices parée de la couronne radiale, & ayant pour vêtement un ſimple manteau, qui couvre ſa longue tunique & enveloppe un de ſes bras ; ce que les Anciens regardoient comme un acte de décence, dont s'écartoient rarement ceux qui repréſentoient dans les cérémonies.

L'habillement des Pontifes, chez les Grecs, étoit une longue tunique & un manteau très-ample, dont ils formoient leur coëffure, en y ajoutant quelquefois une couronne faite des branches de la plante ou de l'arbre conſacré à la Divinité qu'ils ſervoient. Mais les Prêtres Romains, les Flamines ſur-tout, avoient des vêtemens particuliers, & des coëffures qui leur étoient propres. *Voyez* FLAMINES.

SAGES. On voit par les anciens Monamens, que les ſept Sages de la Grece avoient chacun leurs figures hiéroglyphiques, qui ſervoient à les diſtinguer. Ces figures nous rappellent la principale maxime de leur morale.

Solon a une tête de mort pour attribut, parce que, ſuivant la penſée de ce Philoſophe, il faut attendre qu'une perſonne ſoit morte pour décider ſi elle a été heureuſe. Pluſieurs Médailles le repréſentent encore avec un therme, parce que ſa morale tendoit à nous faire entendre combien nous devons conſidérer la fin de toutes choſes.

Chilon tient un miroir, emblême d'une leçon

bien utile. Qu'y a-t-il en effet de plus impor-
tant pour nous, que d'apprendre à nous connoître?

Cléobule porte des balances, symbole qui
nous avertit que nous devons toujours peser
& mesurer nos actions, afin de ne point tomber dans aucun excès.

On a donné à Periandre une plante appellée
Pouliot, avec ces paroles, *moderes - toi*, parce
que, suivant les Naturalistes, l'infusion de cette
plante a beaucoup d'efficacité pour appaiser la
colere.

Bias est représenté avec un réseau à côté
de lui, & un oiseau renfermé dans une cage,
emblême qui nous fait entendre qu'il ne faut
répondre de personne. Suivant la morale de ce
Sage, nous pouvons à peine répondre de nous-
mêmes.

Pittacus a un doigt sur la bouche ; la maxime de ce Philosophe étoit, que pour ne point se
trahir, il falloit apprendre l'art de se taire. On
le voit aussi tenant une branche de nielle dont
la graine est petite & noire, avec ces mots,
rien de trop, parce que cette graine prise mo-
dérément, conserve la santé ; au lieu que prise
avec excès, elle empoisonne

Thalès a un attribut singulier : c'est un homme de l'Isle de Sardaigne, monté sur un mulet.
On a prétendu marquer par cet hiéroglyphe,
qui est maintenant trop obscur, l'abondance
des choses mauvaises, parce que les habitans
de Sardaigne passoient pour méchans, & que
les mulets qu'on y voyoit en grand nombre,
étoient fort mauvais.

SAGESSE. Les Anciens repréſentoient la Sageſſe ſous la figure de Minerve, avec un rameau d'olivier à la main, parce que cette Vertu nous procure la paix au-dedans de nous-mêmes, & au-dehors.

Sur une Médaille du Grand Conſtantin, on voit une chouette ſur un Autel, à côté une pique & un bouclier, avec l'inſcription, *ſapientia Principis*. La chouette & les armes, comme l'on ſçait, déſignent Minerve, Déeſſe de la Sageſſe. *Voyez* MINERVE.

Quand les Lacédémoniens vouloient repréſenter la Sageſſe, ils lui donnoient la figure d'un jeune homme ayant quatre mains, quatre oreilles, un carquois à ſon côté, & en ſa main droite une flûte : ces quatre mains marquoient que la vraie Sageſſe eſt agiſſante ; les quatre oreilles, qu'elle eſt toujours prête à recevoir des conſeils ; la flûte & le carquois, qu'elle doit ſe trouver par-tout, au milieu des fatigues comme dans les plaiſirs.

SAGESSE Divine (La) eſt principalement caractériſée par le Soleil, qui lui ſert comme de diadême.

André Sacchi l'a repréſentée dans le Ciel, aſſiſe ſur une eſpece de trône. Elle eſt au milieu des Vertus qui l'accompagnent & qui reçoivent leur plus grand éclat des rayons du Soleil, que la Sageſſe a ſur la poitrine. Son front, où régne la majeſté, eſt ceint d'un précieux diadême ; d'une main elle tient un miroir, & de l'autre un ſceptre, au bout duquel eſt un œil ouvert.

SAGESSE Evangéli que. On la voit dans nos

Tableaux d'Eglife fous l'image d'une Vierge qui a les yeux tournés vers le Ciel, elle a des ailes, pour nous faire entendre que la Sageffe nous éleve au-deffus des chofes d'ici-bas; il eft bien, & nos Artiftes l'obfervent, que cette Vertu foit éclairée par un rayon qui lui vient d'en-haut, ou par le Saint-Efprit en forme de colombe rayonnante, conformément à ces paroles de l'Ecriture Sainte, *Sapientiam docet Spiritus Dei.* Le livre de Salomon eft fon attribut ordinaire.

Pietre de Cortone l'a peinte dans le Palais Barberin fous l'image d'une Vierge qui infpire autant d'amour que de refpect; elle tient un livre de la main gauche, & de la droite un vafe rempli de feu. Un jeune homme ailé & couronné de laurier paroît à fes côtés, pour la defendre; il tient un bouclier d'une main, & de l'autre il porte une branche de laurier devant la Sageffe, heureux gage du triomphe qui lui eft promis. Cette Vertu eft accompagnée de la Piété, qui a pour attribut un trépied fur lequel il y a du feu. Sans l'amour de Dieu, il n'y a point de véritable Sageffe. L'Ange placé à fes côtés, défigne auffi que nous ne pouvons rien fans le fecours du Ciel.

SAINTETE. André Sacchi l'a repréfentée dans le Palais Barberin fous l'image d'une Vierge, qui d'une main tient une Croix, & de l'autre un petit Autel à l'antique, fur lequel il y a du feu. Elle eft vêtue d'une tunique de couleur violette, & a un voile fur la tête. Son vifage eft pâle; mais qu'il exprime bien cette

humilité & cette modestie, qui doit caractériser la Sainteté !

SAISONS. Sur les anciens Monumens, les
quatre Saisons font communément symbolisées
par des enfans ailés, qui ont des attributs particuliers à chaque Saison. Le Printems, par
exemple, est couronné de fleurs, & a auprès
de lui un arbrisseau qui pousse des feuilles.
L'Eté, couronné d'épis de bled, tient d'une
main un faisceau d'épis, & de l'autre une faucille. L'Automne a dans ses mains des grappes
de raisin, ou un panier de fruits fur la tête.
L'Hyver bien vêtu & la tête couverte, est auprès d'un arbre dépouillé de verdure ; il tient
d'une main des fruits secs & ridés, & de l'autre
des oiseaux aquatiques.

Les quatre Saisons ont aussi été exprimées
par quatre animaux différens ; on a donné au
Printems un panier rempli de fleurs & un bélier ; à l'Eté, une gerbe de bled & un dragon ;
à l'Automne, une Corne d'abondance remplie
de fruits, & un lézard ou un liévre, parce que
c'est le tems de la chasse ; à l'Hyver, un vase
plein de feu & une salamandre.

Les Anciens ont encore caractérisé le Printems par Mercure ; l'Eté par Apollon ; l'Automne par Bacchus, & l'Hiver par Hercule.

On voit souvent, sur les pierres gravées antiques, les quatre Saisons représentées par une
seule figure, qui a sur la tête une couronne de
fleurs, symbole du Printems. Elle tient une
faucille, qui désigne l'Eté. Des fruits qui sont
dans sa draperie marquent l'Automne, & l'on

voit à ses pieds un javelot & un chien, ce qui caractérise l'Hyver, tems propre à la chasse.

Dans les Appartemens du Château des Tuileries, où Mignard a peint Apollon au milieu des quatre Saisons, on voit le Printems sous la figure de Flore couronnée de fleurs, & qui en répand sur la terre ; elle est accompagnée d'un petit Zéphire avec des ailes de papillon au dos, & une corbeille pleine de fleurs dans les mains. Flore, dont la gorge paroit presqu'entierement découverte, est vêtue d'une robe blanche, surmontée d'un manteau verd, mais peint de telle maniere qu'il présente le coup d'œil de différentes sortes de verd. La figure qui désigne l'Eté est au-dessous du Lion que l'on apperçoit dans le Zodiaque ; & comme c'est la Saison qui ressent le plus la chaleur du Soleil, l'Artiste lui a donné la place la plus proche d'Apollon. Elle est vêtue d'une simple gaze blanche, que les rayons du Soleil jaunissent sur les extrémités. Son manteau, sur lequel elle est assise, est de drap d'or ; elle tient d'une main une faucille, & a auprès d'elle une gerbe de bled, symbole de la moisson. L'Automne, semblable à une Bacchante, est couronnée de feuilles de vigne ; d'une main elle presse des raisins dans une coupe d'or qu'elle tient de l'autre main : son habit est de pourpre violet. L'Hyver, sous la figure d'une personne âgée, est le plus éloigné d'Apollon ; il paroît presqu'entierement dans l'ombre, & fait contraste avec l'Eté, qui est tout éclairé de la lumiere du Soleil.

La fontaine de la rue Grenelle à Paris, dont le deſſin & l'exécution ſont dûs à Bouchardon, eſt décorée de quatre niches ceintrées, où ſont placés les Génies des Saiſons. Bouchardon a repréſenté le Printems ſous la figure d'un jeune homme paré d'une guirlande de fleurs, & qui careſſe un Bélier. Un autre jeune homme qui regarde fixement le Soleil, & qui tient un feſton d'épis, exprime l'Eté. Des balances & des raiſins entre les mains du troiſieme Génie, déſignent l'Automne. La figure d'Hyver eſt accompagnée du capricorne.

Le Pouſſin a exprimé les quatre Saiſons par autant de ſujets tirés de l'Ancien Teſtament. Ces Tableaux ſont dans le Cabinet du Roi. Le Printems eſt repréſenté par Adam & Eve dans le Paradis Tereſtre ; l'Eté, par Ruth coupant les bleds ; l'Automne, par l'hiſtoire de Joſué & de Calep portant la grappe de raiſin de la terre promiſe ; l'Hyver eſt ſous la figure du Déluge peint avec toute l'horreur que doit inſpirer une image ſi terrible. *Voyez* PRINTEMS, ETÉ, AUTOMNE, HYVER.

SALAMANDRE. C'eſt une eſpece de léſard de couleur noire, taché de jaune. Les Anciens l'ont donné pour attribut au feu ; parce qu'ils croyoient que la Salamandre vivoit au milieu des flammes ; mais c'eſt une erreur, comme l'ont reconnu depuis les Naturaliſtes. Cette erreur néanmoins étoit ſi bien accréditée, qu'elle a donné lieu à pluſieurs deviſes. Une Salamandre dans le feu, avec ces mots : *nutrio & extinguo,* j'y vis & je l'éteins, étoit une deviſe de Fran çois I. Une autre devise, dont les paroles étoient: *froide même au milieu des flammes*, fut faite pour une jeune dame insensible à l'amour.

SALIENS. Prêtres de Mars, en Latin, *Salii*, de *Salire*, parce qu'ils sautoient & dansoient dans leurs cérémonies. Numa les institua au nombre de douze. Leur Fête solemnelle étoit au mois de Mars. Ils étoient vêtus de robes de diverses couleurs, & ceints de baudriers d'airain. Denis d'Halicarnasse leur attribue la toge bordée de pourpre, qu'ils attachoient, dit cet Auteur, avec des boucles. Tite-Live & Plutarque leur donnent seulement une robe bigarée de diverses couleurs. Leurs bonnets, qu'ils appelloient *Apices*, s'élevoient sur leurs têtes en espece de cônes. Ils portoient tous l'épée, & tenoient de la main droite une lance ou un bâton, & de la gauche des boucliers nommés *Ancilia*. *Voyez* ANCILE.

Les Saliens furent institués en d'autres Villes d'Italie, avant de l'être à Rome.

SANGLIER. C'étoit l'animal qu'on immoloit à Diane.

On le voit sur les Médailles anciennes, pour marquer les Jeux séculaires qui se faisoient en l'honneur de cette Déesse ; ou bien il désigne de certaines chasses, dont on donnoit le plaisir au peuple.

Il est regardé comme le symbole de l'intrépidité & d'un grand courage, parce qu'au lieu de fuir, comme le cerf, devant les chiens qui le poursuivent, il les attend au contraire, & se jette même au milieu de la meute, pour les mettre en pieces. *Voyez* INTRÉPIDITÉ.

Un Sanglier en fureur, qui ravage les vignes & les moissons, est l'image d'un brigand, ou d'un vainqueur cruel & superbe, qui met tout à feu & à sang. C'est sous un pareil emblème que la Fable nous a représenté ce fameux brigand que Méleagre, à la tête de plusieurs Princes Grecs, tua de sa propre main.

SANTE. Divinité du Paganisme, la même que *Salus*. Elle avoit plusieurs Temples dans la Grece, où elle étoit adorée sous le nom d'*Hygiée*. Les Romains en avoient aussi fait une Divinité. *Voyez* HYGIÉE.

C'est une jeune Nymphe, à l'œil riant, au teint frais, à la taille légere, dont l'embonpoint est formé par la chair, & pour cette raison moins sujet à se flétrir. Elle porte un coq sur la main droite, & de l'autre tient un bâton entouré d'un serpent. *Voyez* SERPENT.

Sur les Médailles, la Déesse Santé paroît couronnée d'herbes médicinales. Quelquefois elle est placée devant un Autel, au-dessus duquel un serpent s'eleve pour prendre quelque chose dans une patere qu'elle lui présente.

Dans la Galerie du Rubens, la Santé est représentée par un jeune homme nu, ayant des ailes & un serpent qui s'entortille autour de son bras.

Nos Poëtes François ont aussi personnifié la Santé. On voit dans Marot un joli Cantique à la Déesse Santé, pour le Roi malade ; mais rien n'est plus agréable que le tableau allégorique qu'un Poëte moderne nous a donné de cette Divinité bienfaisante.

Il est une jeune Déesse
Plus agile qu'Hébé, plus fraîche que Vénus ;
Elle écarte les maux, les langueurs, la foiblesse ;
Sans elle la beauté n'est plus ;
Les Amours, Bacchus & Morphée
La soutiennent sur un trophée
De mirte & de pampres orné ,
Tandis qu'à ses pieds abattue
Rampe l'inutile statue
Du Dieu d'Epidaure enchaîné.

SATURNE. Divinité du Paganisme, fils du Ciel & de la Terre.

Saturne ne signifie autre chose que le tems.

Les Poëtes ont feint qu'il dévoroit ses propres enfans, c'est-à-dire, les jours, les mois, les années.

On le représente sous l'image d'un vieillard avec des ailes, symbole de la rapidité du tems, & tenant une faulx, pour désigner qu'il détruit tout. Souvent il porte un serpent, qui, se mordant la queue, forme un cercle , afin de marquer le cercle & la révolution perpétuelle des mois, des années.

Lorsqu'on lui a donné un sablier ou un aviron, on a voulu exprimer par cet attribut la vicissitude des choses d'ici-bas.

SATYRE (La) se fait aisément remarquer par son ris moqueur, par le sifflet qu'elle porte dans ses mains, symbole de son penchant à

siffler les défauts d'autrui , & par le petit Satyre placé à ses côtés , qui tient un faisceau
de traits aigus.

SATYRES. Dieux rustiques qui habitoient
les forêts & les montagnes.

On les représentoit moitié hommes & moitié boucs , avec des cornes. Fort souvent , ils
n'ont que les cornes & les pieds de bouc.

Le Satyre est l'image ordinaire de l'Impudicité. *Voyez* BACCHUS , BACCHANALES , &c.

> Sur le front brulé
> De ce Dieu hâlé
> Regne la licence ,
> L'ardeur , les desirs
> Et l'Intempérance
> Fille des Plaisirs.

Un Satyre qui tire la langue , est une allégorie employée par Rubens , pour désigner la
médisance. *Voyez* MÉDISANCE.

SCABILLUM. C'étoit , chez les Anciens ,
un instrument de fer ou de bois , qui par la
pression de deux lames l'une sur l'autre , rendoit un son particulier , & qui servoit pour la
danse. On a confondu cet instrument avec les
cymbales & le crotale ; mais on en voit dis-
tinctement la figure dans le Faune antique du
Cabinet du grand Duc à Florence.

SCEPTRE. Attribut ordinaire de l'Autorité ,
de la Monarchie , de la Philosophie.

Le Sceptre , sur les monumens , anciens n'est
pas toujours un symbole de l'autorité & du commandement. Dans son origine , & suivant son

étymologie, il ne fignifioit qu'un bâton pour s'appuyer en marchant. Il pouvoit par conféquent fe trouver entre les mains des Princes & des fimples particuliers ; auffi a-t-on remarqué qu'Homere donne des Sceptres aux Princes, aux Généraux d'Armées, aux Juges, aux Orateurs dans les affemblées publiques, & aux Peres de famille. Enfin, dans l'Odiffée, il donne un Sceptre à un Mendiant. Cependant, quoique l'ufage du Sceptre ait été général du tems d'Homere, un Artifte pourra toujours exprimer facilement, par le caractere de la figure & la maniere dont elle porte le Sceptre, fi c'eft le befoin ou l'autorité qui le lui a mis entre les mains. Le Sceptre de ces premiers tems, fi c'eft un perfonnage éminent qui le porte, eft une hafte, une pique ou un grand bâton avec des moulures à fon extrémité.

Le Sceptre dont les Rois de France fe fervent à leur facre, & qui eft dépofé dans le Tréfor de l'Abbaye de S. Denis, eft un bâton fort long, au haut duquel eft une petite figure d'Empereur, que quelques Antiquaires difent être celle de Charlemagne.

SCHISME. Monftre qu'on nous repréfente, ainfi que la Difcorde, fous une figure hideufe, ayant les yeux enflammés, la bouche écumante, & fecouant dans les airs une torche ardente, fymbole du feu de la Difcorde qu'il veut allumer dans tous les cœurs.

SCIENCE. Etendue de connoiffances que nous acquérons par l'étude & par l'expérience. La Science eft caractérifée par une femme âgée,

qui

qui a auprès d'elle une sphere, un compas, un regle & des livres.

On la voit encore représentée avec des ailes à la tête, tenant d'une main un miroir, & de l'autre un triangle : ce qui peut avoir rapport aux trois termes d'une proposition. Les ailes n'ont pas besoin d'explication. A l'égard du miroir, on a dit qu'il étoit le symbole de l'imagination qui reçoit l'image des objets par le moyen des sens.

Lorsqu'on a fait tenir un flambeau à la Science, on a voulu marquer qu'elle dissipe les ténébres de l'ignorance. Pour rendre cette même pensée d'une maniere moins commune, je la peindrois entourrée d'un vif éclat de lumiere, comme dans ce tableau.

> Quelle est cette Nymphe brillante
> Qui subjugue d'un bras vainqueur
> L'Hydre sans cesse renaissante
> De l'Ignorance & de l'Erreur ?
> L'Immortalité la couronne :
> Au vif éclat qui l'environne,
> Je vois la nuit se dissiper ;
> Et le Mystere à sa présence,
> Bientôt sans voile & sans défense,
> Essaie en vain de s'échapper.
>
> *M. I.*

La figure peut encore être éclairée par un rayon de lumiere qui descende du Ciel, pour faire entendre que c'est d'en-haut que nous tirons nos connoissances. Les Peintres doivent d'autant moins négliger ces coups de lumiere, qu'ils sont toujours favorables pour l'effet du Tableau.

La Science de gouverner est ordinairement symbolisée par une femme qui tient un timon de navire, & a le pied posé sur un globe.

SCIENCES. Quand on a voulu désigner différentes Sciences, on a peint des Génies tenant les instrumens de ces Sciences. La Géométrie, par exemple, a un compas; la Navigation tient d'une main une boussole, & de l'autre un gouvernail, &c. ou bien on a représenté Minerve, ayant à ses pieds divers objets qui ont rapport aux Sciences qu'on a voulu exprimer. Sur la Médaille qui fixe l'époque de l'établissement de l'Académie Royale des Sciences, Minerve paroît assise avec ses attributs ordinaires ; elle a autour d'elle une sphere, un squelette, un fourneau avec un alembic, ce qui marque l'Astronomie, l'Anatomie & la Chymie. *Voyez* l'*Histoire métallique de Louis XIV*.

SCRUPULE. Doute que fait naître en nous telle action dont la bonté morale ne nous est pas encore connue. Le Scrupule provient d'une grande probité, quelquefois aussi de l'ignorance ou de la petitesse d'esprit. Ainsi, les attributs que l'on donne au Scrupule, doivent varier ; mais communément on le symbolise par un vieillard maigre, d'un caractere craintif. Il est vêtu d'une robe blanche qui annonce sa candeur, & tient dans ses mains un crible symbole de la distinction du bien & du mal. On peut lui donner pour attribut les balances du doute. *Voyez* DOUTE.

SCULPTURE. Le marteau & le ciseau qu'elle tient servent à la faire reconnoître. Quelquefois on ajoute à ces attributs un compas & un porte-crayon, pour exprimer que le principal objet de la Sculpture, est la justesse des proportions, & l'élégance du dessin. Autour d'elle sont le Torse, l'Apollon, le Laocoon, &c. comme étant les monumens de la plus parfaite imitation de la nature.

On lui donne aussi pour attributs d'autres Statues antiques, posées sur un riche tapis, pour marquer que la Sculpture ne peut fleurir que dans un Royaume opulent.

La Sculpture est encore représentée par des Génies, dont l'un tient un compas avec lequel il mesure un buste, & l'autre travaille à ébaucher une tête.

SECRET. On le désigne ordinairement par un jeune homme qui tient un cachet sur sa bouche, & marque par l'action de l'autre main, qu'il renferme en son cœur ce qui lui est confié. La figure emblématique du silence pourroit être placée à côté de lui. *Voyez* HARPOCRATES.

Le Sphinx a été aussi regardé par les Egyptiens, comme l'hieroglyphe du Secret, ce qui engagea Auguste à faire mettre cette figure sur son cachet.

SÉCURITÉ. Elle est représentée au revers des Médailles Romaines, assise négligemment sur une chaise, & la tête appuyée sur sa main, pour montrer qu'elle n'a rien à craindre.

On la voit encore tenant une corne dabon-dance d'une main, & de l'autre mettant le feu avec un flambeau à un monceau d'armes qui est à ses pieds.

Sur une Médaille d'Adrien, on l'a représen-tée à demi-nue & assise. Elle est appuyée sur une corne d'abondance, & en tient une autre dans ses mains, pour faire entendre que la Sécurité de l'Empire vient de l'abondance de toutes choses que l'Empereur a procurées à ses sujets.

Sur une autre Médaille de Titus, elle paroît assise devant un Autel allumé : ce qui signifie que le culte que l'on rend à la Divinité, pro-duit la Sécurité de l'Empire.

SEINE. Une des plus grandes rivieres de France. On la reconnoît principalement au cigne qui est à ses côtés. On voit dans le Jardin des Tuileries un beau grouppe de Coustou l'aîné, qui représente la Seine & la Marne. Ces figures ont neuf pieds de proportion. A côté d'elles sont deux enfans ; l'un semble jouer avec un cigne, l'attribut de la Seine ; l'autre tient une écrevisse, qui désigne la Marne. La figure re-présentant la Seine plus élevée que la Marne, reçoit celle-ci dans son sein.

SENS. Chaque Sens a un attribut différent qui sert à le faire reconnoître. On donne des fruits au Goût, des fleurs à l'Odorat, des ins-trumens à l'Ouie ; le Toucher porte un oiseau qui le béquete ; la Vûe est désignée par un mi-roir qu'elle tient dans ses mains ; quelquefois on met derriere elle un arc-en-ciel, pour marquer la diversité des couleurs, qui sont les objets de la vûe.

Chez les Egyptiens, le liévre signifioit l'Ouie ; le chien, l'Odorat ; la Vûe étoit désignée par l'épervier ; le Goût, par une pêche & un panier rempli de fruits ; le Toucher, par l'hermine & le hérisson, qui expriment le rude & le doux.

Dans un ballet allégorique, dont le sujet étoit la félicité des Sens, des biens de la fortune, & des biens de l'esprit, ballet qui fut dansé à Stockolm en 1654, lors du mariage du Roi de Suede ; les Sens étoient caractérisés par les Divinités des Anciens ; le Soleil comme l'auteur de la lumiere, désignoit la Vûe ; Bacchus & Cérès, Divinités qui président à la bonne chere, caractérisoient le Goût. L'Ouie étoit symbolisée par Apollon, le Dieu de la Poésie & de la Musique ; l'Odorat, par Pomone & Flore ; l'Attouchement, par Vénus & quatre petits Amours.

SEPTEMBRE. Vulcain étoit le Dieu tuté-laire de ce mois.

Ses statues le représentent presque nu, ayant seulement sur l'épaule une espece de manteau. Il tient de la main gauche un lézard, & a auprès de lui des cuves & autres vases préparés pour la vendange. Voici la peinture qu'en fait Ausone.

« Septembre cueille les grappes ; c'est en ce » mois que les fruits tombent. Il se divertit à » tenir en l'air un lézard attaché par le pied, » qui se demene d'une maniere agréable. »

On voit auſſi ce mois habillé de pourpre, & couronné de pampre. La joie brille ſur ſon viſage, & il tient une coupe ou une corne d'abondance remplie de raiſins noirs & blancs, de pêches, de poires, de grenades & autres fruits de ce mois. Le ſigne de la Balance eſt à côté de lui. *Voyez* MOIS.

SEPTENTRION (le) ſera exprimé par un Lapon entouré de neiges & de frimats. *Voyez* ORIENT, MIDI, OCCIDENT.

SÉRAPIS. Divinité Egyptienne qu'on repréſentoit ſous une figure humaine, portant un boiſſeau ſur la tête ou une regle à la main. La plûpart des Hiſtoriens croient que les Egyptiens, par ce ſymbole, ont voulu conſerver la mémoire de Joſeph, qui ſauva l'Egypte de la famine par les meſures de bled qu'il avoit eu ſoin de ramaſſer pendant l'abondance, comme nous l'apprend l'Ecriture. Sérapis étoit auſſi pris chez les Egyptiens pour Pluton : c'eſt pour cela qu'on le voit quelquefois accompagné de Cerbere.

SERPENT. Le Serpent eſt un des attributs du Tems, de l'Eternité, de l'Ingratitude, de la Diſcorde, de le Rebellion. *Voyez ces articles.*

Le Serpent plié en rond a été regardé comme un ſymbole de la réflexion.

On le donne pour attribut à la ſanté, parce que le Serpent, qui, tous les ans, change de peau, déſigne que les hommes qui recouvrent la ſanté, entrent comme dans une nouvelle vie. *Voyez* SANTÉ.

L'Envie a un Serpent qui lui ronge le sein, pour marquer le regret continuel que cause à l'envieux le bonheur d'autrui. *Voyez* ENVIE.

Les remords, les chagrins, sont encore exprimés par des Serpens qui rongent le sein.

Un Serpent qui gagne la cime d'un rocher en rempant, est l'emblême de ceux qui parviennent aux grandes places, en usant de souplesses ; & l'Aigle, qui par la force de son vol, atteint les plus hautes montagnes, l'image de ceux qu'un mérite éminent éleve à ces mêmes places.

Sur les Médailles, le Serpent seul est quelquefois mis pour Esculape ; quand il est sur un Autel ou dans la main d'une Déesse, c'est toujours le symbole d'Hygiée ou de la Déesse Santé ; s'il est au-dessus d'un trépied, il marque l'Oracle de Delphes, qui se rendoit par un Serpent.

SERVITUDE. La Servitude a les épaules chargées d'un joug, & les pieds nus. Quelquefois on lui met des ailes aux pieds, afin de désigner la promptitude qu'elle doit avoir pour obéir. Le terrein sur lequel elle marche, est rempli de pierres & d'épines, symbole des mortifications qu'éprouve celui qui est dans l'état servile.

Les Grecs & les Romains représentoient la Servitude maigre, mal-vêtue, ayant la tête rasée, & plusieurs caractères sur le visage, marques de l'esclavage. *Voyez* ESCLAVAGE.

SÉVÉRITE. Défaut opposé à l'indulgence. La Sévérité condamne facilement & n'excuse pas. Son attitude imposante & son regard sévere la caractérisent. Elle est vêtue d'habits Royaux, & couronnée d'une branche de chêne, attribut de la force. Elle s'appuie sur le Code des Loix, & tient levée une verge de fer. On place à côté d'elle un cube, dans lequel est fixée une hache d'armes ou une épée, pour désigner sa fermeté & son inflexibilité.

SIBYLLES. Filles que les Anciens disoient inspirées de l'esprit prophétique. Les Monumens anciens font peu mention des Sibylles : les Peintres d'histoire les habillent communément d'amples manteaux, & leur donnent un voile, dont elles se couvrent la tête, ou une espece de cornette attachée sous le menton. Michel Ange les a vêtues avec des tuniques sans manches, ayant de simples épaulettes qui laissent tout le bras à nu. Leurs attributs ordinaires font des rouleaux ou des volumes, qu'elles portent dans leurs mains. On y ajoute le *scrinium*, espece de petit coffre rond qui leur servoit à conserver leurs tablettes, leurs poinçons, leurs cannes à écrire & leur encrier.

SICILE. Nom propre d'une des isles les plus considérables de la Mer Méditerranée : elle est si fertile en grains, qu'on l'appelloit anciennement le Grenier de l'Italie ; c'est à cause de cette fertilité qu'elle est ordinairement représentée couronnée d'épis, & tenant une faucille.

Le type de la Sicile, sur plusieurs Médailles & pierres gravées antiques, est une tête au milieu de trois cuisses, qui désignent ses trois pro-

montoires. Cette tête est quelquefois accompagnée d'une faucille & d'épis, symbole de la
fertilité de cette isle en grains.

La Sicile est encore désignée par le Mont-
Gibel, qu'elle tient dans sa main, & par des
lapins placés à ses côtés. Les lapins sont un
symbole de fécondité. *Voyez* LAPIN.

SILENCE. Divinité allégorique, connue
sous la figure d'un jeune homme qui tient un
doigt sur la bouche.

L'Arioste, dans la peinture qu'il fait de la
Grotte du Sommeil, établit le Silence pour en
garder l'entrée : il lui donne une chaussure de
feutre & un manteau noir, pour nous marquer
que le Silence est ami de la Nuit.

> Giace in Arabia una Valetta amena,
> Lontana da cittadi, e da villaggi;
> Ch'all'ombra di duo monti è tutta piena
> D'antichi abeti, e di robusti faggi.
> Il sole indarno il chiaro di vi mena;
> Che non vi può mai penetrar coi raggi,
> Si gli è la via da folti rami tronca,
> E quivi entra sottera una spelonca.
>
> Sotto la nera selva una capace,
> E spaziosa grotta entra nel sasso;
> Di cui la fronte l'edera seguace
> Tutta aggirando và con storto passo;
> In questo albergo il grave sonno giace;
> L'Ozio da un canto corpulento, e grosso;
> Dall'attro la Pigritia in terra siede;
> Che non può andare, e mal si regge in piede.
>
> Lo smemorato Obblio stà sù la porta;

Non afcolta imbafciata, nè riporta,

E parimente tien cacciato ogn'uno.

Il Silentio và intorno, e fà la fcorta,

Hà le fcarpe di feltro, e'l mantel bruno;

Ed a quanti ne incontra di lontano,

Che non debbian venir cenna con mano.

« Il y a en Arabie un petit Vallon fort agréa-
» ble, éloigné des Villes & de toute habita-
» tion. Il eſt ſitué entre deux hautes monta-
» gnes, & tellement rempli d'arbres touffus,
» que l'épaiſſeur de leurs branches rend ce lieu
» inacceſſible aux plus ardens rayons du Soleil.
» Au fond de ce Vallon on trouve une Grotte
» ſpacieuſe, qui pénétre bien avant dans le roc,
» & dont l'entrée eſt toute garnie de lierre :
» c'eſt-là qu'habite le Sommeil. Auprès de lui
» ſont, d'un côté, l'Oiſiveté au corps repler,
» & de l'autre, la Pareſſe qui eſt toujours aſſiſe,
» parce qu'elle ne ſauroit marcher, & qu'elle
» peut à peine ſe tenir debout. L'oubli garde
» la porte ; comme il ne reconnoît perſonne,
» il empêche généralement tout le monde
» d'entrer dans la Grotte, & de quelque com-
» miſſion dont on ſoit chargé, il n'écoute point
» ce qu'on lui dit, & n'y répond rien. Le Si-
» lence, qui a une chauſſure de feutre & une
» robe noire, s'occupe à faire la ronde par-
» tout aux environs : dès qu'il découvre quel-
» qu'un de loin, il lui fait ſigne de la main de
» ne pas avancer ».

Les Romains avoient deux Déeſſes du Silence ; mais les Grecs en avoient fait un Dieu.
Voyez HARPOCRATE.

SILENE. Vieux Satyre, pere nourricier de Bachus. Les Poëtes & tous les Peintres, d'après eux, lui donnent une tête chauve, un gros nez retrouſſé, & une corpulence épaiſſe. On le reconnoît aiſément à ſa couronne de lierre, à la taſſe qu'il tient, à ſon air joyeux & content, & même un peu goguenard. Silene, dit Suidas, étoit un diſeur de bons mots.

Il marche toujours appuyé ſur un bâton ou ſur un thyrſe; quelquefois il eſt porté ſur un âne, ſur lequel il a bien de la peine à ſe ſoutenir, parce qu'il eſt continuellement yvre; mais c'eſt principalement dans cette peinture de Virgile, qu'il faut chercher les traits qui caractériſent le bon homme Silene. Quel tableau plus agréable? On y trouve ſur-tout ce caractere naïf & enjoué, qui fait le charme de la Paſtorale.

Silenum pueri ſomno vidêre jacentem,
Inflatum heſterno venas, ut ſemper, Iaccho;
Serta procul tantùm capiti delapſa jacebant
Et gravis attritâ pendebat cantharus anſâ
Aggreſſi (nam ſæpè ſenex ſpe carminis ambos
Luſerat) injiciunt ipſis ex vincula ſertis:
Addit ſe ſociam, timidiſque ſupervenit Ægle,
Ægle Naïadum pulcherrima, jamque videnti
Sanguineis frontem moris & tempora pingit.
Ille dolum ridens, &c.

« Deux jeunes Bergers trouverent un jour
» Silene endormi au fond d'une Grotte. Il
» avoit, ſelon ſa coutume, les veines enflées

» du vin qu'il avoit bu la veille. Sa couronne
» de fleurs tombée de sa tête étoit auprès de
» lui, & un vase pesant dont l'anse étoit usée,
» pendoit à sa ceinture. Le vieillard avoit sou-
» vent flatté les deux jeunes Bergers de l'es-
» pérance trompeuse de l'entendre chanter. Ils
» se jettent sur lui, & le lient avec des guir-
» landes. Eglé, la plus jolie de toutes les Nym-
» phes, se joignant à eux, encourage les deux
» Bergers timides ; & au moment qu'il com-
» mence à ouvrir les yeux, elle lui barbouille
» tout le visage du jus de mûre ».

Rubens, dans un de ses tableaux, nous a
représenté une marche de Silene : il lui a donné la corpulence & les traits que nous avons
exprimés plus haut. Comme le bon-homme est
debout, & à moitié yvre, il est soutenu par
deux Satyres. Un troisieme joue de la double
flûte, tandis qu'une Bacchante exprime avec
ses mains, sur le pere nourricier de Bacchus,
le jus de grappes de raisins. Un Faune qui suit
cette marche, fait ses efforts pour embrasser
une femme, symbole de la luxure, qui accompagne ordinairement l'yvresse. Une chevre
& des enfans portant des raisins, enrichissent
cette scene bachique, qui a été rendue en
gravure par M. de Launay, Graveur du Roi.

Le Silene de la Galerie de Florence, assis
& comme couché, s'appuie avec un air de
mal-adresse sur son bras gauche : il a tous les
traits caractéristiques d'un homme abandonné
à l'yvresse. Il tient dans sa main droite une tasse,
qu'il voudroit approcher de ses lévres ; mais le

fommeil, ainfi que l'impuiffance, caufée par le vin qu'il a bu, ne lui permettent pas de boire.

SILVAIN. Dieu ruftique des Anciens, qui préfidoit aux forêts, aux champs & au bétail. On le voit repréfenté, ainfi que le Dieu Pan, fous la forme d'un Satyre. *Voyez* PAN.

Quand il eft fous une forme humaine, on le diftingue principalement par fa couronne faite de feuilles, & de pommes de pin; par la ferpe & la branche de cyprès qu'il tient dans les mains. On lui donne une ferpe comme Dieu de la campagne, & une branche de cyprès, parce qu'ils a le premier appris à cultiver cet arbre en Italie. On le voit encore avec un chien à fes côtés, & des arbres auprès de lui, comme Dieu des forêts. Quelquefois il tient une branche de pin où font des pommes du même arbre. Une autre maniere de repréfenter Silvain, c'eft en forme d'Hermes, où l'on ne voit que la tête & la moitié du corps fans bras, le refte fe terminant en pilaftre, dont la groffeur diminue toujours jufqu'à la bafe.

Les Silvains, & Silvain lui-même, portoient dans leurs Fêtes de petits arbres, & fur-tout de petits cyprès, ou plutôt des branches de ces arbres.

Cette action fimple qui ne doit être traitée, dit un Auteur ingénieux, (dans un Ouvrage qui a pour titre *Nouveaux Sujets de Peintures & de Sculpture*) qu'avec des figures de petite proportion, peut faire l'ornement d'un Payfage, & le rendre intéreffant. C'eft, continue le même Auteur, une chofe que l'on néglige un peu trop. Une action héroïque, un petit trait de Fable, suffisent pour donner à ce genre de Tableaux un caractere ; & par conséquent, pour en augmenter le mérite.

SIMONIE. Pratique criminelle de vendre ou d'acheter, à prix d'argent, des biens ou des dignités Ecclésiastiques. Cette pratique a été ainsi appellée du crime de Simon, dont il est parlé dans les Actes des Apôtres. La figure symbolique de la Simonie est vêtue d'une draperie obscure, & a la tête couverte d'un voile noir, pour indiquer que les Simoniaques savent cacher leurs intentions. Elle tient d'une main une bourse, & de l'autre des marques de dignités Ecclésiastiques, avec un rouleau où est tracée l'inscription : *Intuitu pretii.*

SIMPLICITÉ. Cette nuance fine de l'ingénuité, qui caractérise si bien la Simplicité, se fait remarquer principalement dans le caractere de tête, dans le maintien & dans l'action puérile d'une jeune beauté, qui interroge innocemment le sort, soit par l'extraction des rayons d'une fleur, soit en considérant le badinage naïf de deux tendres colombes.

SINCÉRITÉ. La Sincérité empêche de parler autrement qu'on ne pense. C'est une vertu qui se fait remarquer par la noblesse de ses traits. Il regne sur son visage une douce tranquillité, une candeur & une sagesse qui inspire autant d'amour que de respect. Elle a une colombe blanche à ses pieds, & présente un cœur de la main droite.

SINGE (Le), qui est l'animal qui imite le

mieux les actions d'autrui, est le symbole de l'imitation. On l'a donné pour attribut à la Comedie. *Voyez* COMÉDIE.

SIRENES. Monstres Marins, filles du Fleuve Acheloüs & de la Muse Calliope. Elles étoient trois. Les uns les nomment Parthénope, Ligée & Leucosie ; d'autres, Aglaophéme, Pisinoë & Thelxiepie, noms qui ont rapport à la douceur de leurs voix & aux charmes de leurs paroles. Suivant la Fable, tous ceux qui prêtoient l'oreille à leurs accens périssoient au milieu des enchantemens, image bien sensible de la Volupté. Sur les anciens Monumens, ce sont de jeunes filles qui ont la partie inférieure en forme d'oiseau. Quelques Auteurs modernes les ont métamorphosées en poisson depuis la ceinture, mais sans aucun fondement. On leur met à la main différens attributs ; l'une tient un rouleau, comme pour battre la mesure ; la seconde a deux flûtes, & la troisieme une Lyre.

On les a aussi représentées tenant un miroir.

Les filles d'Acheloüs, dit Pausanias, encouragées par Junon, prétendirent à la gloire de chanter mieux que les Muses, & oserent les défier au combat. *Voyez* MUSES.

SISTRE. Instrument long, avec un manche. Le milieu en est vuide, & la partie d'en-haut plus large que celle d'en-bas, est terminée le plus souvent en demi-cercle. Ce milieu vuide est traversé de verges de fer ou de bronze. Au haut du Sistre, on voit représenté un chat qui a une face d'homme ; quelquefois au lieu de chat,

un sphinx, ou une fleur de lotus, ou un globe.
On faisoit usage de cet instrument dans les mysteres d'Isis ; il servoit à marquer, par une cer-
taine cadence, la justesse de la danse & du
chant.

SOBRIÉTÉ Modération dans le boire & le
manger. On l'a symbolisée par une femme
qui tient dans une de ses mains le frein de la
tempérance, & montre de l'autre une table
chargée de mets. On voit écrit sur sa ceinture
ces mots : *Utor, non abutor* ; j'en use, mais
n'en abuse point.

SOCIÉTÉ POLITIQUE. Réunion de plusieurs familles sous les mêmes loix. La figure
allégorique de la Société tient dans ses mains
une pomme de grenade, symbole connu. Elle
s'appuie sur un Code de Loix, & regarde avec
tranquillité un homme robuste, qui fait de
vains efforts pour rompre un faisceau de fléches,
ce qui désigne la force de l'union. Un olivier
la couvre de son ombre, & l'on voit à ses
côtés les attributs de Thémis ; sans la justice
& la paix, une Société peut-elle être heureuse ?

Sur une Médaille frappée en 1738, d'après
le dessin d'Edme Bouchardon, pour la République de Geneve, qui, troublée par une dis-
sension, avoit imploré les bons offices de la
France & du Corps Helvétique, on voit la Justice & la Paix personnifiées. Ces deux figures
allégoriques sont debout, avec les attributs qui
les caractérisent devant un autel à l'antique.
La Discorde est renversée à leurs pieds, &
on

on lit autour de la Médaille : *Salus Reipu-
blicæ.*

SOLEIL. La Vérité a un Soleil au-dessus de
la tête ou sur la poitrine. *Voyez* VÉRITÉ,
SAGESSE.

Un Soleil au-dessus du globe de la terre avec
ces paroles, *Nec pluribus impar*, ou celles-ci,
Sufficit orbi, est une des devises de Louis XIV.

Chez les Égyptiens, le Soleil étoit l'image
de la Divinité. Ils ajoutoient à cette image
plusieurs attributs, pour désigner différentes
perfections de la Providence. Ainsi, pour faire
entendre que la Providence fournit aux hommes & aux animaux leur nourriture abondam-
ment, on accompagnoit le cercle symbolique
du Soleil, des plantes les plus fécondes. Deux
pointes de flammes exprimoient que l'Etre su-
prême est l'Auteur de la vie ; deux serpens,
le conservateur de la santé.

Le Soleil avoit aussi ses images, ses représentations ; on le désignoit par un homme qui
porte un sceptre ou un fouet. On l'exprimoit
encore par un œil.

Le Soleil est représenté dans nos Tableaux
sous la figure d'un jeune homme à blonde chevelure, couronné de rayons, & parcourant le
Zodiaque sur un char tiré par quatre chevaux
blancs. Il a très-souvent un fouet à la main,
pour désigner la rapidité de sa course. *Voyez*
APOLLON.

Lorsque l'on a voulu exprimer d'une maniere
poétique le lever du Soleil ; on a représenté
le blond Phœbus, qui brillant & radieux sort

Tome II.   P

de la couche de Thétis, la Divinité des Eaux. On a pareillement désigné le coucher du Soleil par Apollon qui vient se reposer dans le sein de cette même Divinité.

M. B. a rendu ces pensées dans deux grands Tableaux faits pour être exécutés en Tapisseries à la Manufacture des Gobelins, avec une richesse de composition dont les sujets ne paroissoient peut-être pas susceptibles.

Dans le premier Tableau qui représente le lever du Soleil, Apollon tout éclatant de lumiere sort du sein de Thétis. L'Aurore le précede, mille petits amours qui l'accompagnent répandent sous elle les fleurs à pleine main, & annoncent à l'Univers le Dieu qui lui est favorable; mais une lumiere vague qui brille au devant de lui, l'annonce encore mieux, & fait succéder le jour parfait au jour foible de la tendre Amante de Céphale. Toute la nature semble renaître à sa présence. Le Ciel se colore d'un bleu vif, les eaux azurées se sillonnent & invitent un essain d'amours à folâtrer autour des Tritons & des Néréïdes. On voit ces Divinités de la Mer s'empresser à servir l'Amant de leur Reine; l'une lui attache ses brodequins, l'autre lui présente sa lyre. Un Amour élevé dans les airs lui verse de l'ambroisie sur les mains, tandis que la premiere heure du jour vient l'avertir que son char est prêt. Ses chevaux, tels qu'Ovide les peint, ne respirent que le feu & l'impatience. Apollon se fait aisément remarquer par l'élégance de sa taille, par son air de tête où brillent les Graces les plus spirituelles

& les plus nobles , par ſes beaux yeux remplis de feu le plus doux , par cet éclat de jeuneſſe répandue dans toute ſa perſonne.

Les Poëtes ne ſont dans l'uſage de donner une lyre à Apollon, que lorſqu'ils le repréſentent comme Dieu de la Poéſie ; mais ici on peut regarder cette lyre comme un ſymbole de l'harmonie qui regne dans le Ciel , & ce ſymbole peut-il être mieux placé qu'entre les mains du Dieu de la lumiere ?

Dans le ſecond Tableau , les chevaux du Soleil commencent déja à entrer dans la Mer. Ce Dieu deſcend de ſon char, dont il abandonne le ſoin à la derniere heure du jour, & court ſe précipiter dans les bras de Thétis, qui voluptueuſement couchée ſur les flots paroît l'attendre avec toute l'ardeur du deſir ; mais ce n'eſt plus cet Amant environné d'une divine ſplendeur , ſon éclat eſt obſcurci : on voit qu'il va s'éteindre. La nuit au milieu des airs déploye ſes voiles ſombres ; l'Aſtre de Vénus ſe fait appercevoir , & l'on découvre déja à travers quelques nuages le diſque pâle de la Lune. Des lumieres larges, & qui ſe perdent inſenſiblement dans les ombres qui les ſuivent & qui les entourent , ſervent encore à caractériſer le ſujet. Cependant les Néréides & les Tritons marquent par leurs attitudes la joie que leur inſpire le retour du Soleil. Les Dauphins ſentent auſſi ſa préſence , & mille petits Amours qui ſortent de deſſous le voile de la nuit ſe précipitent dans les ondes , & ſemblent

inviter le Dieu du Jour à goûter les douceurs
du repos.

Nous ferons succéder à ces tableaux poétiques du lever & du coucher du Soleil, une
peinture faite d'après nature par un Écrivain
moderne (Roüsseau dans son Émile).

« Transportons-nous sur un lieu élevé avant
» que le Soleil se leve. On le voit s'annoncer
» de loin par les traits du feu qu'il lance au-
» devant de lui. L'incendie augmente, l'Orient
» paroît tout en flammes : à leur éclat on attend
» long-tems avant qu'il se montre : à chaque
» instant on croit le voir paroître ; on le voit
» enfin. Un point brillant part comme un
» éclair, & remplit aussi-tôt tout l'espace : le
» voile des ténebres s'efface & tombe : l'homme
» reconnoît son séjour, & le trouve embelli.
» La verdure a pris durant la nuit une vigueur
» nouvelle ; le jour naissant qui l'éclaire, les
» premiers rayons qui la dorent, la montrent
» couverte d'un brillant rézeau de rosée, qui
» réfléchit à l'œil la lumiere & les couleurs.
» Les oiseaux en chœur se réunissent, & sa-
» luent de concert le pere de la vie ; en ce
» moment pas un seul ne se tait : leur gazouil-
» lement, foible encore, est plus lent & plus
» doux que dans le reste de la journée : il se
» sent de la langueur d'un paisible réveil. Le
» concours de tous ces objets porte aux sens
» une impression de fraicheur qui semble pé-
» nétrer jusqu'à l'ame. Il y a là une demi-
» heure d'enchantement, auquel nul homme
» ne résiste : un spectacle si grand, si beau,

» fi délicieux , n'en laiffe aucun de fang-
» froid ».

Un Soleil, qui écarte des nuages , eft l'emblême de la Science, qui diffipe les ténebres de
l'erreur.

SOMMEIL. Les Poëtes le difent fils de la
Nuit & frere de la Mort , dont il eft la plus
parfaite image. Nos Artiftes repréfentent ce
Dieu fous la figure d'un jeune homme enfe-
veli dans un profond repos , qui a la tête appuyée fur des pavots ; ou fous l'image d'un
enfant affoupi , qui a des ailes au dos & tient
une Corne d'abondance , d'où fortent quelques pavots & une efpece de vapeur. Quelquefois auffi il fe préfente à nous affis fur un
trône d'ébene , la tête environnée de pavots ,
& tenant de la main droite un fceptre de
plomb ou une efpece de baguette , fymbole
de fon pouvoir fur tous les êtres qui refpirent.

Le Sommeil qui endort un Lion , eft une
image encore plus agréable de la force & du
pouvoir infurmontable de ce Dieu du repos.

Les Songes , dont il eft le pere , fuivant les
Poëtes , l'accompagnent ordinairement.

> Le Dieu du Repos
> Couvert de pavots ,
> Remonte avec peine
> Sur fon char d'ébene.
> Dans les airs portés ,
> Les aimables Songes
> Suivis des Menfonges ,

Sont à ses côtés :
Près de lui voltige
L'Amour, qui s'afflige
De voir la clarté.

Ovide établit la demeure du Sommeil dans le Pays des Cimmériens, que les Anciens croyoient être plongés dans les ténébres les plus épaisses. La description qu'il fait de cette demeure & du Dieu qui y regne, forme l'image la plus poétique du séjour de la Tranquillité.

Est propè Cimmerios longo spelunca recessu
Mons cavus, ignavi domus & penetralia Somni,
Quo nunquam radiis oriens, mediusve, cadensve
Phœbus adire potest. Nebulæ caligine mixtæ
Exhalantur humo, dubiæ crepuscula lucis.
Non vigil ales ibi cristati cantibus oris
Evocat auroram. Nec voce silentia rumpunt,
Sollicitive canes, canibusve sagacior anser.
Non fera, non pecudes, non moti flamine rami,
Humanæve sonum reddunt convicia linguæ.
Tuta quies habitat. Saxo tamen exit ab imo
Rivus aquæ lethes, per quem cum murmure labens
Invitat somnos crepitantibus unda capillis.
Ante fores antri fœcunda papavera florent,
Innumeræque herbæ, quarum de lacte soporem
Nox legit, & spargit per opacas humida terras.
Janua ne verso stridorem cardine reddat,
Nulla domo tota custos, in limine nullus.
In medio torus est, hebeno sublimis in antro,
Plumeus, unicolor, pello velamine tectus,

Quo cubat ipse Deus membris languore solutis,
Hunc circa passim varias imitantia formas
Somnia vana jacent totidem, quod messis aristas,
Sylva gerit frondes, ejectat littus arenas.

« Dans le Pays des Cimmériens est une
» vaste caverne impénétrable aux rayons du
» Soleil. Toujours remplie de vapeurs épais-
» ses, à peine y jouit-on d'une foible lumie-
» re ; jamais les coqs n'y annoncent par leurs
» chants le retour de l'Aurore ; jamais les
» chiens, ni les oies encore plus surveillans,
» ne troublèrent par leurs cris importuns le
» silence qui y regne ; nulle bête féroce ou do-
» mestique, le souffle même des vents ne s'y
» fit jamais entendre. On n'y connoît point les
» querelles & les disputes qui regnent parmi
» les hommes. C'est le séjour de la douce
» tranquillité. Le seul murmure qu'on y en-
» tend, est celui du Fleuve d'oubli, qui coulant
» sur de petits cailloux, forme un doux ga-
» zouillement qui invite au repos. A l'entrée
» du Palais croissent des pavots & une quan-
» tité d'autres plantes, dont la Nuit recueille
» soigneusement les sucs assoupissans, pour les
» répandre sur la terre. De peur que la porte
» ne fasse du bruit en s'ouvrant ou en se fer-
» mant, l'antre demeure toujours ouvert, &
» on n'y voit aucune garde. Au milieu de ce
» Palais est un lit d'ébene, couvert d'un ri-
» deau noir : c'est-là que repose sur la plume
» & sur le duvet, le tranquille Dieu du Som-
» meil. Autour de lui demeurent les Songes

» nonchalamment étendus ; les Songes , qui
» imitent toutes sortes de figures , & qui sont
» en aussi grand nombre que les épis dans les
» plaines , les feuilles dans les forêts , & les
» grains de sable sur le rivage de la mer ».

L'Arioste nous a donné une peinture de la demeure du Sommeil , & c'est le silence qui en garde l'entrée. *Voyez* SILENCE.

SORT. Sur une ancienne Médaille Romaine , où est le mot *Sors* dans l'inscription , on voit une jeune fille , dont la parure est assez recherchée , qui tient devant sa poitrine une petite boëte quarrée & propre à contenir ce qui est nécessaire pour tirer au sort. *Voyez* SORTS.

Les Romains ont dû représenter le Sort sous la figure d'une femme , parce que *Sors* en Latin est féminin. Ovide la fait fille aînée de Saturne : il paroît même qu'on lui rendoit des hommages ainsi qu'au Destin ou à la Destinée : peut-être étoit-ce la même Divinité adorée sous des noms différens. *Voyez* DESTIN.

SORTS. Genre de dévination. Les sorts étoient le plus communément des especes de dez sur lesquels étoient gravés quelques caracteres ou quelques mots , dont on cherchoit l'explication dans des tables faites exprès. chaque Ministre de Divinité à oracles , avoit son usage particulier sur cette maniere de tromper le peuple. Dans quelques Temples , on jettoit les dez soi-même ; dans d'autres , on les faisoit sortir d'une urne , d'où est venue cette maniere de parler si ordinaire aux Grecs, *le sort est tombé.*

Les plus célèbres entre les Sorts étoient à Antium & à Préneste, deux petites Villes de l'Italie ; dans cette derniere Ville, la Fortune avoit un Temple superbe & un des plus fréquentés : c'est ce qui faisoit dire à Carnéade, qu'il n'avoit jamais vû la Fortune plus fortunée qu'à Préneste. Jupiter enfant étoit représentée dans ce temple avec Junon, tous deux dans le sein de la Déesse qui leur donnoit la mammelle.

SOTTISE. La Sottise est un composé d'ignorance, d'impertinence, de folie, de bêtise. Tous les attributs qui désignent ces défauts peuvent donc lui être donnés. La figure allégorique qui la représente a de grands yeux ouverts, la bouche béante. Elle est vêtue ridiculement ; a sur sa tête une calotte de plomb, pour marquer que son esprit est pesant, *plumbeum ingenium*, & elle semble rire avec éclat, à la vue d'une marotte. A côté d'elle est un dindon qui fait la roue, attribut qui désigne que la Sottise est toujours accompagnée d'un esprit de superbe.

SOUCIS. Sollicitude, inquiétude d'esprit, mélancolie dévorante. Le Peintre, obligé de parler aux yeux, peut figurer les Soucis par des Serpens ailés, armés de langues aiguës, & voltigeans dans les appartemens des Grands. ce qui est conforme à ce vers d'Horace :

Curæ laqueata circum tecta volantes.

& a cette penſée d'un Philoſophe Grec, qui diſoit que les Soucis étoient toujours bien logés.

SOUMISSION aux volontés de Dieu. Elle
eſt caractériſée par une femme qui a les yeux
couverts d'un voile, qu'elle arroſe de ſes larmes.
A côté d'elle ſont placés un joug & un livre
des ſaintes Ecritures, ſur lequel on lit ces
mots : *cor contritum & humiliatum Deus, non
deſpicies.*

SOUPÇON. L'inquiétude d'eſprit & l'agitation du corps caractériſent le Soupçon. Il eſt
armé & même cuiraſſé. Il ſonde le terrein ſur
lequel il marche, & paroît prêter une oreille
attentive au moindre bruit qu'il entend. Si on
lui donne un caſque, ce caſque a pour cimier
un coq, ſymbole de la vigilance.

SPHINX. Figure ſymbolique des Egyptiens,
compoſée d'une tête de jeune fille & du corps
d'un lion. C'étoit le ſigne, le type ou le caractere qu'ils employoient pour marquer la durée
de l'inondation du Nil, qui continuoit ordinairement tout le tems que le Soleil mettoit à
parcourir les ſignes du Lion & de la Vierge,
déſignés par cette image myſtérieuſe.

Les Poëtes Grecs nous parlent du Sphinx,
comme d'un monſtre qui a un viſage de femme,
des ailes d'oiſeau, des griffes de lion, & le reſte
du corps reſſemblant à un chien. Ils ont feint
que Junon, irritée contre les Thébains, parce
qu'Alcmene avoit écouté Jupiter, envoya ce
monſtre ſur le mont Cithéron, où il dévoroit
ceux qui n'expliquoient pas l'énigme qu'il leur
avoit propoſé. C'eſt ſur cette opinion que les

Anciens le regardoient comme un symbole de la Religion, dont les mysteres sont impénétrables. Ils le donnoient pour attribut à la Prudence & au Soleil, à qui rien n'est caché. Ils le plaçoient à l'entrée des Temples, des Palais, &c.

Nos Artistes le font aussi servir à la décoration des rampes, des perrons. Ils le représentent ayant la tête & le sein d'une jeune fille, & le corps d'un lion couché.

Auguste avoit un Sphinx sur son cachet : il vouloit faire entendre par cet hieroglyphe, que les secrets des Princes doivent être inviolables.

On peut remarquer ici que le Sphinx Grec & l'Egyptien, different en ce que le premier a ordinairement des ailes, la tête & la gorge d'une femme, avec le corps d'un lion. Le Sphinx Egyptien est plus communément sans ailes; il a le visage & le sein, couvert, d'une jeune fille, & ne ressemble au premier que par le corps.

Le Sphinx de la pointe de l'obélisque du Soleil, qu'Auguste fit transporter d'Egypte à Rome, est particulierement remarquable par ses mains humaines, armées d'ongles pointues & crochues, comme les griffes dès bêtes féroces. C'est le seul que l'on connoisse avec de pareilles mains humaines. Il porte dans une de ses mains un obélisque.

STATUES. Figures des Dieux, des Héros, des Hommes illustres; elles furent d'abord exécutées en marbre ou en bronze; on y employa ensuite l'argent, l'or & l'yvoire.

La reconnoissance érigea les premieres Statues aux Dieux & aux bienfaiteurs du genre humain. La flaterie multiplia beaucoup par la suite ces objets de la vénération publique ; le nombre en devint même si considérable à Rome sous les Empereurs, que les temples, les palais, les portiques, les amphithéatres, les thermes & les places publiques en étoient remplis ; ce qui justifie ce mot d'un Ancien, qu'il y avoit dans Rome un Peuple de marbre & de bronze, qui égaloit presque le nombre des citoyens.

On a distingué quatre sortes de Statues dans l'antiquité, les collossales, les curules, les équestres & les pédestres. Les colossalles étoient d'une grandeur sur-humaine, & on les réservoit pour les Dieux ; mais Néron & plusieurs Empereurs ses successeurs, qui se croyoient apparemment des Divinités, exigerent de semblables Statues. Le Statuaire Zénodore, en avoit fait une pour Néron, de cent dix pieds de hauteur. Ce Prince étant mort presque dans le même tems, elle fut consacrée au Soleil.

Les Statues appellées *Curules*, étoient posées sur des chars à deux ou quatre chevaux, & se décernoient à ceux qui avoient triomphé, ou qui avoient étendu les bornes de l'Empire Romain. *Voyez* CURULES, STATUES.

Les Statues équestres représentoient le personnage à cheval. Une Statue équestre de Clélie, prouve que l'usage en étoit fort ancien à Rome. On peut se rappeller ici le reproche que faisoit Seneque aux hommes de son siecle, de paroître en litiere dans une ville où les femmes avoient mérité des Statues équeſtres.

Les Statues pédeſtres ou les Statues qui re-préſentent un perſonnage en pied, furent les plus multipliées, comme étant celles qui ex-primoient le mieux l'air, la taille & l'état naturel du Héros.

Les grandes Statues pédeſtres étoient, ſui-vant la remarque de Bergier, diſtinguées en Auguſtes, Héroïques & Coloſſiques. Les Au-guſtes repréſentoient les Empereurs, les Rois & les Princes. Les Héroïques étoient les ima-ges des Héros ou demi-Dieux, & avoient deux fois la grandeur d'un homme. Les Coloſſiques ſe faiſoient pour les Dieux, & contenoient trois hauteurs. On doit placer au nombre des Statues Coloſſiques, le Jupiter Olympien d'E-lide en Grece, ouvrage du célebre Phidias; la Minerve d'Athenes, haute de trente-ſix coudées, faite d'yvoire & d'or; le Jupiter du Capitole à Rome, que Carvilius fit faire des corſelets & des caſques des Samnites qu'il avoit vaincus; le Coloſſe d'Apollon de quarante cou-dées de hauteur, dans la ville de Tarente, exécuté par Lyſippe; & le Coloſſe du Soleil, que Charès Lyndius éleva ſur le port de Rhodes.

Les Grecs jaloux de ne rien dérober à la vûe de ce qui pouvoit faire briller l'excellence de leur art, faiſoient leurs figures preſque nues. Les Romains les revêtoient d'habits de guerre ou de paix. Nous avons ſuivi dans cette partie la pratique des Romains. Peut-être avons-nous porté trop loin cette imitation,

en adoptant pour des Princes ou des Héros
François, un costume Romain, & en plaçant
sur ces monumens des inscriptions Latines.

Différentes villes de France sont décorées de
Statues équestres & pédestres, qui sont en
même-tems des témoignages de notre amour
pour nos Rois, & des preuves du mérite supérieur de nos Artistes. Comme nous ne pouvons
point faire mention ici de tous ces monumens,
nous citerons dumoins ceux qui se font remarquer par la nouveauté de la pensée. La ville
de Rennes possede un pareil monument dont
l'objet est de célébrer une convalescence de
Louis XV, & ses victoires. Ce monument, exécuté par le Moyne, Sculpteur du Roi, mort
au mois de Juin 1778, est composé de trois
figures qui concourent à fournir une action.
La Statue pédestre du Roi est placée sur un
piedestal de quatorze pieds de hauteur, & environnée de trophées & de Drapeaux. Sa Majesté
est représentée tenant le bâton de commandement, vêtue à la Romaine, & prête à
marcher à de nouvelles conquêtes. La Déesse
de la Santé placée au côté droit du piedestal,
tient d'une main un serpent, qui mange dans
une patere qu'elle lui présente de l'autre main.
On voit auprès de la Déesse un autel entouré
de fruits, symbole des vœux des Peuples. De
l'autre côté du piedestal, est la Bretagne,
avec les attributs de la Guerre & du Commerce. La Statue du Roi a onze pieds trois
pouces de hauteur; les figures qui l'accompagnent, dix pieds de proportion.

Une autre Statue pédestre de Louis XV, monument projetté pour la ville de Rouen, est remarquable par l'usage ancien que ce monument rappelle. Le Monarque est porté sur un bouclier, par trois Soldats. Il est représenté avec une cuirasse, des brassards & des cuissards. Il a un manteau royal & une écharpe. Par-dessus sa cuirasse est son Cordon bleu, & l'Ordre de la Toison d'Or. Il a une main appuyée sur le côté ; de l'autre il tient le bâton de commandement. Les Soldats qui le portent, sont élevés sur un tronc de colonnes, qui sert de piedestal au monument, & qui signifie en même-tems que la colonne de l'Etat étant brisée, il en renaît de son sein une nouvelle. Aux quatre coins de la base, sont des trophées de guerre, qui désignent les victoires du Roi. On lit sur le tronc de la colonne cette inscription : *Si non jus ; amor eveheret.*

La Statue pédestre en bronze de Louis XV, exécutée par M. Pigalle, Sculpteur du Roi, pour la ville de Reims, a onze pieds & demi de proportion. Louis XV est représenté couronné de lauriers, habillé à la Romaine, & étendant la main sur ses Sujets en signe de protection. La douceur du Gouvernement & la félicité des Peuples sont représentés aux deux côtés du piedestal. On doit savoir gré à M. Pigalle d'avoir préféré à l'usage ordinaire d'enchaîner des Esclaves, celui de représenter des Statues emblématiques, qui rappellent au Peuple les vertus des Princes.

La Statue équestre du même Prince, érigée

à Paris sur le deffins de feu Bouchardon , eft
également accompagnée de figures emblêma-
tiques , qui repréfentent des Vertus caractéri-
fées par leurs attributs : ces Vertus qui foutiennent dans des attitudes variées la corniche
du piedeftal , font la Force , la Paix , la Prudence & la Juftice.

Mais parmi les Statues équeftre , celle que
Catherine II a fait ériger à la gloire du Czar
Pierre I , préfente une penfée neuve , poëtique,
allegorique qui fait fortir ce monument de la
claffe ordinaire des autres monumens de ce
genre. Sa bafe eft un roc efcarpé , qu'à l'aide
d'un vigoureux courfier , le Héros fondateur
& protecteur de l'Empire , franchit avec la
plus grande intrépidité. On voit fous les pieds
de ce courfier un ferpent à demi-écrafé , fymbole de l'envie , qui a toujours traverfé les
grands hommes dans leurs entreprifes. Déjà,
& prefque à la cime du rocher , Pierre I ,
d'un air auffi ferein que tranquille , étend fa
main paternelle fur fon peuple , unique objet
de fes vœux & de fes travaux. L'action du
courageux animal qui le porte , & que rien
n'arrête , l'agitation du ferpent écrafé , répandent en quelqueforte le mouvement fur cette
compofition. Le roc & le ferpent défignent les
difficultés que Pierre le Grand a furmontées ;
l'action de fon courfier , la promptitude avec
laquelle il les a vaincues ; l'extenfion de fa main
fur fon peuple , fa bienfaifance envers lui.
L'air calme du Héros , femble encore indiquer
fa conftance , au milieu des opérations les plus
pénibles ,

pénibles, ainfi que fa fermeté dans les plus grands dangers. Pour dernier trait, ce rocher, qui eft coupé devant lui, annonce à la poftérité que ce grand homme n'a pu aller plus loin, qu'il n'a point déchu de fa gloire, & qu'au milieu de fes travaux le deftin a terminé fa carriere. Ce monument a été exécuté par M. Falconet de l'Académie de Peinture & de Sculpture de Paris. On objectoit à cet Artifte qu'il ne devoit pas donner à fon Héros cette roche emblêmatique, parce qu'il n'y avoit pas de rochers à Péterfbourg. Celui qui lui faifoit cette objection n'auroit pas voulu fans doute, par la même raifon, que l'on accompagnât nos Statues équeftres ou pédeftres d'un lion, fymbole de courage ou de magnanimité, parce que la France ne nourrit point de ces animaux. L'allégorie auroit des limites bien étroites, fi elle étoit obligée de fe conformer fervilement au phyfique du terrein.

On auroit cependant de la peine à excufer Desjardins, qui a exécuté la Statue pédeftre de Louis XIV, érigée dans la Place des Victoires à Paris, d'avoir dans les bas-reliefs de cette Sratue, donné pour attributs au Monarque habillé à la Françoife, des trophées d'armes antiques, lorfqu'il auroit pu également compofer ces trophées des armes des Ennemis de la France.

STÉRILITÉ. La Stérilité eft défignée fur plufieurs monumens anciens, par une femme mélancolique, dont le maintien exprime la langueur. Elle s'appuie fur une mule, & tient une branche de faule ou d'un autre arbufte qui ne porte point de fruit.

STOLA (La) étoit une robe traînante en ufage chez les Grecs & chez les Romains. Cet habillement étoit principalement affecté aux Dames Romaines, qui étoient riches & d'un haut rang. C'eft pourquoi dans les Auteurs Latins on trouve fouvent *mulier ftolata*, pour *locuples* & *primaria*. La *toga* au contraire, n'étoit en ufage que parmi les Plébéiennes. Martial donne l'épithete de *ftolatus* à la pudeur, parce que la *Stola* étoit auffi l'habillement le plus convenable aux Dames Romaines qui affectoient des mœurs irréprochables. *Voyez* PUDICITÉ.

STYLE, maniere d'écrire. Le Style fleuri, tendre & héroïque eft très-bien défigné par un Génie qui foutient une Corne d'abondance pleine de fleurs, de myrte & de laurier. C'eft avec ce même attribut que l'Auteur du Parnaffe François a caractérifé le Style de Racine.

Boileau a parmi fes attributs un Génie qui lui préfente une couronne de lierre, mêlé avec quelques feuilles de laurier. Le lierre par rapport à la fatyre, & le laurier par rapport à fon Ode fur la prife de Namur, & à fa belle Epitre au Roi fur le paffage du Rhin; le même Génie tient d'une main une plume & une lime entourées de fleurs, pour marquer fon Style pur, châtié & fleuri.

Les Anciens avoient donné pour attribut à l'Hiftorien Xenophon, une abeille pour défigner la douceur de fon Style.

STYLE. Sorte de poinçon dont les Anciens se servoient pour écrire. *Voyez* HISTOIRE.

SUPERSTITION. Aucun symbole ne convient mieux à la Superstition qu'un bandeau sur les yeux. Elle est âgée, & tient dans ses mains une chouette que les superstitieux regardent comme un oiseau de mauvais augure.

On lui a aussi donné pour attribut un lapin, symbole de la crainte, qui accompagne toujours la Superstition.

SUPPLICATION. Nom d'une solemnité religieuse chez les Romains pour appaiser les Dieux, les supplier d'être propices, ou les remercier de quelques faveurs reçues. Des lits très-riches étoient dressés dans les Temples aux pieds des autels ; & les Sénateurs, accompagnés de leurs familles & du peuple, alloient chanter des hymnes, & présenter aux Dieux des offrandes de fleurs odoriférantes de toutes les sortes. Une médaille de Néron rappelle la mémoire d'une Supplication désignée par une jeune fille couronnée de laurier, à genoux sur un de ces lits, & parant un autel d'une guirlande de fleurs.

SURETÉ. Sur une ancienne Médaille de Macrin, on la voit représentée par une femme, qui de la main droite s'appuye sur une pique, & de la gauche sur une colonne, symbole de fermeté, comme la pique en est un de commandement.

Elle est représentée à peu près de même sur une autre Médaille de Macrin ; c'est une femme, qui de la main droite s'appuye sur une massue,

& de la gauche sur un cippe , avec cette inscription, *Securitas temporum.*

On la voit encore sur une Médaille d'Othon sous l'emblême d'une femme , qui de la main droite tient une couronne , & de la gauche une lance avec ces mots , *Securitas P. R.*

Dans le Tableau de la grande Galerie de Versailles, qui représente la police & la Sûreté établies dans Paris , la Sûreté a été personnifiée par le Brun sous la figure d'une femme qui tient d'une main sa bourse ouverte, & s'appuye de l'autre sur un faisceau d'armes.

Sur une Médaille de l'Histoire Métallique de Louis XIV. [dont la légende porte *securitati perpetuæ*, à la Sûreté perpétuelle du Royaume ; & l'exergue , *Urbes aut Arces munitæ aut exstructæ centum quinquaginta ab anno M. DC. LXI. ad annum M. DC. XCII.* cent cinquante Places ou Citadelles bâties ou fortifiées depuis 1661 qusqu'en 1692] on voit la Sûrété sous la figure d'une femme assise , & qui , le casque en tête & une pique à la main , s'appuye sur un piedestal ; près d'elle sont divers plans de Forteresses , & de l'autre côté des équerres & d'autres instrumens d'Architecture.

SYMBOLE. Signe , type , représentation d'un être métaphysique ou intellectuel par les images ou les propriétés des choses naturelles. C'est aussi le nom que les Médaillistes donnent à certaines marques , attributs ou figures qui se voient sur les médailles , & servent à désigner les Divinités de la Fable , les Héros, les Princes & les Hommes illustres. Les parties du monde ,

les Royaumes, les Provinces, les Villes, &c.
ont aussi leurs Symboles particuliers sur les médailles. Ces Symboles ou types se trouvent sur
l'une ou l'autre face des médailles, c'est-à-dire,
sur la tête ou sur le revers, & quelquefois sur
les deux côtés, mais plus communément sur le
revers. Il y a des revers où les Symboles sont
attachés aux figures ; d'autres où les figures
mêmes servent de Symboles. Que ce soit des
figures d'hommes ou d'animaux, ou de choses
insensibles, n'importe. Parmi les Symboles attachés aux figures, les uns sont communs à plusieurs, & se distinguent souvent par une légende ; d'autres sont uniques, & tiennent lieu
de légende, lorsqu'il ne s'y en rencontre pas.
Il n'est point besoin, par exemple, de légende,
pour savoir qu'une figure, accompagnée d'un
aigle, & qui tient la foudre à la main, est Jupiter ; qu'une autre, couronnée de laurier,
avec une harpe dans ses mains, est Apollon.

Les différens Symboles employés par les Anciens ont leur article séparé dans ce Dictionnaire.

SYMPULE. Petit vase dont les Pontifes Romains se servoient dans les Sacrifices pour faire
des Libations. Sur plusieurs Médailles l'on voit
des couronnes ou des boëtes & des urnes,
d'où il sort des palmes avec le Sympule à côté,
pour faire entendre que les Sacrifices faisoient
partie des jeux désignés par les couronnes &
les palmes. *Voyez* JEUX.

T.

TÉLESPHORE, Médecin célebre , dont les Anciens firent un Dieu. On l'honoroit comme la Divinité qui préſidoit à la convaleſcence.

Ses ſtatues le repréſentent en jeune homme ; quelquefois même comme un enfant. Il eſt couvert d'une eſpece de capotte qui lui enveloppe les pieds & les mains , pour nous faire entendre que ceux qui relevent de maladie doivent ſe tenir bien couverts. Communément il accompagne Eſculape , Dieu de la Médecine. On le voit auſſi avec Hercule , le Dieu de la force , pour marquer que la force ne peut ſe conſerver qu'avec la ſanté.

TELLUS , ou la Terre , la même que Cybèle. C'étoit une des principales Divinités des Anciens ; ils la repréſentoient ſous le ſymbole d'une femme , ayant ſur la tête une couronne murale , tenant d'une main un tambour , & de l'autre des épis de bled. *Voyez* CYBELE.

TEMPÉRAMENT. Diſpoſition particuliere du corps humain , qui réſulte des propriétés & des actions mutuelles des ſolides & des liquides , & le rend capable d'exercer les fonctions propres & conformes à ſa nature. On diſtingue en général quatre eſpeces de Tempéramens , que l'on caractériſe chacun par certains ſignes. Ces quatre Tempéramens ſont le ſanguin , le colérique ou le bilieux , le mélancolique & le phlegmatique.

Les personnes d'un Tempérament sanguin ont la fibre robuste, le pouls fort & réglé, le sang vermeil & riche en esprits vitaux, d'où naissent la gaieté, l'embonpoint & le goût pour les plaisirs & la musique. C'est pourquoi on caractérise ce Tempérament par un jeune homme couronné de fleurs, ayant la face riante, la carnation fleurie & jouant du luth. A côté de lui est un bouc qui mange des raisins; emblême qui désigne que les sanguins sont enclins aux plaisirs de l'Amour & de Bacchus.

La bile domine dans le Tempérament colérique. Ses fibres déliées, séches, tendues, élastiques, donnant beaucoup d'action à ses humeurs, mettent promptement ses passions en jeu. On personnifiera donc ce Tempérament par un jeune homme maigre, au teint jaunâtre, à l'œil enflammé. Il est presque nu, & tient une épée dans une attitude menaçante. A ses pieds est un bouclier qu'il a jetté, pour marquer que l'empressement d'attaquer l'empêche de songer à sa défense. On a quelquefois représenté sur ce bouclier une flamme, symbole de l'ardeur de ce Tempérament. Le lion, à cause de son humeur irascible, est son attribut ordinaire.

Les personnes d'un Tempérament mélancolique dorment peu; leur mémoire est heureuse, leur esprit propre pour les sciences, pour celles sur-tout qui demandent une grande contention d'esprit. Les mélancoliques sont d'ailleurs enclins au silence, à la solitude, à l'économie; c'est ce que désigne un homme d'un teint plombé, qui a un bandeau sur la bouche, & paroît réfléchir sur un livre ouvert devant lui. On voit à ses côtés une bourse fermée & un passerau, espece de moineau qui recherche les endroits solitaires.

Dans le Tempérament phlegmatique, les fibres trop humectées n'ont presque aucun ressort ; leurs contractions sont foibles ; en conséquence toutes les fonctions agissent lentement ; l'esprit participe de la langueur des organes : il est lourd, paresseux, trop foible, pour imaginer aucun projet, trop indécis pour en exécuter aucun. C'est d'après ces réflexions que le Tempérament phlegmatique est représenté sous la figure d'un homme gras & replet, qui a le teint blanc, & paroît dans l'attitude du repos. Il est revêtu d'une robe fourrée de peau de blaireau, animal solitaire, paresseux ; & a auprès de lui une tortue, symbole de la lenteur.

TEMPÉRANCE. On lui donne pour attribut un frein ou une coupe.

Assez souvent elle paroît appuyée sur un vase renversé avec un mord dans sa main, ou mélangeant du vin avec de l'eau.

L'éléphant qui passe pour l'animal le plus sobre, est un symbole de la Tempérance.

TEMPÊTE. Lorsque la Poésie veut peindre une Tempête, elle nous représente Eole irrité, & les Vents en courroux qui soulevent les flots de la mer. *Voyez* EOLE, VENTS.

Les Poëtes & les Peintres nous ont souvent offert l'image effrayante d'une Tempête ; mais

aucun n'a égalé ce tableau de Virgile. Je doute
même que la Musique, cet art d'imitation,
qui ne le céde ni à la Peinture ni à la Poésie
dans la représentation de ces sortes d'objets,
puisse nous présenter un tableau plus frap-
pant.

Hæc ubi dicta, cavum conversâ cuspide montem
Impulit in latus : ac venti, velut agmine facto,
Quâ data porta, ruunt & terras turbine perflant.
Incubuêre mari, totumque à sedibus imis
Una Eurusque Notusque ruunt, creberque procellis
Africus, & vastos volvunt ad littora fluctus.
Insequitur clamorque virum, stridorque rudentum.
Eripiunt subitò nubes cœlumque diemque
Teucrorum ex oculis : ponto nox incubat atra.
Intonuêre poli, & crebris micat ignibus æther,
Præsentemque viris intentant omnia mortem.
. . . . . . stridens Aquilone procella
Velum adversâ ferit, fluctusque ad sidera tollit.
Franguntur remi ; tum prora avertit, & undis
Dat latus : insequitur cumulo præruptus aquæ mons.
Hi summo in fluctu pendent : his unda dehiscens
Terram inter fluctus aperit : furit æstus arenis.
Tres notus abreptas in Saxa latentia torquet,
(Saxa vocant Itali mediis quæ in fluctibus, Aras)
Dorsum immane, mari summo : tres Eurus ab alto
In brevia, & Syrtes urget (miserabile visu)
Illiditque vadis, atque aggere cingit arenæ.
Unam, quæ Lycios, fidumque vehebat Orontem,
Ipsius ante oculos ingens à vertice pontus
In puppim ferit : excutitur, pronusque magister

Volvitur in caput; aft illam ter fluctus ibidem
Torquet agens circùm, & rapidus vorat æquore vortex.
Apparent rari nantes in gurgite vafto,
Arma virum, tabulæque, & Troïa gaza per undas.
Jam validam Ilionei navem, jam fortis Achatæ,
Et quâ vectus Abas, & quâ grandævus Alethes,
Vicit hyems : laxis laterum compagibus omnes
Accipiunt inimicum imbrem, rimifque fatifcunt.

   « Il dit, & auffi-tôt ayant tourné la lance,
» il l'enfonça dans le flanc de la montagne, &
» l'entr'ouvrit à l'inftant : tous les vents for-
» tent impétueufement de leurs cavernes, &
» fe répandant fur la terre & fur la mer, ils
» excitent la plus affreufe Tempête. Le jour
» fuit, le Ciel difparoît ; une nuit foudaine
» fe répand dans les airs, & plonge tous les
» Troyens dans l'horreur des ténébres. Les
» cris des matelots, le fifflement de l'air qui fe
» brife dans les cordages, les vagues qui s'éle-
» vent de toutes parts, les éclairs qui fe fuc-
» cédent, le tonnerre qui gronde au Septen-
» trion & au Midi, offrent l'image d'une mort
» inévitable.

   » La Tempête augmente, & l'Aquilon, lut-
» tant contre les voiles, déploye fes fureurs.
» Il éleve les vagues jufqu'aux nues, & brife
» les rames. Les proues ne peuvent fendre les
» flots irrités, qui forment de toutes parts des
» montagnes & des abîmes. Les navires fem-
» blent tantôt plongés dans le fein de la mer,
» & tantôt élevés jufqu'aux nues. Trois fu-
» rent jettés fur des bancs de fable, & contre

„ les rochers à fleur d'eau, que nous appellons
„ Autels. Trois furent emportés vers les Syr-
„ tes, où ils échouerent. Celui qui portoit le
„ fidéle Oronte & les Lyciens, reçut un coup
„ de vague qui plongea sa poupe dans la mer.
„ Le Pilote tombe à la renverse, le vaisseau
„ tourne, & est bientôt submergé. A peine
„ un petit nombre de ceux qui le montoient
„ put-il se sauver à la nage : on voit flotter
„ autour d'eux les débris de leur naufrage.
„ Déja les navires d'Ilionée, d'Acate, d'Abas,
„ & du vieux Alethès succombent sous les
„ efforts de la Tempête. Tous enfin fracassés &
„ entr'ouverts, font eau de toutes parts, & sont
„ prêts d'être engloutis „. *L'Abé Desfontaines*

TEMS. La figure allégorique du Tems est un
vieillard sec & décharné, ayant la barbe &
les cheveux blancs, deux grandes ailes au dos,
& une faulx à la main, parce qu'il détruit tout.
Souvent on ajoute à ces attributs une horloge
de sable, qui désigne par son écoulement celui du Tems. *Voyez* SATURNE.

Ce vieillard qui d'un vol agile

Fuit sans jamais être arrété,

Le Tems, cette image mobile

De l'immobile éternité,

A peine du sein des ténébres

Fait éclore les faits célébres ;

Qu'il les replonge dans la nuit.

Auteur de tout ce qui doit être,

Il détruit tout ce qu'il fait naître

A mesure qu'il le produit.

Rousseau.

Le Tems est quelquefois porté sur un chariot tiré par deux cerfs qui semblent courir
très-vîte. Dans ce cas il n'a pas besoin d'ailes.

Sur une pierre gravée antique de la collection du Roi de France, ce Dieu, le même que
Saturne, est représenté par un vieillard chargé
d'années , & d'une stature fort au-dessus de
l'ordinaire ; ce qui, joint au long manteau dont
il est couvert , fait allusion & à sa durée & à
la quantité d'événemens dont il nous cache la
connoissance. Il s'appuie sur sa faulx , & l'on
voit à ses côtés une vieille souche , dont les
branches ont été resépées , symbole des années
qui se font écoulées pour ne plus revenir.

Le Tems ne se mesure que par le mouvement , & comme le Tems en lui-même coule
toujours uniformément , on s'est servi , pour le
mesurer , d'un mouvement égal & uniforme ,
tel que celui des montres & des pendules. Les
Artistes François & Etrangers ont beaucoup
travaillé à perfectionner ces mouvemens ; mais
ce n'est qu'en France qu'on s'est appliqué avec
succès à joindre la bonté du mouvement à l'é-
légance & à la beauté des formes. Le modele
que M. *le Pautre* , Horloger de Paris , a fait
exécuter , mérite d'être ici cité. Ce modele est
composé d'un piedestal & de deux figures allégoriques en bronze ; l'une est *Uranie* , ou la
Muse de l'Astronomie , & l'autre le Génie de
l'Astronomie. Uranie est appuyée sur la pendule , que l'on doit regarder comme le symbole
de la sphere du monde & des mouvemens célestes dont elle exprime la durée. Cette figure

eſt richement drapée ; elle porte une ceinture
d'étoiles , & tient à la main l'image du Zodiaque , pour annoncer que les mouvemens du Soleil ſont la meſure du Tems. Sur l'autre côté de
la pendule on voit le Génie de l'Aſtronomie,
ſous la forme d'un enfant , qui ouvre avec peine
un compas ; il annonce par-là les difficultés qui
ſe rencontrent dans l'étude de la nature , & la
néceſſité de s'y livrer dès l'enfance pour y réuſſir. Il eſt aſſis ſur les volumes de l'hiſtoire céleſte , c'eſt-à-dire , des anciens recueils d'obſer-
vations : il eſt adoſſé contre le globe du monde ,
& environné des inſtrumens d'Aſtronomie. Le
piedeſtal préſente une inſcription très-philoſo-
phique ; il porte le mouvement de la pendule ,
& fournit le moyen d'avoir un excellent régu-
lateur ; on y place une pendule de dix-huit
pouces de long , compoſée de pluſieurs regles ,
qui , par leurs directions oppoſées , remédient
à la dilatation , avec une forte lentille , qui
maîtriſe les inégalités du rouage.

Dans une autre pendule de M. *le Pautre*,
un piedeſtal de même forme ſe trouve accompagné du Génie de l'Aſtronomie & de celui du
Tems. Celui-ci y eſt repréſenté dans l'attitude
du mouvement ; il franchit avec impétuoſité
les ruines d'un monument antique , & ren-
verſe dans ſa courſe tout ce qui ſe préſente à
lui.

Nous ſouhaitons que ces deux modeles , dont
les figures allégoriques ſont analogues au ſujet ,
puiſſent ſervir de leçon aux Artiſtes. La plûpart ne connoiſſent que les ſujets rebattus de la

Fable, qu'ils appliquent fans réflexion à tous les modeles qu'ils veulent décorer.

TERME. Dieu dans Anciens Romains, qui préfidoit aux limites des champs : ce fut lui qui après le regne de Saturne fit ceffer les querelles & les différends des Payfans, en divifant les terres & les leur diftribuant. Il avoit à Rome fes Temples & fes Sacrifices, on l'honoroit auffi aux bornes des champs, & principalement au Capitole, parce qu'il ne voulut point fe retirer, ainfi qu'avoient fait les autres Dieux, à l'arrivée de Jupiter dans le Capitole. Les images de ce Dieu Terme étoient des pierres quarrées ; fouvent on y ajoutoit des têtes & des bras, ce qui fait que plufieurs Antiquaires confondent les Termes avec les Hermès. *Voyez* HERMES.

Sur une Médaille d'Augufte, ce Dieu eft repréfenté avec une couronne de rayons fur la tête & un foudre à fes côtés. On a dit que cet emblême exprimoit le mot d'Augufte, *feftina lentè*, hâtez-vous lentement. L'image en effet du Dieu Terme peut être regardée comme un fymbole du retardement, & la foudre comme celui de la vîteffe. Cet emblême peut auffi défigner qu'Augufte, à l'exemple du Dieu Terme, favoit s'oppofer aux efforts des Puiffances conjurées contre lui. On voit plufieurs autres Médailles, où font les figures de ce Dieu, avec cette infcription : *nulli cedo*.

Terme à double face, fymbole du paffé & de l'avenir. *Voyez* VIE HUMAINE.

TERPSICORE. L'une des neuf Muses, Déesse de la danse.

Elle se présente toujours à nous sous la figure d'une jeune Nymphe vive & enjouée, couronnée de guirlandes, & exprimant par la légereté de ses pas & la mollesse de ses mouvemens les jeux, les ris & les graces. Elle tient une harpe dans ses mains, & a plusieurs autres instrumens de musique autour d'elle. *Voyez* MUSES.

Au lieu d'une harpe, on la voit encore tenant un tambour de basque ; les plumes qui sont sur sa tête, & que le vent agite, son pied que la légereté soutient en l'air, la joie qui brille dans ses yeux, caractérisent les danses & les ballets que l'on doit au Génie de cette Muse.

TERRE. C'est une femme couronnée de fleurs, qui tient dans sa main une Corne d'abondance remplie de fleurs & de fruits, pour marquer sa fécondité. A ses pieds est un lion qui la caresse.

La Terre est représentée à-peu-près de même dans un sujet allégorique de la vie humaine ; mais elle n'a point de lion pour attribut. *Voyez* VIE HUMAINE.

Le Brun l'a personnifiée dans le Pavillon de l'Aurore, qui est à Sceaux, par une femme appuyée sur une urne. Elle fait rayer le lait de son sein, en même tems qu'elle se débarrasse de son manteau, d'où quantité d'oiseaux se répandent dans les airs.

Les artistes nous représentent souvent la

Terre fous la figure de Cybele ou de la Déeffe Tellus. *Voyez* CYBELE, TELLUS, ELÉMENS.

Le Lion feul eft quelquefois pris pour un fymbole de la Terre. *Voyez* AGRICULTURE.

TERREUR. On l'a caractérifée par une femme, qui d'une main tient un bouclier où eft gravée une tète de lion, & de l'autre, fonne de la trompette, pour répandre par-tout l'allarme & l'épouvante.

Dans la Galerie de Verfailles, c'eft une femme ailée, & coëffée d'un mufle de lion. Elle eft repréfentée fonnant de la trompette.

THALIE. L'une de neuf Mufes. Elle préfide à la Comédie & à la Poéfie Lyrique. C'eft une jeune fille couronnée de lierre, qui tient un mafque, & vous regarde avec un fouris malin ; quelquefois on lui donne des brodequins, & on met un finge à fes côtés. *Voyez* MUSES.

Vleughels l'a peinte affife, tenant fon mafque d'une main, & s'appuyant de l'autre fur les Comédies de Ménandre & d'Ariftophane.

Plufieurs de fes ftatues la repréfentent encore avec un clairon, parce qu'on s'en fervoit autrefois pour foutenir la voix des Acteurs.

THÉMIS. Déeffe de la Juftice, fille du Ciel & de la Terre, mere de la Loi & de la Paix. Elle eft toujours repréfentée avec une balance à la main, & un bandeau fur les yeux ; quelquefois tenant une épée. Jupiter, fuivant la Fable, plaça fa Balance au nombre des douze Signes du Zodiaque. *Voyez* JUSTICE, EQUITÉ.

Voici le portrait de Thémis par de la Motte.

Je vois une augufte Déeffe,
De qui la droite vengereffe
Fait briller un glaive tranchant ;
Dans fa gauche eft une balance
Que ni fraude ni violence
Ne forcent au moindre penchant.
C'eft Thémis, oui, c'eft elle-même.
Orné de l'éclat le plus beau,
Son front porte ce diadème
Que l'erreur prend pour un bandeau.
Pour elle la nuit eft fans ombre,
Et le cœur même le plus fombre
A fon œil ne peut échapper ;
Il veille à tout ce qu'elle pefe,
Et la feule raifon l'appaife
Ou la détermine à frapper.
Devant elle font les annales
Des oracles qu'elle a tracés,
De faux fens, de glofes vénales
Par la raifon débarraffes :
Les loix, appui de l'innocence,
Frein redouté de la licence, &c.

THÉOLOGIE (|La), qui eft une Science
qui a Dieu & les chofes qu'il a révélées pour
objets, eft défignée par une femme dont le
maintien infpire du refpect. Elle a une robe
de couleur célefte, la tête ceinte d'un diadème
en forme de triangle, & les yeux élevés vers
le Ciel. Ses attributs ordinaires font une colombe & des livres. La colombe que l'on met
proche fon oreille, eft pour marquer que les

principes de ſes connoiſſances viennent du S.
Eſprit ; & les livres poſés à ſes pieds, ſont les
ſymboles de l'autorité des Ecritures.

Dans une autre figure emblématique, la
Théologie eſt repréſentée ayant le globe ter-
reſtre ſous ſes pieds, & s'élevant vers le ciel
pour y contempler un triangle lumineux, ſymbole de la Divinité en trois Perſonnes. Ce
triangle eſt quelquefois ſurmonté d'une croix,
pour caractériſer les principaux myſteres de la
Religion Chrétienne. Cette figure allégorique
tient le livre de l'Evangile, ou ce livre lui eſt
préſenté par un Ange ; & pour la déſigner encore plus particulierement, on lui donne une
ceinture d'or, ſur laquelle eſt écrit le mot
Theos.

Raphaël l'a peinte dans la Chambre de la
Signature au Vatican, ſous l'image d'une femme, dont l'air du viſage annonce quelque choſe
de céleſte & de divin. Elle eſt aſſiſe ſur des
nues, & a au-deſſus de la tête l'image du
S. Sacrement. La piété qu'elle ſçait ſi bien annoncer par ſon maintien, eſt encore exprimée
par les couleurs de ſes vêtemens, qui indiquent
les trois Vertus Théologales, la Foi, l'Eſpérance & la Charité. La pureté de la Foi eſt déſignée par ſon voile blanc ; l'Eſpérance, par le
manteau verd qui lui deſcend juſques ſur les
pieds ; la Charité, par la tunique rouge qui lui
couvre la poitrine. Cette derniere Vertu eſt
encore caractériſée par la couronne de feuilles
& de fleurs de grenades que la figure ſymbolique de la Théologie porte ſur ſa tête. Deux

Amours divins, sous le symbole de petits enfans, l'accompagnent : ils tiennent chacun un
carton ; sur le premier est écrit *Scientia*, sur le
second, *divinarum rerum*, la Science des choses divines.

THÉORIE. Science qui étudie les principes
d'un art, & s'arrête à la spéculation, sans pas-
ser à la pratique. C'est ce que nous indique la
figure allégorique de la Théorie, représentée
assise & dans une attitude pensive. On voit auprès d'elle des livres & une horloge de sable,
symbole de l'étude. Elle tient ou a sur la tête
un compas ouvert, dont les pointes sont diri-
gées en-haut, pour montrer qu'elle s'attache
plutôt à la démonstration qu'à la pratique des
vérités.

Quelquefois on nous la peint conduite par
l'Expérience qui l'éclaire de son flambeau.
Voyez EXPÉRIENCE, PRATIQUE.

THYRSE. Lance ou javelot enveloppé de
pampres ou de feuilles de lierre ; c'est un des
attributs que les Poëtes ont donné à Bacchus,
pour marquer, selon quelques-uns, la fureur
que le vin inspire ; selon d'autres, que les
grands buveurs ont besoin d'un bâton pour se
soutenir.

Les Bacchantes sont aussi représentées armées de Thyrses. *Voyez* BACCHANTES.

Souvent, au haut du Thyrse, on voit une
pomme de pin avec des rubans. *Voyez* PIN.

TIARE. Triple couronne du Pape : haut
bonnet, environné de trois couronnes à fleu-
rons, terminé par un petit globe, surmonté

d'une croiſette ou petite croix ; le tout d'or , enrichi de pierres précieuſes.

La Tiare déſigne le rang du Saint-Pere , & les clefs , ſa juriſdiction. Aux Pompes funebres des Papes , on met leurs armoiries avec la Tiare ſur le catafalque , ſans les clefs.

TIBRE. Un des principaux Fleuves de l'Italie. On le voit repréſenté dans le Jardin des Tuileries. C'eſt un vieillard couronné d'une guirlande de fleurs & de fruits. Il eſt négligemment couché ſur ſon urne ; de la main gauche il tient un aviron ; & de la droite une Corne d'abondance. A côté de lui & du côté gauche , l'on voit une louve qui donne à tetter à deux petits enfans , Remus & Romulus , les Fondateurs de Rome. On a donné un aviron à ce Fleuve , pour déſigner qu'il eſt navigable & favorable au Commerce. La Corne d'abondance marque la fertilité du pays. Cette ſtatue a été faite à Rome d'après l'antique.

Au lieu d'une couronne de fleurs & de fruits , le Tibre a ſur les Médailles Romaines une couronne de laurier , ſymbole des Victoires que les Romains avoient remportées ſur tous les Peuples de la terre.

TIGRE. Nom propre d'un Fleuve de l'Aſie. Il a ſa ſource dans la Grande Arménie. On le repréſente , ainſi que les autres Fleuves , appuyé ſur ſon urne ; mais on lui donne un Tigre pour le diſtinguer.

TIGRE. Cet animal , à cauſe de ſa cruauté exceſſive , eſt le ſymbole de la cruauté.

l'a donné pour attribut à la colere. *Voyez* CO-
LERE.

Un Tigre qui déchire un cheval, étoit chez
les Egyptiens l'image de la vengeance la plus
cruelle.

Le char de Bacchus est souvent représenté
traîné par des Tigres, pour marquer que l'excès du vin nous porte à la fureur.

TIMIDITÉ (La) se représente sous l'emblême d'un jeune homme pâle & sans expérience ; ses genoux, que la crainte rend mal
affermis, sont un peu fléchissans. Il a des ailes
aux pieds, & un liévre pour attribut.

Otto Venius l'a désignée par un enfant qui
joint les mains, & porte sur sa tête un liévre,
symbole de la peur. *Voyez* LIEVRE, LAPIN.

Le daim est aussi regardé comme un symbole de la foiblesse & de la timidité. *Voyez*
CRAINTE.

TOISE. Bâton long de six pieds, qui sert à
mesurer. Une toise marquée à chaque pied,
désigne, sur les Médailles, une nouvelle Colo-
nie, dont on avoit toisé l'enceinte & les champs
qui lui étoient attribués. Cette toise se trouve
quelquefois accompagnée d'un boisseau, qui
indique le bled qui avoit été distribué pour
commencer à ensemencer les terres.

TORTUE. Mercure & Vénus la Pudique,
de la Vigne Borghese, ont pour attribut une
Tortue. *Voyez* PUDICITÉ, MERCURE.

Ce Testacée est regardé comme le symbole
de la paresse & de la lenteur, parce que sa
marche est très-lente. *Voy.* PARESSE.

R iij

Un papillon sur une Tortue, a servi à exprimer ce mot célebre d'Auguste : *Festina lente.*

TOUCHER. Le Toucher, le premier des cinq Sens, le plus universel, celui même auquel se rapportent tous les autres, dont ils ne font que des modifications, se caractérise par un jeune homme qui se touche le poignet du bras gauche, pour sentir le mouvement de son pouls. Quelquefois on a fait tenir à la figure allégorique du Toucher, la plante appellée *sensitive*, dont les feuilles se flétrissent aussi-tôt qu'on les touche. Ce sens a été également bien désigné par d'autres attributs. *Voyez* SENS.

TOURTERELLE. Les Hébreux regardoient cet oiseau comme le véritable emblème de l'innocence & de la pudeur, parce qu'il ne quitte point la campagne qu'il s'est une fois choisie.

On l'a donné pour attribut à la foi conjugale : cet oiseau en effet semble gémir, quand il a perdu son pair. *Voyez* FOI.

La Tourterelle a aussi été employée pour exprimer la fidélité des Sujets envers leurs Princes, & des armées envers leurs Généraux. Sur le revers d'une Médaille d'Héliogabale, on voit une femme assise, tenant sur une main une Tourterelle, avec cette inscription, *fides exercitûs.*

TRAGÉDIE. *Voyez* MELPOMENE.

TRAHISON. La Trahison présente un visage riant, & cache la mort entre ses mains. On lui fait tenir une épée ou un poignard. *Voyez* EMBUCHE.

TRANQUILLITÉ. Situation de l'ame

exempte de trouble & d'agitation. Sur une Médaille d'Adrien, la Tranquillité paroît appuyée
fur une colonne ; elle porte un fceptre de la
main droite.

Sur une autre Médaille d'Antonin, elle s'appuie fur un gouvernail, & tient deux épis de la
main gauche, pour marquer l'abondance des
grains qu'on apportoit par mer en tems de paix.

Le Brun l'a repréfentée dans la grande Galerie de Verfailles, fous la figure d'une femme
affife & couronnée de rofes, qui appuie négligemment fa tête fur une de fes mains.

On pourroit encore défigner la Tranquillité
par une femme affife, & regardant une mer
calme. On place à côté d'elle un Alcyon, fymbole, chez les Anciens, du calme & de la Tranquillité. *Voyez* ALCYON.

TRAVAIL. Le Travail, las & accablé de
fatigues, a bien de la peine à fe foutenir. Il a
les épaules nues, les bras décharnés & fans
couleur. Dans fes mains font plufieurs inftrumens propres à différens travaux. On en voit
d'autres à fes pieds. *Voyez* VIE HUMAINE.

TRÉPIED. C'étoit chez les Anciens un fiege
facré, fur lequel les Prêtres, les Sybilles, fe
mettoient pour rendre des oracles.

Sur les Médailles Romaines, le Trépied couvert ou non, avec une corneille & un dauphin, eft le fymbole des Décemvirs, députés
pour garder les oracles des Sybilles, & les confulter dans l'occafion. La corneille étoit confa-
crée à l'Apollon Palatin, au pied de la ftatue
duquel les oracles des Sybilles étoient confer-

vés. Le dauphin servoit d'enseigne dans les cérémonies des Décemvirs.

Le Trépied, sur lequel la Pythie de Delphe s'asseyoit, est le plus renommé des Trépieds que les Monumens anciens nous ayent transmis. Il est caractérisé par la figure d'un serpent, attribut de la Médecine, dont Apollon passoit chez plusieurs peuples pour être le Dieu.

TREVE. Suspension d'armes, cessation d'hostilités entre deux partis ennemis. La figure emblématique de la Tréve est assise sur un trophée d'armes. Elle a quitté son casque ; mais elle a conservé sa cuirasse, pour marquer que les hostilités ne sont que suspendues par une condition réciproque, & fondée sur la bonne foi ; ce qui est indiqué par sa main gauche, qu'elle pose sur sa poitrine en signe d'assurance, & par l'épée qu'elle tient de la main droite, dont la pointe est baissée.

TRIANGLE. Un Triangle lumineux qui enferme le nom de Dieu, écrit en caracteres Hébraïques, est un symbole ordinaire du mystere de la Trinité. *Voyez* TRINITÉ.

TRIDENT. Sceptre à trois pointes, ou fourche à trois dents, qui est l'attribut le plus ordinaire de Neptune. Ce sceptre marque son triple pouvoir sur la mer, de la conserver, de la troubler, de la calmer. Le Trident pouvoit être, dans l'origine, un instrument de marine, ou une espece d'harpon, en usage en mer pour piquer les gros poissons que l'on rencontroit.

TRINITÉ. Cet auguste Mystere se représente communément, dans nos Eglises sous le symbole d'un triangle placé dans une sphere rayonnante. Au milieu du triangle est écrit en Hébreu le S. Nom de Dieu.

Sur une Médaille du Cabinet de la Bibliothéque de sainte Geneviéve, Dieu est représenté assis sur des nuées; sa tête compose trois faces; il porte un triangle, & il a ses pieds appuyés sur un globe. Deux Chérubins sont à ses côtés, deux autres à ses pieds. L'inscription porte, *Deus trinus & unus.*

TRIOMPHE. Sur les Médailles Romaines, le Triomphe d'un Empereur ou d'un Général d'armée est le plus communément désigné par l'Empereur ou le Général, dans un char triomphal attelé de quatre chevaux, portant d'une main une branche de laurier, & de l'autre l'enseigne des Légions, qui est un aigle au bout d'un bâton. La Victoire est souvent représentée sur le char derriere le Triomphateur. C'est une petite figure ailée, qui d'une main tient une couronne d'olivier, & de l'autre une branche de laurier.

L'honneur du Triomphe étoit pour un Romain le comble de la gloire : rien en effet n'approche de l'idée de grandeur & d'illustration qui accompagnoit un Général qui triomphoit au milieu de Rome à la tête de son armée. Cette pompe guerriere peut fournir de beaux sujets à la Peinture, & présenter des scènes où le devoir, le sang, l'amitié, l'amour même, joueront chacun leur rôle, & varieront les expressions d'un peuple témoin d'un spectacle qui l'intéressoit à tous égards.

Le Sénat en Corps, & dans ses habits de cérémonie, commençoit la marche de cette pompe, qui devoit se rendre au Capitole. Après le Sénat paroissoit une multitude infinie de Musiciens couronnés de fleurs, qui, joignant leurs différens instrumens aux bruits aigus des trompettes & des clairons, formoient des concerts dignes de ce peuple belliqueux. Marchoient ensuite des chars remplis des dépouilles des différentes nations qu'on avoit vaincues, de statues, de plans de villes assiégées, de simulacres représentans les Fleuves, les Provinces, les Empires subjugués. On voyoit après les victimes destinées aux Sacrifices. C'étoit ordinairement des bœufs dont les cornes dorées étoient encore ornées de bandelettes & de guirlandes de fleurs. Ils étoient conduits par plusieurs Sacrificateurs, dont les uns portoient les haches, les couteaux sacrés; & les autres, les coupes & les vases d'or; mais ce qui intéressoit le plus l'orgueil des citoyens, étoit le spectacle des Rois & des généraux captifs, revêtus de toutes les marques de leurs dignités, & traînés dans des chars avec leurs femmes, leurs fils, leurs courtisans. On représentera les uns ayant la tête baissée, & cachant de leurs cheveux leur visage & leur honte. Ceux-ci plus fermes, respireront encore cette noble fierté que les revers de la fortune n'ont pu leur ôter; mais leurs femmes & leurs filles qui les accompagnent succomberont sous le poids de la douleur, & paroîtront éplorées.

Ces nouvelles victimes de l'ambition du

Peuple Romain suivoient immédiatement celles qui étoient deftinées aux Sacrifices. Paroiſſoit enfin le Vainqueur dans un char de forme ronde, tiré par quatre chevaux blancs attelés de front. Il étoit paré de la robe triomphale, & couronné de laurier, dont il portoit encore une branche à la main ; il marchoit au Capitole par un chemin femé de fleurs, au bruit des inſtrumens & au milieu des acclamations du Peuple, & quelquefois même de ſes railleries. Dans ce même char, & derriere le Triomphateur, étoit placé un eſclave qui lui tenoit ſur la tête une couronne de pierreries. Il étoit chargé de rappeller au Vainqueur, dans cette eſpece d'apothéoſe, où un Citoyen Romain étoit bien capable de s'oublier, qu'il n'étoit qu'un homme. Les fils, quelquefois même les filles du Vainqueur montoient avec lui dans le char ; ceux qui ne le touchoient pas de ſi près, ſe trouvoient fort honorés de tenir les brides des chevaux & de les conduire. Autour du char étoient rangés des licteurs avec des faiſceaux & des haches couronnés de laurier ; ils étoient en plus ou moins grand nombre, ſelon la dignité du Triomphateur. L'armée ſuivoit en ordre ; chaque foldat couronné de laurier portoit dans ſes mains les prix de ſon courage & les marques de la généroſité du Vainqueur. *Voyez les Mem. de l'Ac. des Inſc.*

TRISTESSE. La Triſteſſe s'avance à pas lents ; elle n'oſe lever les yeux ; ſon ton de voix eſt bas ; à peine l'entend-on parler. Les Peintres l'ont caractériſée par une femme éplorée, ayant les cheveux abattus & un serpent qui lui ronge le sein. *Voyez* AFFLICTION, DOULEUR.

Hésiode, dans son Poëme intitulé *le Bouclier d'Hercule*, nous fait cette description de la Tristesse, dont les détails sont peut-être un peu trop bas.

« La tristesse, dit-il, se tenoit près de-là » toute baignée de pleurs, pâle, séche, dé- » faite, les genoux fort gros & les ongles fort » longs. Ses narines étoient une fontaine d'hu- » meurs ; le sang couloit de ses joues, elle » grinçoit les dents, & se couvroit les épaules » de poussiere ».

TRITON. Dieu Marin, fils de Neptune & d'Amphitrite : c'étoit lui qui étoit chargé d'annoncer les ordres de Neptune. C'est pourquoi on le représente ayant une conque en main qui lui sert de trompette. Il est ordinairement couronné de corail, & a la partie supérieure du corps semblable à l'homme, & le reste terminé en poisson.

Les Poëtes en ont feint plusieurs, & en donnent à tous les Dieux principaux de la mer pour trompettes.

TROMPETTE. On a donné une Trompette pour attribut à la Renommée, à la Terreur, à la Gloire.

TROPHÉES. Les Trophées d'Armes sont employés sur les Médailles des Empereurs, pour designer les Victoires qu'ils ont remportées.

Sur une Médaille de Sévere, dont l'inscription porte *invicto Imp.* on voit un simple tronc d'arbre orné de différentes armes. Ænée , dans le onziéme Livre de l'Ænéïde , érige un pareil Trophée compofé des dépouilles de Mezence, qu'il confacre au Dieu de la Guerre.

Ingentem quercum decifis undique ramis
Conftituit tumulo , fulgentiaque induit arma
Mezenti ducis exuvias , tibi , magne , tropæum ,
Bellipotens : aptat rotantes fanguine criftas ,
Telaque trunca viri , & bis fex thoraca peritum
Perfoffumque locis.

« Après avoir fait planter fur une hauteur
» un tronc de chéne dépouillé de toutes fes
» branches, il le fait revêtir des brillantes Ar-
» mes enlevées à Mezence ; & c'eft à toi , puif-
» fant Dieu de la Guerre , qu'il confacre ce
» Trophée. Il y fufpend fon cafque & fes ai-
» grettes encore dégoûtantes de fang , fes ja-
» velots brifés, avec fa cuiraffe percée de dou-
» ze coups ». *L'Abbé Desfontaines.*

Les Grecs éleverent les premiers ces fortes de Trophées pour honorer leurs Capitaines , qui avoient mis les ennemis en fuite. Ils ôtoient les branches du premier arbre qu'ils rencontroient dans le lieu où la déroute étoit arrivée ; & ne laiffant que le tronc , ils y ap-pendoient les boucliers , les cafques , les cui-raffes , & les autres fortes d'armes que l'ennemi avoit abondonnés en fuyant. Par la fuite, ce Peuple enflé de fes Victoires, ne fe contenta plus de fimples Trophées qui n'exiftoient que l'efpace de quelques jours ; on en érigea de marbre & de bronze. Plutarque blâme , avec raifon, ces derniers Trophées, qui, fubfiftant toujours, ne fervoient qu'à nourrir un defir de vengeance, par le reffouvenir des maux fouf-ferts & des injures reçues.

TYRANNIE. Au lieu de fceptre, la Tyrannie a une épée nue dans fes mains ; fon regard farouche, fon front pâle, fa démarche incertaine annoncent la crainte qui l'accompagne ; fa couronne de fer ou d'airain eft le fymbole de fa puiffance, mais d'une puiffance acquife par la force : on lui fait tenir un joug, pour marquer que fous un tyran on eft dans l'efclavage.

Le grand fceau que la province de Virginie, en Amérique, a fait frapper en 1776, porte une empreinte où la *Tyrannie* eft caractérifée. D'un côté, la *Vertu*, Génie protecteur de la République, paroît vêtue en amazone ; d'une main elle tient une lance, de l'autre une épée; fous fes pieds eft la *Tyrannie*, repréfentée par un homme, de la tête duquel tombe une couronne, & qui tient d'une main des chaînes, & de l'autre un fouet. Dans l'exergue, on lit au-deffus de la Vertu, *Virginia*, & au-deffous de la Tyrannie, *fic femper Tyrannis*. Au revers on voit la *Liberté* avec fa baguette & fa barrette : elle a d'un côté Cérès, qui tient une corne d'abondance ; de l'autre un épi de bled ; dans le fond eft l'Éternité, avec les emblêmes du cercle & du phénix, & autour on lit : *Deus nobis hæc otia fecit.*

V.

VAINE-GLOIRE. La Vaine-Gloire provient toujours d'un défaut de jugement, qui fait croire que l'on mérite de l'admiration, parce que l'on s'admire. C'est pour cette raison que l'on donne à cette figure symbolique des oreilles d'âne. Elle est vêtue richement, & coëffée de plumes de paon. Son regard est dédaigneux; elle tient une trompette & respire avec satisfaction l'odeur de l'encens qu'elle se donne à elle-même. Quelquefois on lui fait tenir un miroir dans lequel elle prend plaisir à se considérer; symbole qui convient aussi à la vanité; mais comme la vanité peut être jointe au mérite réel, on ne lui donne point comme à la Vaine-gloire, toujours fondée sur un faux mérite, des oreilles d'âne. *Voyez* VANITÉ.

VAISSEAUX. Un Vaisseau en course désigne la joie, la félicité, le bon succès, l'assurance. Ce symbole se rencontre sur les Médailles. Plusieurs Vaisseaux aux pieds d'une figure tourrelée, indiquent que c'est une Ville maritime & commerçante. Quand ils sont aux pieds d'une Victoire ailée, ils marquent des combats de mer, où l'on a vaincu la flotte ennemie.

L'usage de donner aux Vaisseaux le nom des animaux qui étoient représentés sur la proue, usage très-ancien, a donné lieu à bien des fables; ainsi, pour dire que Persée voya-

geoit fur un Vaiſſeau , on diſoit qu'il étoit
monté ſur un cheval ailé. Dédale s'enfuit de
Crête ſur un Vaiſſeau à voiles qui alloit beaucoup plus vîte que le Vaiſſeau à rames qui le
pourſuivoit : voilà les ailes avec leſquelles il
s'envola.

VALEUR MILITAIRE. On la repréſente
ſous le ſymbole de Mars ou d'Hercule, armée
de ſa maſſue, & couverte des dépouilles d'un
lion.

Sur pluſieurs Médailles Romaines, la Valeur
eſt exprimée par une femme caſquée, tenant
d'une main la haſte, & de l'autre le *Parazonium*, qui eſt une épée paſſée dans un ceintu-
ron. *Voyez* VERTU HÉROIQUE.

La Valeur Militaire a auſſi été très-bien
caractériſée par un Guerrier tenant un drapeau qui enveloppe pluſieurs piques, pour montrer que les hommes réunis ſous l'étendard de
la vertu héroïque, ſont invincibles.

VANITÉ. Deſir d'occuper les hommes de
ſoi & de ſes avantages. L'emblême ordinaire
de la Vanité eſt une femme vêtue richement,
qui ſe regarde avec complaiſance dans un miroir, & a un Paon pour attribut. Quelquefois
on lui donne une couronne compoſée des plumes de cet oiſeau. Pluſieurs Iconologiſtes lui
ont fait tenir un cœur qu'elle ſemble offrir,
car c'eſt une ſorte de Vanité de ſe croire les
qualités du cœur parfaites, & de découvrir inu-
tilement ſes ſentimens.

Dans un ſujet allégorique de Jacques Jor-
dans, elle eſt caractériſée par une femme à

ſa

ſa toilette. La folie eſt à ſes côtés, qui lui tient un miroir. Un Philoſophe placé devant elle lui montre une tête de mort ; au-deſſus eſt une banderole, ſur laquelle on lit cette Sentence exprimée en flamand : *connois-toi toi-même.*

Un Tableau du Titien, que l'on voit à Rome dans la Galerie des Tableaux du Capitole, nous repréſente la Vanité par une femme nue légerement drapée ſur les cuiſſes, & ayant à ſes pieds un ſceptre & une couronne. On lit ſur une inſcription, au haut du Tableau : *omnia Vanitas.*

VENGEANCE. Les Poëtes en avoient fait une Divinité, qu'ils nommoient Néméſis. *Voyez* NÉMÉSIS.

On la peint telle qu'une furie, les cheveux épars, le viſage rouge & enflammé, les yeux étincelans, ayant un caſque ſur la tête & un poignard à la main. Souvent elle eſt armée d'un flambeau, dont elle anime ceux qu'elle veut porter à la Vengeance. Si on lui voit le flanc percé d'une fléche, c'eſt pour marquer que la Vengeance n'a lieu qu'après une offenſe reçue.

Cette figure allégorique ſera encore bien repréſentée avec des yeux creux & enfoncés, & un viſage pâle, pour exprimer la ſituation d'un homme qui ne reſpire que la Vengeance, mais qui eſt retenu par la crainte ou par quel- que conſidération qui l'oblige à diſſimuler.

VENGEANCE DIVINE. Dans les Tableaux d'Egliſe, la Vengeance Divine eſt exprimée par un Ange armé d'une épée flamboyante.

Les Anciens la repréſentoient ſous la figure

de Némésis, la Déesse de la Vengeance. *Voyez* NÉMÉSIS.

Les Poëtes Grecs & Latins nous ont encore symbolisé la Vengeance céleste par une Bellone en furie, couverte de sang, environnée de flammes, écrasant sous son char les têtes des coupables mortels.

VENTS. Rien de plus ordinaire que de voir les Vents personnifiés chez les Poëtes. Ils les ont dépeints comme des Génies inquiets, volages, turbuleus, qui semblent prendre plaisir à bouleverser l'Univers.

On doit toujours les représenter avec des ailes. *Voyez* BORÉE, EOLE, CALAIS, ZÉPHIR, &c.

VÉNUS, autrement Cypris, fille du Ciel & de la Terre, mere des Graces & des Amours, & Déesse de la Beauté; les Anciens lui donnoient pour époux le Dieu des Forges. Vouloient-ils nous marquer par-là l'étrange bisarrerie qui se trouve dans la plupart des mariages, ou nous donner cette leçon utile, qui est que tandis que le mari se charge des soins laborieux & pénibles du ménage, la femme doit, par les agrémens de la figure & du caractere, en faire l'ornement & la douceur?

Paris, devant qui Vénus se montra dans tout son éclat, lui donna la pomme d'or, qui étoit le prix de la beauté que Junon & Pallas lui disputoient.

On la reconnoît aisément à cette pomme qu'elle tient dans ses mains, au petit Cupidon qui est à ses côtés, & plus encore à ces traits enchanteurs qui lui mériterent le prix de la beauté.

> Rien ne manque à Vénus, ni les lys ni les roses,
> Ni le mélange exquis des plus aimables choses,
> Ni ce charme secret dont l'œil est enchanté,
> Ni la grace plus belle encor que la beauté.
>
> *La Font. P. d'Adonis.*

Vénus présidoit particulierement aux commerces de galanterie : c'est pour cela que les Poëtes lui ont donné cette ceinture mystérieuse, si bien décrite par Homere. « Elle étoit, dit » ce Poëte, d'un tissu admirablement diversi- » fié : là se trouvoient tous les charmes les plus » séducteurs, les attraits, l'amour, les desirs, » les amusemens, les entretiens secrets, les » innocentes tromperies, & le charmant badi- » nage, qui insensiblement surprend l'esprit & » le cœur des plus sensés ». *Voyez* CESTE.

Vénus a eu différens noms, suivant les lieux où elle fut adorée. Les Grecs, qui croyoient qu'elle étoit née de l'écume de la mer, lui donnerent le nom d'Aphrodite : c'est pour se conformer à cette tradition, que les Poëtes nous la dépeignent sortant des eaux & portée sur une conque traînée par des Néréides & des Tritons. *Voyez* VÉNUS MARINE.

Les cignes, les moineaux, & sur-tout les colombes, étoient ses oiseaux favoris. La rose & le myrte lui étoient aussi consacrés.

Elle se promene dans les airs, portée sur un char tiré par des colombes ou par des cignes, & ayant à ses côtés deux colombes qui se béquetent ; une couronne de myrte & de roses orne ſa blonde chevelure ; cette molleſſe , cet air de volupté qui enchante , ſert encore mieux à la faire reconnoître. La joie eſt dans ſes yeux , le ſourire eſt ſur ſes lévres ; il n'augmente point ſes charmes, mais il les met dans tout leur jour. Mille petits Amours qui badinent avec ſa ceinture, ſemblent applaudir à ſa beauté.

Un Tableau du Guide , nous repréſente Vénus accompagnée des Graces occupées à la ſervir. La Déeſſe eſt couchée ſur un lit de repos. Dans ſes yeux regne une douce langueur , & ſon attitude développe tous les charmes de la beauté. Cupidon placée auprès d'elle joue avec un de ſes ornemens. Les trois Graces ſont occupées à parer leur mere. L'une orne ſes cheveux de quelques pierreries, l'autre lui attache un bracelet, la troiſieme lui met ſon brodequin. On voit auprès de la Déeſſe un petit panier avec des joyaux ſur une toilette ; à terre , ſur le devant , ſont l'arc & les fléches de l'Amour ; & dans le lointain eſt un autre Amour auprès d'un vaſe rempli de fleurs dont il forme un bouquet pour la Déeſſe de la beauté.

Sur les Médailles , Vénus tient ſouvent un ſceptre ou une pique renverſée , pour nous exprimer peut-être que l'Amour eſt ennemie de la guerre , ou que tout doit lui céder.

Lorſqu'on a repréſenté Vénus appuyée ſur une colonne , & ayant un globe à ſes pieds , on a voulu marquer ſon empire ſur les cœurs des mortels. Le gouvernail qu'on lui voit quelquefois entre les mains, peut exprimer la même choſe.

Vénus la pudique de la Vigne Borghese, a une tortue pour attribut. *Voyez* PUDICITÉ.

Les Lacédémoniens lui mettoient un voile sur la tête & l'enchaînoient par les pieds, pour marquer que la modestie, la retraite & le silence, doivent être le partage des femmes; ce peuple représentoit aussi Vénus armée, à l'occasion, dit Lactance, de leurs femmes, qui prirent une fois les armes, & repousserent l'ennemi.

La plus belle statue de Vénus dont l'Histoire fasse mention, est celle de Praxitele, que les Cnidiens placerent dans leur Temple. Lucien en fait ainsi la description. « Nous entrâmes, » dit-il, dans le Temple, au milieu duquel » on voit la Déesse. Sa statue est de marbre de » Paros, d'un travail admirable. La Déesse » semble sourire. Elle n'a point de vêtement, » ni rien qui la couvre. Elle tient seulement une » main sur un endroit que la pudeur ordonne » de cacher. Elle a été sculptée avec tant d'art, » que malgré la dureté de la matiere, tout est » d'une délicatesse merveilleuse ».

Cette description de Lucien peut convenir à cette belle statue antique, qui est dans le Palais du grand Duc à Florence. Elle est bien connue parmi les Amateurs sous le nom de la *Vénus de Médicis.* Ce nom lui a été donné parce que ce fut Côme de Médicis, protecteur éclairé des Beaux Arts, qui en fit l'acquisition; tous ceux qui l'ont vue conviennent que c'est le plus beau corps de femme que l'on puisse se figurer, & que l'art en ce point semble

avoir furpaffé la nature. Cette ſtatue a un peu
plus de cinq pieds de hauteur, qui eſt la belle
proportion de la taille des femmes. Elle a la
tête tournée vers l'épaule gauche ; elle porte
la main droite au-devant de ſon ſein, mais à
quelque diſtance ; de l'autre main, elle cache,
& cependant ſans y toucher, ce qui fait la
diſtinction des deux ſexes. Elle ſe panche dou-
cement & ſemble avancer le genoux droit, pour
mieux ſe cacher s'il eſt poſſible. La pudeur &
la modeſtie ſont exprimées ſur ſon viſage avec
une douceur, un air de jeuneſſe, une beauté
& une délicateſſe qui enchantent. Son bras
rond & tendre s'unit inſenſiblement à ſa belle
main. Sa gorge ſemble avoir été formée par
les Graces, & elles ſont répandues ſur toute
ſa perſonne. On lit ſur la baſe de cette ſtatue,
qu'elle a été faite par Cléomenes, fils d'Apol-
lodore, Athénien ; mais on ſoupçonne l'auten-
ticité de cette inſcription, qui ſemble en effet
avoir été miſe fort tard. Seroit-elle donc cette
belle Vénus décrite par Lucien ? Ce qui pourroit nous en faire douter, c'eſt que la Vénus
de Médicis, quoique d'un mérite ſupérieur, n'a
cependant pas la forme de beauté ſublime
adoptée par les Sculpteurs du ſiecle de Praxitele. Cette forme (il n'eſt ici queſtion que
de celle du viſage) n'a point de parties in-
terrompues ; or, la Vénus de Médicis a la ligne
du menton interrompue par un petit creux.
Le corps de cette belle ſtatue aura pu être
copié long-tems après ſur la Vénus de Praxitele, mais ſon viſage paroît être le portrait

de quelque jolie femme que le Sculpteur a voulu sans doute immortaliser.

Au reste, cette Vénus, celle du Capitole, la Vénus de la ville Albani, celle de Méno-phantus, &c. n'annoncent rien dans leurs gestes ou dans leurs regards, qui puissent choquer la pudeur. En pourrions-nous dire autant de plusieurs Vénus modernes ?

La Vénus antique, que M. Maffei nous a fait connoître, est accompagnée de deux Cupi-dons, & couronnée d'épis de bled ; d'une main elle tient un thyrse entouré de pampres de vigne & de grappes, & de l'autre, trois flé-ches, pour marquer qu'elle décoche plus sûre-ment ses traits, quand Bacchus & Cérès sont de la partie. *Sine Cerere & Baccho friget Venus*, dit Térence.

Quelques Artistes ont donné un miroir à Vénus, comme Déesse de la Beauté. *Voyez* BEAUTÉ.

La Vénus d'Arles placée à Vérsailles, tient un miroir de la main droite, & une pomme de la gauche, marque de son triomphe sur Junon & sur Pallas. La statue est antique, mais la pomme & le miroir ont été ajoutés par le célé-bre Girardon.

Pausanias écrit qu'il y avoit chez les Thé-bains trois statues de Vénus faites du bois des navires de Cadmus. La premiere représentoit Vénus céleste, qui n'inspiroit qu'un amour pur & dégagé des cupidités corporelles ; la seconde statue étoit celle de Vénus populaire ; la troi-

siéme, de Vénus préservatrice ; celle-ci détour-
noit les cœurs de toute impureté.

Sur une Médaille d'Agrippine, Vénus céleste, *Venus cœlestis*, porte un sceptre d'une
main, & de l'autre une pomme ; elle a une
étoile sur la tête, symbole de son origine
céleste.

Sur une Médaille de Faustine, on voit l'image
de Vénus mere, *Veneris genitricis* ; elle tient
une pomme de la main droite, & de la gauche
un petit enfant enveloppé de langes. Elle n'est
pas représentée de même sur une Médaille de
Faustine la jeune ; elle a les bras & une mammelle à découvert ; de la main droite, elle tient
une petite Victoire, & de la gauche un bouclier, sur lequel on a gravé le mariage de Marc-
Aurele & de Faustine.

Sur une autre Médaille de la même Impéra-
trice, on a représenté Vénus victorieuse, *Venus victrix* ; elle s'efforce, par ses caresses, de
retenir le Dieu Mars, qui part pour la guerre.

Sur une Médaille de Titus, on voit une Vénus nue qui porte la main droite à la bouche,
& qui tient de la gauche un cheval par la bride. Elle est debout devant le Dieu Mars, représenté assis & appuyé sur un bâton. Cet emblême peut désigner que les caracteres les plus
brutaux & les plus sanguinaires se laissent dompter par les caresses de la Beauté.

Au reste, dans la plûpart de ces Médailles,
les Divinités, comme Mars, Vénus, &c. ne
font souvent que des figures allégoriques, qui
désignent le Prince ou la Princesse.

VÉNUS MARINE, ou Vénus sortant du sein des mers, est représentée sur les anciens monumens, montée sur un dauphin ou sur une chevre marine, & escortée des Néréïdes & des Amours : quelquefois aussi on la voit portée sur une coquille, soutenue par des Tritons, & tenant ses grands cheveux, dont elle fait découler l'écume de la mer.

La description qu'Hésiode a fait de la naissance de Vénus, paroît avoir inspiré le célebre Apelles dans son chef-d'œuvre de cette Vénus dite *Anadyomène*. Le Poëte, après avoir raconté la disgrace de Saturne, & l'horrible attentat de son fils Jupiter, décrit à-peu-près ainsi la naissance de Vénus, merveilleux effet de cette disgrace. « On vit alors, ajoute Hésiode, flotter » sur la surface des eaux de la mer, le grouppe » d'une écume blanche, qui produisoit & for- » moit dans son sein une jeune fille. Cette » écume s'approche d'abord de l'isle de Cy- » there ; de-là, poussée par les flots, elle fut » portée sur la côte de l'isle de Cypre, où le » grouppe s'étant tout-à-coup entr'ouvert, on » vit sortir de son sein une jeune Déesse, dont » l'éclat, la beauté & la majesté étonnoient » les regards. Dès le premier moment de sa » naissance, l'aimable Déesse se présente à » l'assemblée des Dieux, qui la reçoivent par- » mi eux ; le Dieu d'Amour l'accompagnoit, » & les plaisirs suivoient ses pas ».

La Vénus d'Apelles, comme nous l'apprend l'Epigramme de l'Anthologie est représentée à mi-corps, & dans le moment qu'elle paroît au

jour ; elle est dans l'ignorance de ses charmes ;
& ne témoigne aucune surprise ; elle n'a besoin
ni d'effort, ni de mouvement ; Déesse & sans
passion, l'ingénuité l'accompagne, & la curio-
sité ne la peut animer ; mais son premier soin
est de plaire & de paroître à son avantage. Dès-
lors elle est occupée de sa parure naturelle ;
elle arrange & dispose ses cheveux ; le soin
qu'elle apporte pour les essuyer prouve qu'elle
vient de sortir de l'eau, & tout ce qui rappelle
une action précédente, est une preuve aussi
rare que constante du génie des Artistes. Que
de parties muettes & possibles, dans le même
instant, faut-il réunir avec sagesse & conve-
nance, pour les faire concourir à l'impression
d'un objet fixe & immuable, tel qu'il est pour
la peinture ! Ainsi, l'attitude qu'Apelles a pré-
férée est savante sans le paroître, fine par une
action convenable au sexe & à l'âge, agréable,
parce qu'elle est dans la nature, que l'œil le
plus sévere ne peut y remarquer la moindre
affectation, & qu'enfin, sous l'envelope la
plus simple & la plus juste, l'esprit charmé n'a
nul besoin de sous-entendre & de démêler.
*Mémoire sur la Vénus d'Apelles, dite Ana-
dyomène, par M. le Comte de Caylus.*

Une Epigramme de l'Anthologie peut faire
juger de l'admiration que le tableau d'Apelles
avoit inspiré dans le plus beau tems des Arts.
« Voyez Vénus sortant du sein de l'onde, qui
» vient de lui donner le jour ; c'est l'ouvrage
» du pinceau d'Apelles : considérez la Déesse,
» qui a saisi de ses belles mains sa chevelure

» toute trempée, comme elle exprime de ses
» cheveux humides l'écume blanche dont elle
» vient de naître. Minerve & Junon avouant
» désormais leur défaite, diront elles-mêmes :
» Charmante Vénus, nous ne vous disputons
» plus le prix de la beauté. »

L'Épigramme suivante nous apprend que
Vénus, dans le tableau d'Apelles, n'étoit représentée qu'à mi-corps. Dans l'état de nudité,
conséquent à l'instant de sa naissance, rien
n'a pu produire cette réserve & cette modestie,
que le degré de son enfoncement dans l'eau.
Voyez le Mémoire ci-dessus cité.

« Lorsque Cypris, toute trempée de l'écume
» qui découle de ses cheveux, sortit nue du sein
» des flots, elle porta d'abord ses mains sur la
» chevelure qui couvroit ses belles joues : elle
» exprimoit ainsi, de ses cheveux humides,
» l'eau écumante de la mer. La Déesse mon-
» troit son sein à découvert, & tout ce qu'il est
» permis d'exposer à la vue. Mais si Vénus est
» aussi belle en effet qu'elle le paroît dans le
» tableau ; qu'à la vue de la Déesse, toute la
» fierté du courage de Mars s'étonne & se con-
» fonde ».

Nous citerons encore cette Épigramme, qui
présente le plus grand éloge d'Apelles sous la
forme la plus simple. « Apelles vit Cypris au
» moment de sa naissance, lorsqu'elle sortit
» toute nue du sein de la mer, qui l'avoit en-
» fantée. Le Peintre offre à nos regards la
» Déesse, telle qu'il la vit en ce moment,

» couverte d'écume, & l'exprimant de ses che-
» veux avec ses belles mains. »

VÉNUS POPULAIRE. La Vénus populaire ou vulgaire, appellée aussi par les Anciens *Vénus-Pandemos*, présidoit à la prostitution publique, & étoit représentée à Élis assise sur un bouc. La statue étoit de bronze, ainsi que le bouc : c'étoit l'ouvrage du célebre *Scopas*. Cette Vénus avoit un Temple à Athenes. Son culte étoit célébré par les Courtisanes : mais les femmes honnêtes ne reconnoissoient que Vénus-Uranie ou Vénus Céleste.

VÉRITÉ. Divinité allégorique que les Anciens ont dit fille de Saturne ou du Tems, & mere de la vertu.

Elle est représentée presque nue, avec un Soleil au-dessus de la tête ou sur la poitrine. La Vérité a un Soleil, parce qu'elle est amie de la lumiere, ou plutôt parce qu'elle est elle-même la lumiere qui écarte les nuages de l'erreur.

Lorsqu'on lui a fait tenir une palme, on a voulu marquer que la Vérité est toujours triomphante.

On lui a aussi donné un miroir, & ce symbole lui convient très-bien, parce qu'ainsi que le miroir, elle nous présente les objets tels qu'ils sont.

> Du haut des Cieux découvrant les cabales
> Et les forfaits de ses sombres rivales,
> L'œil enflammé, le dépit dans le sein,
> Elle (*la Vérité*) descend son miroir à la main.

De ſes attraits l'éclatant aſſemblage
Se montre à tous ſans ombre & ſans nuage :
D'un vol léger la Victoire la ſuit ,
Le jour l'éclaire , & le tems la conduit. *Rouſſeau.*

Dans une Eſtampe allégorique , dont le ſujet eſt la Vérité recherchée par les Philoſophes , B. Picart a repréſenté la Vérité par une femme nue , poſée ſur un cube , foulant d'un pied le globe terreſte , tenant de la main gauche un livre & une palme , & de la droite un Soleil qu'elle regarde fixement , ſymbole qui déſignent ſa ſimplicité , ſa ſtabilité & ſon élévation au-deſſus des choſes de la terre ; qu'elle ſeule doit nous inſtruire , que c'eſt à ſes lumieres qu'il eſt glorieux de ſe ſoumettre , & que le grand jour ne l'effraye point.

Apelles , dans ſon tableau de la Calomnie , l'a perſonnifiée par une femme modeſte , laiſſée à l'écart , penſée ingénieuſe , & dont la Vérité ſe manifeſte tous les jours. *Voyez* CALOMNIE.

VÉROLE (la petite) , donnée par inoculation , a été figurée ſur une médaille frappée à Stockolm (en l'honneur de la Comteſſe de Geers , qui avoit eu le courage de faire inoculer tous ſes enfans) ſous l'emblême du ſerpent d'Eſculape , avec ces mots pour légende : *Sublato jure nocendi.* Le revers de la médaille préſente une couronne civique , avec ces mots : *ob infantes civium felici auſu ſervatos* , & le nom de Madame de Geers.

VERTU. Divinité allégorique , fille de la Vérité. Les Romains lui érigerent un Temple , ils avoient auſſi élevé un Temple à l'Honneur, & il falloit paſſer par le Temple de la Vertu, pour arriver à celui de l'Honneur ; ils vouloient marquer par-là, qu'il n'y avoit que les perſonnes vertueuſes qui pouvoient ſe frayer un chemin vers l'Honneur.

La Vertu nous eſt repréſentée ſous le ſymbole d'une femme vêtue de blanc, dont le maintien inſpire du reſpect & de la vénération. On la voit aſſiſe ſur une pierre quarrée, & tenant une couronne de laurier. Il ſeroit mieux de la repréſenter debout & dans l'action du mouvement, pour marquer que la Vertu eſt active, & qu'elle ne s'arrête point à cette maxime de la probité : « Ne faites point à au» trui ce que vous ne voudriez pas qui vous fît » fait. » Celle de la Vertu eſt : « Faites à au» trui ce que vous voudriez qui vous fît fait. »

Lucien nous peint la Vertu triſte, affligée, & maltraitée de la Fortune.

Quelquefois on donne des ailes à la Vertu, pour nous faire entendre que les perſonnes vertueuſes s'élevent au-deſſus des autres.

Raphaël, dans le bas-relief de la ſtatue de Minerve, qu'il a placé dans ſon Tableau allégorique de la Philoſophie, a repréſenté la Vertu élevée ſur des nuées avec une main ſur la poitrine, le ſiége de la Valeur, & de l'autre montrant aux mortels, par le ſceptre qu'elle tient, le pouvoir de ſon Empire. A ſes côtés eſt la figure du Lion dans le Zodiaque. Cet animal, comme l'on ſait, eſt le ſymbole de la force.

Dans les mansolées & les catafalques, une flamme qui sort d'une urne placée au haut d'une pyramide, est le hiéroglyphe de la Vertu qui éleve les hommes aux Cieux.

Nous avons un tableau de Nicolas Poussin, qui représente le choix d'Hercule. Ce demi-Dieu de la Fable, couronné de feuilles de chêne, & appuyé sur sa massue, paroît être dans une grande irrésolution entre la Vertu, qui veut le persuader, & la Volupté, qui cherche à le séduire. La Vertu est caractérisée par une femme, habillée très-modestement, avec une longue robe à la Grecque, fort simple. Ses cheveux, mal ordonnés, flottent librement sur ses épaules, sans autre ornement qu'un bandeau. Ses regards sont modestes, sereins & touchans. Elle exhorte son Eleve, & lui montre un rocher nu & stérile, comme le symbole du travail, du danger, & des difficultés qui se trouvent dans le chemin de la véritable gloire. La Volupté est représentée par Vénus. *Voyez* VOLUPTÉ.

VERTU HÉROIQUE. Lorsque la Vertu est considérée comme la Valeur, on la peint telle qu'une Amazone, ayant un casque en tête & une lance à la main, ou bien sous la figure d'Hercule, armée d'une massue, & couverte des dépouilles d'un lion.

La Vertu héroïque est encore souvent désignée par une femme couronnée de laurier, tenant un bouclier d'une main, une pique de l'autre, & ayant auprès d'elle un laurier, ou plusieurs couronnes sont attachées comme des marques de victoire.

Un Guerrier sous les attributs d'Hercule, armé de sa massue, & tenant dans ses mains les pommes d'or des Hespérides, le plus célebre de ses exploits, est une image employée souvent par les Anciens, pour désigner la Vertu héroïque.

Sur une médaille de Lucius Verus, elle est caractérisée par Bellerophon, porté sur le cheval Pégase, & armé d'une lance, dont il porte des coups mortels à la chimere qui le menace.

VERTU PACIFIQUE. Minerve, Déesse de la Sagesse & des Arts, a servi à caractériser la Vertu pacifique. Elle tient d'une main une branche d'olivier, & porte de l'autre la lance qui servoit dans les anciens Tournois & dans les Jeux célébrés pendant la paix. Cette lance est entourée d'un serpent, symbole de la prudence.

VERTUS (Les) ont chacune des attributs qui les font reconnoître. *Voyez* PIÉTÉ, FIDÉLITÉ, MODESTIE, PURETÉ, &c.

Quand on veut caractériser plus particulierement les Vertus Evangéliques, comme l'Humilité, l'Obéissance, la Pauvreté, &c. on fait tenir le Livre d'Evangile à la Vertu personnifiée, & ont représente un Ange qui la couronne.

VERTUMNE. Divinité de la Fable qui présidoit aux jardins & aux vergers. Il prit, dit Ovide, la figure d'un laboureur, celle d'un moissonneur, celle d'un vigneron, & enfin celle

celle d'une vieille femme, pour plaire à Pomone, c'est-à-dire, pour conduire les fruits à leur maturité. En effet, ces quatre métamorphoses désignoient les quatre Saisons, le Printems, l'Eté, l'Automne & l'Hyver. On le peint jeune, avec un habit qui ne le couvre qu'à demi, tenant de la main gauche des fruits, & de la droite une Corne d'abondance.

La belle statue de Vertumne, qui est dans les jardins de Seaux, le représente couronné d'épis. A son cou est attachée une peau de bête fauve, qu'il replie sur le bras gauche, pour qu'elle puisse contenir les fruits & les feuilles dont il est surchargé ; la tête de l'animal, & une partie de sa dépouille, pend au-dessous de son bras ; de la main droite il tient une faucille dont il se servoit pour émonder les arbres ; sa chaussure est celle d'un homme de la campagne.

VESTA. Nom propre d'une Divinité de l'Antiquité Payenne, qui étoit honorée par les Grecs & les Romains, comme la Déesse du feu. Il n'appartenoit qu'à des Vierges de célébrer ses mysteres, & leur principal soin étoit d'entretenir le Feu sacré dans ses Temples.

Plusieurs Médailles nous la représentent sous le symbole d'une femme vêtue de la *stola*, & couverte d'un voile, tenant d'une main le palladium, & de l'autre une patere ou un petit vase à deux anses, appellé *capeduncula*. Au lieu d'une patere, elle a quelquefois une haste ou une Corne d'abondance. Au revers d'une Médaille de Vitellius, on la voit assise, tenant d'une main la patere, & de l'autre un flambeau allumé ; elle eſt debout avec les mêmes ſymboles ſur une Médaille de Salonine. Les titres qu'on lui donne ſur les Médailles & les anciens monumens, ſont Veſta l'Heureuſe, la Mere, la Sainte, l'Eternelle, &c.

VESTALES. Prêtreſſes au ſervice de la Déeſſe Veſta. Les Veſtales faiſoient vœu de virginité. Leur occupation continuelle étoit d'entretenir le Feu ſacré dans le temple de la Déeſſe. C'eſt pourquoi on les repréſente avec un voile ſur la tête, & tenant dans les mains une lampe allumée ou un petit vaſe à deux anſes rempli de feu ; quelquefois on place la Prêtreſſe auprès d'un Autel antique ſur lequel il y a un braſier allumé. Leur vêtement n'avoit rien d'auſtere ; c'étoit une eſpece de rocher blanc ſurmonté d'une mante de pourpre, longue & ample, qui ne portoit ordinairement que ſur une épaule, pour avoir un bras libre, leur voile laiſſoit le viſage à découvert ; pluſieurs mêmes de leurs ſtatues les repréſentent ayant ce voile en arriere, & les cheveux arrangés & friſés avec art. Les Veſtales ſacrifioient toujours les pieds nus.

VICES. Les Grecs & les Romains avoient mis les Vices, ainſi que les Vertus, au nombre de leurs Divinités. Ils honoroient les unes, pour en obtenir des bienfaits, & rendoient un culte aux autres, pour ſe garantir du mal qu'ils pouvoient en recevoir.

Rien de plus ordinaire que de voir des Poëmes où les Vices ſont perſonnifiés. Ces objets

intellectuels & froids par eux-mêmes, ont le
don de nous plaire, quand le Poëte a fçu cap-
tiver notre imagination en leur donnant une
forme vifible, un corps matériel & palpable,
des couleurs & des traits qui les caracterifent.
Voyez ENVIE, CALOMNIE, DISPUTE, HY-
POCRISIE, & ce Tableau des Vices, par M.
de V. *Henriade*, Ch. 9.

> Là *(aux portes des enfers)* gît la fombre Envie à l'œil
>   timide & louche,
> Verfant fur des lauriers les poifons de fa bouche.
> Le jour bleffe fes yeux dans l'ombre étincelans,
> Trifte amante des morts, elle hait les vivans.
> Elle apperçoit Henri, fe détourne & foupire.
> Auprès d'elle eft l'Orgueil, qui fe plaît & s'admire ;
> La Poibleffe au teint pâle, aux regards abattus,
> Tyran qui céde aux Crime, & détruit les Vertus.
> L'Ambition fanglante, inquiete, égarée,
> De trônes, de tombeaux, d'efclaves entourée ;
> La tendre Hypocrifie aux yeux pleins de douceur,
> (Le Ciel eft dans fes yeux, l'Enfer eft dans fon cœur.)
> Le faux zéle étalant fes barbares maximes,
> Et l'Intérêt enfin, pere de tous les crimes.

Dans plufieurs Tableaux allégoriques, les
Vices font perfonnifiés par des Harpyes. *Voyez*
HARPYES.

VICTOIRE. Divinité imaginaire, bien célébrée par les Anciens. Elle avoit plufieurs
Temples à Rome, dans le refte de l'Italie, &
dans la Grece.

Elle fe préfente toujours à nous fous la figure d'une jeune fille ayant des ailes au dos, & tenant d'une main une palme, & de l'autre une couronne de laurier.

Sur une Médaille de Domitien, c'est une femme ailée qui porte dans la main droite une Corne d'abondance, & dans la gauche une palme, attributs qui nous font entendre que la gloire & les richesses font les fruits de la Victoire.

On la voit montée sur un globe, pour marquer que la terre lui est soumise. Rien de si commun que ce symbole sur les Médailles des Empereurs. Ils vouloient signifier par-là qu'ils avoient dompté l'Univers. La Victoire est encore bien exprimée par un Guerrier qui a un casque en tête, & qui de la main droite tient une lance, & de la gauche un trophée d'armes.

Quand les Romains vouloient désigner une Victoire remportée sur mer, ils la représentoient debout sur la proue d'un Vaisseau, & portant d'une main une couronne, & de l'autre une branche de palmier, ou bien ils la plaçoient sur le haut d'une colonne rostrale, ornée d'un trophée naval ; quelquefois même c'étoit une simple Victoire qui tenoit des couronnes rostrales, comme pour les distribuer. *Voyez* COURONNE ROSTRALE.

Un Neptune couronné de laurier, est encore un symbole ordinaire d'une Victoire navale.

Les prises des Villes font designées par une Victoire, ou le Dieu de la Guerre qui tient des couronnes murales. Sur une Médaille de l'Histoire métallique de Louis XIV, qui rapelle la prise de treize Villes ou Forteresses, Mars pa-roît portant un javelot chargé de plusieurs couronnes murales : les mots de la Légende sont *Mars expugnator*, Mars preneur de Villes. *Voyez* COURONNE MURALE.

La levée du siége d'une Ville sera pareille-ment représentée par une Victoire ou par la Ville même, qui tient une couronne composée de fleurs & d'herbes verdoyantes. *Voyez* COU-RONNE OBSIDIONALE.

Quand on a voulu exprimer les provisions fournies à une Ville assiégée, on a représenté une Victoire qui vole, tenant d'une main une couronne, & de l'autre des épis de bled.

Lorsqu'aux attributs ordinaires de la Vic-toire, les Anciens ajoutoient un Caducée, c'é-toit pour désigner que la Paix avoit suivi la Victoire.

Sur une Médaille Romaine, dont l'inscription porte *Asia recepta*, l'Asie recouvrée, la Vic-toire est représentée avec des ailes, tenant d'une main un bouclier, de l'autre une cou-ronne. Ce sont ses attributs ordinaires ; mais ce qu'il y a de particulier, c'est qu'elle est de-bout sur un piédestal, & entre deux serpens, qui, après avoir fait plusieurs plis & replis, s'élevent des deux côtés de la Victoire, & semblent pousser d'horribles siflemens à la vûe des symboles qu'elle porte dans ses mains.

Cet emblême paroît être pris du Caducée de Mercure, symbole de la Paix, où les ser-pens, qui sont les images de la Discorde & de la Division, sont représentés séparés par une verge : ce qui marque que les ennemis font éloignés, & que la paix eſt faite.

La France invincible, *Gallia invicta*, a été repréſentée dans l'Hiſtoire mét. de Louis XIV. ſous la figure de Pallas, armée de pied en cap, ayant ſur les épaules un manteau ſemé de fleurs de lys, & à ſes pieds des boucliers où ſont les Armes des Puiſſances ennemies ; d'une main elle tient un javelot, & de l'autre une Victoire.

Les Egyptiens repréſentoient la Victoire ſous l'image d'un aigle, oiſeau toujours victorieux dans les combats qu'il livre aux autres oiſeaux.

Les Grecs, ſous la domination des Romains, chercherent à flater leurs nouveaux Maîtres en repréſentant des aigles portant des Victoires. L'aigle étoit l'enſeigne des Légions Romaines. *Voyez* AIGLE.

Les Athéniens, au rapport de Pauſanias, avoient dépeint la Victoire ſans ailes, dans leur temple, pour faire entendre qu'elle ne les quittoit jamais. Elle eſt ainſi repréſentée ſur une Médaille de Tite, afin de marquer que cet Empereur avoit ſu la fixer.

On donne pour compagnes à la Victoire la puiſſance & la force, ſans leſquelles on ne peut obtenir une Victoire ferme & ſtable.

VIE HUMAINE. (Emblème de la) Dans la riche collection du Vatican, on voit une urne ſur laquelle l'Artiſte a repréſenté cet emblème de la Vie humaine. Prométhée forme l'homme d'argile ; il eſt accompagné de la Sageſſe, ſous la figure de Minerve, qui tient un papil-

lon sur la tête de cette statue. Le papillon étoit,
chez les Anciens, l'image de l'ame. (*Voyez* Papillon). Un peu en arriere on apperçoit une
figure appliquée à observer ces différentes actions, pour en tirer l'horoscope de l'homme.
L'union de l'ame avec le corps est symbolisée
par Psyché & l'Amour qui s'embrassent étroi-
tement. L'Artiste a représenté sur ce même
vase les quatre Élémens, comme étant nécessaires à l'homme. L'Air est désigné par Éole
Roi des Vents ; il est dans l'attitude d'un homme qui souffle. L'Eau est personnifiée par un
Fleuve couché , ayant un timon dans la main
droite. Une Nymphe avec une Corne d'abondance pleine de fruits & un panier de fleurs
sous le bras, indique la Terre. Le Feu est symbolisé par la Forge de Vulcain. On a aussi désigné les alimens nécessaires à la vie , par un
arbre chargé de fruits. Dans la partie supérieure du vase, Apollon , sur un char attelé de
quatre chevaux, paroît commencer sa course ;
de l'autre côté , Diane , qui désigne la Nuit,
image de la Mort, est sur son char attelé de
deux chevaux seulement. On voit sous le char
de cette Déesse un cadavre avec un papillon
qui s'envole , symbole de l'ame qui quitte le
corps. A côté est un Génie accablé de tristesse ;
il tient d'une main un flambeau éteint & renversé contre terre , & porte de l'autre une couronne de fleurs. Il est accompagné d'un autre
Génie appliqué à examiner un volume , symbole de l'histoire qui transmet à la postérité
les actions des hommes illustres. Plus loin l'a-

me, représentée encore sous la figure de Psyché, est conduite par Mercure dans les Champs Elisées. L'Artiste a exprimé les peines réservées aux méchans après la mort par un Prométhée enchaîné, dont les entrailles sont déchirées par un vautour.

L'ingénieux Poussin a traité le même sujet. Son image de la Vie humaine est un sujet allégorique & moral en même tems. Les différens états de la Vie représentés, par quatre femmes qui designent le Plaisir, la Richesse, la Pauvreté & le Travail, se donnent mutuellement la main, & forment une danse au son d'une lyre touchée par le Tems. La Richesse est facile à distinguer par ses habits précieux, où l'on voit éclater l'or & les perles. Le Plaisir couronné de fleurs, s'annonce encore par la joie qui est dans ses yeux, par le sourire qui est sur ses lévres; mais la Pauvreté, triste & à demi-couverte de mauvais vêtemens, est seulement couronnée de feuilles séches; elle est suivie du Travail, qui a les épaules nues, les bras décharnés, & sans couleur. Il semble ne se remuer qu'avec peine, & jette un regard languissant sur la Richesse, dont il paroit implorer le secours. Cette danse en rond est l'image de la vicissitude continuelle qui arrive dans la fortune des hommes. Deux petits enfans, dont l'un tient une horloge de sable, & l'autre se joue avec des bouteilles de savon, font sentir le peu de durée de la Vie humaine, & de combien de vanité elle est remplie. Sur le devant du Tableau est un terme à double face, sym-

bole du paffé & de l'avenir. Le Soleil paroît
dans le Ciel porté fur fon char ; il eft précédé
de l'Aurore , & fuivi des Heures.

VIEILLESSE. Dernier âge de la vie , que
l'on perfonnifie par un Vieillard appuyé fur une
béquille , & vêtu de noir ; fymbole de la trif-
teffe & des chagrins qui accompagnent la Vieilleffe. *Voyez* AGES.

Cette figure allégorique tient une branche
d'arbre defféchée , & regarde avec douleur une
horloge de fable , dont le peu de fable qui refte
à couler annonce la fin prochaine de fes jours.
Raoux , dans les tableaux des quatre Ages de
la vie , a fait ufage de cette derniere penfée ,
pour caractérifer la Vieilleffe. Il l'a auffi repréfentée occupée à compter de l'argent ; l'avarice eft le vice ordinaire d'un vieillard qui n'en
a plus d'autres.

VIERGE. (la Sainte) Un ufage conftam-
ment fuivi indique aux Artiftes le coftume qu'ils
doivent fuivre pour repréfenter la Sainte Vierge. *Voyez* COSTUME RELIGIEUX.

L'Affomption de la Sainte Vierge fait le fujet de plufieurs plafonds de nos Eglifes. Un
plafond, peint à frefque par François le Moine,
pour la chapelle de la Vierge dans l'Eglife de
S. Sulpice à Paris , nous repréfente cette Mere
de Dieu affife fur un nuage , au milieu d'une
multitude d'Anges, dont les uns portent fes
attributs ; d'autres, à l'oppofite , forment un
concert. Elle intercede la Divinité , repréfentée par un *Gehova* , dans une gloire , en faveur
de Paroiffiens qui lui font préfentés par S. Pierre

& S. Sulpice. Les Paroissiens sont désignés par
une grande multitude de peuple, représentée en
prieres dans la partie inférieure du plafond. Ils
ont à leur tête leur Curé (M. Olier) revêtu
d'une aube & d'une étole , & accompagné des
Demoiselles de la Communauté de l'Intérieur
de la Sainte Vierge , qu'il avoit établie. Sur les
côtés, à droite , paroissent les Peres de l'Eglise ,
& les Fondateurs d'Ordres qui ont célébré les
grandeurs de Marie ; à gauche , les Vierges qui
se sont mises sous sa protection , & qui reçoivent des palmes de la main d'un Ange.

La niche du retable de cette même Chapelle
nous offre une statue de la Vierge exécutée en
marbre , de sept pieds de proportion , par M.
Pigalle , Sculpteur du Roi. L'Artiste a feint
que la Sainte Vierge nous étoit envoyée du
Ciel pour vaincre nos ennemis, & nous donner
un Sauveur. Il a saisi le moment où , dans une
gloire brillante , le soleil étant couvert de nuages , elle arrive sur la terre, représentée par un
globe. Elle y foule aux pieds le serpent, &
nous présente un enfant , symbole de notre
Sauveur. A côté du globe paroît S. Joseph assis
sur un nuage ; de l'autre côté S. Jean, l'Evan-
géliste , à genoux , sur un autre nuage : l'un &
l'autre invitent le peuple à rendre ses hommages
à Marie. Du même côté que S. Jean, sont Saint
Joachim & Sainte Anne , & de l'autre l'Ange
Gabriel , tous en contemplation.

VIERGE. Sur les Monumens anciens & modernes , la Vierge , signe du Zodiaque , tient
tantôt un épi & tantôt une balance ; quelque-

fois elle est représentée avec les attributs de la paix, portant d'une main une branche d'olivier, & de l'autre un caducée.

On la voit accompagnée d'une licorne sur une pierre gravée du Cabinet de M. le Duc d'Orléans. C'étoit une opinion ancienne, que la licorne, animal naturellement sauvage & féroce, ne pouvoit être prise que par une fille Vierge.

VIGILANCE. Cette Vertu est facile à reconnoître par le livre qu'elle tient de la main droite, & par la lampe qu'elle porte de la gauche.

Le Brun l'a désignée par une femme ailée, tenant d'une main une horloge de sable, & de l'autre un coq & un éperon, symboles de l'activité.

Quelquefois, au lieu d'un coq, on met à côté d'elle une grue qui se soutient sur un pied seulement, & qui, de l'autre, tient un caillou.

Plusieurs Artistes lui ont aussi donné une oie pour attribut : les oies du Capitole, qui ont averti par leurs cris la garde Romaine de l'arrivée des Gaulois, ont acquis à ceux de leur espece, le privilege d'être regardés comme un symbole de la Vigilance.

Cette vertu est encore caractérisée par une femme, ayant pour attribut un œil ouvert au-dessus du front.

VILLES. Les Villes, en général, sont caractérisées par leurs couronnes murales, & en particulier par l'écu de leurs armes : si ce sont des Villes de guerre, on les peint en Pallas.

On a marqué la prise d'une Ville par une Victoire qui porte une couronne murale. La

levée du fiege d'une Ville fera pareillement
exprimée par le Dieu de la guerre ou par la
Ville elle-même, qui tient une couronne ob-
fidionale. Des épis, & une couronne entre les
mains de la Victoire, défigneront que l'on a
fourni des provifions à la Ville affiégée. *Voyez*
VICTOIRE, COURONNE MURALE, OBSI-
DIONALE.

Les tableaux allégoriques de M. D. pour la
Chambre du Commerce de la Ville de Dunkerque, font des modeles du bon ufage, & de
nouvelles preuves de la néceffité de l'allégorie.
Ses penfées font neuves, riches & très-poéti-
ques. Elles peuvent fervir à exprimer bien des
circonftances qui ont rapport à l'hiftoire d'une
Ville

Le fujet de fon premier tableau eft le traité
en exécution duquel la ville de Dunkerque fut
cédée aux Anglois par la France, après la bataille des Dunes, dans laquelle l'armée Efpa-
gnole fut défaite par celles de France & d'Angleterre en 1658.

Le milieu de la fcene eft occupé par un palmier, où font attachés des faifceaux d'armes
en forme de trophée. On remarque, d'un côté,
les drapeaux de la France, & de l'autre, ceux
d'Angleterre. L'écuffon de ce dernier Royaume
eft au haut du palmier, & extrêmement éclairé. La France paroît du côté droit, poftée fur
un nuage, dont l'ombre tombe fur l'écuffon des
armes d'Efpagne, attaché auffi au palmier, au-
deffous des armes d'Angleterre. Cette maniere
de faire entendre que l'Efpagne avoit été bat-

tue en mettant fon écuffon dans l'ombre, a
paru ingénieufe & décente. La France, appuyée d'un côté fur un cafque, qui marque
qu'elle vient de fe défarmer, montre à la Ville
de Dunkerque l'écuffon d'Angleterre, avec un
gefte expreffif, qui femble lui défigner le maître
qu'elle lui donne. Cette Ville perfonnifiée, eft
repréfentée de l'autre côté affife & appuyée fur
l'ecu de fes armes. On voit autour d'elle tous
les attributs de la guerre, & tout ce qui fert à
la défenfe des places. Elle a fur la tête une
couronne murale ; fes yeux attendris fe fixent
fur la France ; elle lui montre les chaînes dont
fes bras font chargés, & qu'elle ne portera qu'à
regret : elle tient un bouclier où font trois fleurs
de lys, & elle le ferre tendrement contre fon
cœur. Le fond du tableau repréfente le local
de Dunkerque, & on voit à l'entrée du port la
flotte Angloife qui le bloquoit.

Le fujet du fecond tableau eft le rachat de
Dunkerque des mains de Anglois, moyennant
cinq millions de livres, en 1662.

La France, en habits Royaux, ôte des mains
de la Ville de Dunkerque, les chaînes qu'elle y
avoit mifes en la foumettant aux Anglois. La
Ville, perfonnifiée & environnée des attributs
de la Guerre, de la Marine & du Commerce,
eft à genoux. Un de fes bras eft déja libre, &
elle s'en fert pour exprimer fa reconnoiffance.
On voit fur le devant les tréfors, qui font le
prix du rachat. La France les montre avec un
efpece de dédain. Le fond du tableau repréfente Dunkerque du côté de la terre, & dans le
haut une Gloire environne les armes de la France.

Le sujet du troisieme tableau est la démoli-
tion de Dunkerque, en exécution du Traité
d'Utrecht, en 1613 : un arc-en-ciel, symbole
de la paix, occupe tout le haut du tableau, &
au milieu de cet arc-en-ciel sont les armes
d'Utrecht. On remarque plusieurs gros nuages
qui semblent les restes d'une grande tempête.
Sur un de ces nuages est la France ; elle tient
dans sa main un rameau d'olivier, qu'elle présente à la Ville infortunée, avec une expression qui marque qu'elle est obligée de faire, à
une paix nécessaire un si triste sacrifice : de
l'autre main elle tient son bouclier ; & l'attitude de son bras semble l'assurer qu'elle la pro-
tégera toujours, & qu'elle lui en donnera des
marques dans des tems plus heureux. La Ville
de Dunkerque, les cheveux épars & sa draperie en désordre, couvre son visage d'un voile
pour cacher ses larmes, & toute son attitude
exprime la plus vive douleur. Sa couronne murale, brisée est renversée près d'elle ; elle est
assise sur un grand nombre d'armes, de canons
& d'affuts aussi brisés, & dans le fond on apperçoit des mines qui font sauter les Forts. Le
flambeau de la haine paroît sur le devant éteint,
mais fumant encore. On voit à côté un masque
entouré de serpens, symbole de la mauvaise
foi & de la dissimulation. Par cette fine allégorie, l'Artiste prépare le Spectateur au sujet des
derniers tableaux.

Le sujet du quatrieme tableau est une tempête affreuse arrivée à Dunkerque le 31 Décembre 1720, qui fit entrer la mer dans le

port , en brifant l'eſtacade que les Anglois avoient fait conſtruire à l'entrée pour le boucher. Dunkerque eſt repréſentée dans le même déſordre que dans le tableau précédent, parce qu'elle eſt encore dans la même humiliation ; mais elle a les mains & les yeux élevés vers le ciel, qu'elle ſemble conjurer de la ſecourir. De ſombres nuages occupent tout l'horizon ; la foudre tombe , & écraſe pluſieurs des pieux qui compoſent l'eſtacade. Dans ce même moment la mer arrêtée ſe déborde , les vagues en fureur ſe précipitent & renverſent tout ce qui s'oppoſe à leur paſſage. Rien n'arrête leur impétuoſité , & elles pénetrent juſques dans le port. On voit de tous côtés des débris de naufrage , & des effets d'une violente tempête ingénieuſement raſſemblés. Le fonds repréſente le Port, les deux Forts, le Risban & le Revers, avec un reſte de la Citadelle.

Le ſujet du cinquieme & dernier tableau , eſt le rétabliſſement de Dunkerque par les ordres du Roi en 1756. La France y eſt repréſentée en habit de guerriere ; elle a le caſque en tête & la cuiraſſe de Minerve : ſa main droite eſt appuyée ſur une maſſue fleurdéliſée, avec laquelle elle écraſe des dragons à tête de léopard : de ſa main gauche elle tient ſon bouclier, où ſont trois fleurs de lys brillantes, & avec lequel elle ſemble protéger la Ville de Dunkerque, qui lui embraſſe les genoux. Cette Ville, rétablie dans ſon ancienne ſplendeur, en porte toutes les marques : ſa couronne murale eſt ſur ſa tête, & on voit auprès d'elle tous les attributs de la guerre. La figure allégorique de la France exprime, par son attitude & son caractere de tête, la majesté, la sagesse, la force : la Ville de Dunkerque, la reconnoissance & l'amour ; près d'elle sont ses armes, dont elle est prête à se revêtir pour aller se venger de ses ennemis. On voit dans le fond toutes les fortifications de Dunkerque relevées, son drapeau y flotte au gré des vents, en signe de réjouissance : un soleil brillant, devise & symbole du Roi, éclaire tout le tableau d'une lumière éclatante, & dissipe les tempêtes, dont quelques nuages amassés font appercevoir les restes.

VIRGINITÉ. C'est une jeune Nymphe, dont la physionomie est pleine de douceur & de modestie ; elle est pâle, & cette pâleur lui sied bien. Son vêtement est blanc ; elle a une couronne de fleurs sur la tête, un lys dans ses mains & un agneau à ses côtés.

On a aussi donné à la Virginité une ceinture de laine blanche.

VIRILITÉ, ou âge viril. Age qui suit l'adolescence. L'homme, pour-lors, a acquis toute sa force ; c'est ce qui a porté plusieurs Iconologistes à placer à ses côtés un lion, symbole de force & de courage. Cette figure allégorique de l'âge viril tient une couronne de laurier, une épée & une bourse. A ses pieds sont des livres & des instrumens de Sciences & d'Arts. Ces différens attributs marquent que c'est dans l'âge viril, tems de maturité & de réflexion, que l'homme ambitionne le plus la

gloire,

gloire, perfectionne ses études, & songe à l'accroissement de sa fortune. *Voyez* AGES.

VITESSE. Pierius, dans ses figures hiéro-glyphiques, dépeint la Vîtesse avec un foudre à la main, un épervier près de sa tête, & un dauphin à ses pieds, trois différens symboles de la célérité. Suivant les Naturalistes, il n'est point d'oiseau qui égale le vol de l'épervier, ni de poisson qui nage aussi vîte que le dauphin.

VOILE. Attribut souvent employé pour ca-ractériser la Fable, l'Allégorie, l'Aurore, la Modestie, la Vérité, la Nature, &c. *Voyez ces articles.*

VOLONTÉ. Mouvement de l'ame qui nous porte à l'action, en conséquence de la déter-mination de l'esprit. Comme plusieurs raisons, souvent très-contraires, font varier cette dé-termination, on peut dire que la Volonté est ambulatoire, & c'est ce que le Guerchin, Peintre de l'Ecole de Boulogne, a cherché à exprimer dans un de ses tableaux, en repré-sentant la Volonté sous le symbole d'une femme ailée, vêtue d'étoffe changeante, & tenant une boule de diverses couleurs.

VOLUPIE ou VOLUPTÉ. Nom propre d'une Déesse de la Mythologie ; elle présidoit aux Plaisirs. Les Romains lui avoient érigé un Temple. On la représentoit assise sur un trône comme une Reine, mais ayant un teint pâle & blême, & foulant aux pieds les Vertus.

Sur l'Autel de la Volupté étoit aussi repré-sentée la Déesse Angerone, pour marquer, dit Masurius, que ceux qui ont assez de force

pour diſſimuler leurs douleurs & leurs an-
goiſſes , arrivent par la patience à la véritable
joie.

La Volupté eſt communément repréſentée
dans nos tableaux par une belle femme , dont
les regards languiſſans ſemblent inviter au plaiſir. Une draperie légere vole autour de ſes
charmes , plutôt comme une ombre que comme
un vêtement , & ſes cheveux , négligemment
bouclés & parſemés de fleurs , flottent ſur ſes
épaules. A ſes côtés eſt une caſſolette remplie
de parfums. Mollement étendue ſur un lit de
roſes , elle préſente d'un air enchanteur une
coupe faite d'une pierre précieuſe. Mais cette
coupe eſt remplie d'un poiſon mortel , & ce
n'eſt que pour en cacher l'effet funeſte , que
la perfide l'a mêlé avec du miel. Quelquefois
on lui fait tenir une boule de verre , à laquelle
ſont attachées des ailes , hiéroglyphe qui nous
indique que les plaiſirs que préſente la Volupté
ſont fragiles , momentanés & paſſent promptement.

Dans un tableau de Nicolas Pouſſin , qui repréſente Hercule placé entre la Vertu & la
Volupté , qui paroiſſent l'inviter tour-à-tour à
prendre la route qu'elles lui marquent , la Volupté eſt caractériſée par Vénus. Cette Déeſſe
parle au Héros avec tous les charmes de l'a-
mour & de l'expreſſion. Elle étend une de ſes
mains , pour marquer ſon éloquence : elle montre
de l'autre quelques ſcenes de plaiſir , où les
femmes ont plus de part , mais qui ſont couvertes & cachées aux yeux des ſpectateurs. Un

petit Amour tient la Volupté d'une main, &
présente de l'autre à Hercule une belle rose
fraîchement épanouie. L'habillement de la Volupté est une draperie flottante, & elle a une
ceinture brodée. Elle n'a pas de brodequins.
Ses cheveux sont entrelacés d'une guirlande de
fleurs ; une partie de sa chevelure descend sur
ses épaules ; le reste est retroussé à la maniere
Grecque. Elle a toute la jambe droite, & une
partie de la cuisse, ainsi que le bras, l'épaule
& le derriere du col du même côté, nus & dé-
couverts. Sa tête est de profil, & elle a la forme
d'une belle antique. La Vertu est également
bien caractérisée dans ce tableau. *Voy.* VERTU.

VUE. Un des cinq Sens. La figure allégorique de la Vue tient un miroir, dans lequel
elle se regarde. A ses pieds est un télescope,
& un aigle qui fixe ses regards vers le soleil.
Voyez SENS.

VULCAIN. Divinité du Paganisme, qui
présidoit aux feux souterrains, aux mines, aux
métaux. Il étoit fils de Jupiter & de Junon.
Comme il étoit extrêmement laid, Jupiter,
suivant la Fable, le précipita du Ciel dans l'Isle
de Lemnos. Cette chûte le rendit boiteux : malgré tous ces défauts, il épousa Vénus, Déesse
de la beauté. *Voyez* VÉNUS.

C'étoit Vulcain qui forgeoit les armes des
Dieux, il fournissoit des foudres à Jupiter. Ses
forges étoient dans l'Isle de Lypare, de Lemnos & du Mont Etna. Les Cyclopes travail-
loient continuellement sous lui.

Thétis alla trouver un jour ce Dieu Forge-

ron, pour lui demander des armes pour Achille. « Vulcain auffi-tôt quitte fon enclume,
» dit Homere ; il boite des deux côtés, & avec
» fes jambes frêles & tortues, il ne laiffe pas de
» marcher d'un pas ferme. Il éloigne fes fouf-
» flets du feu, & les met avec tous fes autres
» inftrumens dans un coffre d'argent ; avec une
» éponge, il fe nettoie le vifage, les bras & le
» cou, la poitrine ; il s'habille d'une robe ma-
» gnifique, prend un fceptre d'or, & en cet
» état il fort de fa forge. A caufe de fon in-
» commodité, à fes deux côtés marchoient,
» pour le foutenir, deux belles efclaves toutes
» d'or, faites avec un art fi divin, qu'elles pa-
» roiffoient vivantes. Elles étoient douées d'en-
» tendement, parloient ; & par une faveur
» particuliere des Immortels, elles avoient fi
» bien appris l'art de leur Maître, qu'elles tra-
» vailloient près de lui, & lui aidoient à faire
» ces ouvrages furprenans, qui étoient l'admi-
» ration des Dieux & des hommes. »

U.

UNION. Un faifceau de dards liés enfemble,
& qu'on ne peut rompre qu'en les divifant, eft
un emblême de la force de l'union. Un tableau
de M. Hallé, exécuté en 1769 pour Sa Majefté
le Roi de Pologne, nous repréfente Scilurus,
Roi des Scythes, qui donne à fes fils fes derniers avis, & leur montre, par le fymbole d'un

faisceau, que leur union les rendra invincibles. Le sujet de ce tableau est tiré de Plutarque.

URANIE. Une des neuf Muses. Elle présidoit à l'Astronomie. On la peint vêtue d'une robe couleur d'azur, couronnée d'étoiles, & soutenant un globe des deux mains, ou bien ayant près d'elle un globe posé sur un trépied, & plusieurs instrumens de mathématiques. *Voy.* MUSE.

La Muse Uranie du Capitole tient d'une main une lunette d'approche, & de l'autre un papier roulé où sont tracés les signes du Zodiaque.

URNE. On a donné des Urnes pour attribut aux Fleuves, aux Naïades, aux Nymphes de l'air, qui représentent la pluie, la rosée, &c.

Les Anciens avoient des Urnes dans lesquelles ils mettoient les cendres des morts après les avoir brûlés. Ces Urnes cinéraires se voient sur les tombeaux & autres monumens élevés à la mémoire d'un citoyen décédé.

Les monumens de l'antiquité nous représentent le Destin tenant l'Urne fatal, dans lequel est le sort des mortels. *Voyez* DESTIN.

USURE. Profit que l'on retire d'un argent prêté. On la personnifie par une femme âgée, & vêtue dans le costume Juif. Elle est assise sur un coffre-fort, tient une bourse fermée, & compte quelques pieces de monnoie. Proche d'elle sont des vases d'or & d'argent, & autres richesses, qui sont les gages qu'elle a exigés pour sa sûreté.

Z.

ZÈLE. Cette ardeur du Chrétien pour l'obſervation de tout ce qui eſt preſcrit dans les Livres ſaints, eſt repréſenté ſous la figure d'un jeune homme appuyé ſur le Livre des Saintes Ecritures, tenant d'une main une lampe allumée, & de l'autre une diſcipline. Ces attributs nous font entendre que ſi le Zèle doit être ſévere, il doit auſſi être éclairé.

Le Zèle pour le culte du vrai Dieu, eſt déſigné par un jeune homme ailé avec une flamme ſur la tête, tenant d'une main le Livre d'Evangile, & de l'autre une épée flamboyante, ou un foudre prêt à être lancé ſur l'idolatrie, qu'il foule aux pieds.

ZÉPHIRE. Vent d'Occident, fils d'Eole & de l'Aurore. On lui donne des ailes & une couronne compoſée de toutes ſortes de fleurs, pour déſigner que par la douceur de ſon ſouffle il rend la vie aux fleurs & aux fruits.

ZODIAQUE. Le Zodiaque avec tous ſes Signes, le Soleil & la Lune au milieu, comme dans une médaille d'Alexandre Sévere, déſigne l'heureuſe étoile des Princes, & la conſervation de tous les Membres de l'Etat que le Prince ſoutient, comme le Zodiaque, ſuivant l'opinion des Anciens, ſoutient les aſtres.

FIN.

APPROBATION.

J'AI lu, par ordre de Monseigneur le Garde des Sceaux, le *Dictionnaire Iconologique*, nouvelle édition, en deux volumes. Cet Ouvrage me paroît mériter les faveurs du Gouvernement & celles du Public. A Paris, le 18 Octobre 1778. ROBIN.

PRIVILÉGE DU ROI.

LOUIS, PAR LA GRACE DE DIEU, ROI DE FRANCE ET DE NAVARRE : A nos amés & féaux Conseillers, les Gens tenans nos Cours de Parlement, Maîtres des Requêtes ordinaires de notre Hôtel, Grand-Conseil, Prévôt de Paris, Baillifs, Sénéchaux, leurs Lieutenans Civils, autres nos Justiciers qu'il appartiendra, SALUT. Notre amé le Sieur LACOMBE DE PREZEL, Nous a fait exposer qu'il desireroit faire imprimer & donner au Public un Ouvrage de sa composition, intitulé : *Dictionnaire Iconologique, nouvelle édition*, s'il Nous plaisoit lui accorder nos Lettres de Privilége à ce nécessaires. A CES CAUSES, voulant favorablement traiter l'Exposant, Nous lui avons permis & permettons de faire imprimer ledit Ouvrage autant de fois que bon lui semblera, & de le vendre, faire vendre par tout notre Royaume. Voulons qu'il jouisse de l'effet du présent Privilége, pour lui & ses hoirs à perpétuité, pourvu qu'il ne le rétrocede à personne; & si cependant il jugeoit à propos d'en faire une cession, l'Acte qui la contiendra sera enregistrée en la Chambre Syndicale de Paris, à peine de nullité, tant du Privilége que de la cession; & alors par le fait seul de la cession enregistrée, la durée du présent Privilége sera réduite à celle de la vie de l'Exposant, ou à celle de dix années à compter de ce jour, si l'Exposant décéde avant l'expiration desdites dix années. Le tout conformément aux articles IV & V de l'Arrêt du Conseil du 30 Août 1777, portant Réglement sur la durée des Priviléges en Librairie. FAISONS défenses à tous Imprimeurs, Libraires & autres personnes de quelque qualité & condition qu'ils soient, d'en introduire d'impression étrangere dans aucun lieu de notre obéissance; comme aussi d'imprimer ou faire imprimer, vendre, faire vendre, débiter ni contrefaire lesdits Ouvrages, sous quelque prétexte que ce puisse être, sans la permission expresse & par écrit dudit Exposant, ou de celui qui le représentera, à peine de saisie & de confiscation des exemplaires contrefaits, de six mille livres d'amende, qui ne pourra être modérée, pour la premiere fois, de pareille amende & de déchéance d'état en cas de récidive, & de tous dépens, dommages & intérêts, conformément à l'Arrêt du Conseil du 30 Août 1777, concernant les contrefaçons. A la charge que ces Présentes seront enregistrées tout au long sur le Registre de la Communauté des Imprimeurs & Libraires de Paris, dans trois mois de la date d'icelles; que l'impression dudit Ouvrage sera fait dans notre Royaume & non ailleurs, en beau papier, beau caractère, conformément aux Réglemens de la Librairie, à peine de déchéance du présent Privilege : qu'avant de l'exposer en vente, le Manuscrit qui aura servi de copie à l'impression dudit Ouvrage, sera remis dans le même état où l'Approbation y aura été donnée, ès mains de notre très-cher & féal Chevalier Garde des Sceaux de France, le sieur HUE DE MIROMESNIL ; qu'il en sera ensuite remis deux Exemplaires dans notre Bibliotheque publique, un dans celle de notre Château du Louvre, un dans celle de notre très cher & féal Chevalier Chancelier de France, le sieur DE MAUPEOU, & un dans celle dudit sieur HUE DE MIROMENIL ; le tout à peine de nullité des Présentes ; du contenu desquelles vous mandons & enjoignons de faire jouir ledit Exposant & ses hoirs pleinement & paisiblement, sans souffrir qu'il leur soit fait aucun trouble ou empêchement. VOULONS que la copie des Présentes, qui sera imprimée tout au long au commencement ou à la fin dudit Ouvrage, soit tenue pour duement signifiée, & qu'aux copies collationnées par l'un de nos amés & féaux Conseillers Secrétaires, foi soit ajoutée comme à l'original. COMMANDONS au premier notre Huissier ou Sergent sur ce requis, de faire pour l'exécution d'icelles, tous Actes requis & nécessaires, sans demander autre permission, & nonobstant clameur de Haro, Charte Normande, & Lettres à ce contraires. CAR tel est notre plaisir. DONNÉ à Versailles le trente-un de Décembre, l'an de grace mil sept cent soixante-dix-huit, & de notre Regne le cinquieme. Par le Roi en son Conseil. *Signé*, LE BEGUE.

Registré sur le Registre XXI de la Chambre Royale & Syndicale des Libraires & Imprimeurs de Paris, N°. 1422. folio 60. conformémement aux dispositions énoncées dans le présent Privilege, & à la charge de remettre à ladite Chambre les huit Exemplaires prescrits par l'art. CVIII du Réglement de 1723. A Paris, ce 7 Janvier 1779.

A. M. LOTTIN l'aîné, Syndic.

ERRATA.

TOME I, *page* 60, *ligne* 13, souris, *lisez* rats, qui désignent la *Batrachomyomachie*, ou le Combat des Rats & des Grenouilles, petit Poëme attribué à Homere.

Page 68, *ligne* 3, Afrique, *lisez* Attique.

Page 131, *ligne* 8, vole, *lisez* voit.

Page 185, *ligne* 3, Boisot, *lisez* Houdon.

Page 241, *ligne* 6, les, *lisez* le.

Page 263, *ligne* 9, Euphorsine, *lisez* Euphrosine.

TOME II, *page* 133, *ligne* 23, ces, *lisez* ses.

Page 253, *ligne* 17, une, *lisez* un.

Même page, *ligne* 18, composée, *lisez* composé.

Page 254, *ligne* 3, dans, *lisez* des.

De l'Imprimerie de GRANGÉ.